*Preliminary Study on the Mixed Synergetic Innovation and Development of Chinese Enterprises in a New Era*

# 新时代中国企业混合协同创新发展初探

李明星 黄吉海 贾尽裴 等 著

中国经济出版社
CHINA ECONOMIC PUBLISHING HOUSE
·北 京·

**图书在版编目（CIP）数据**

新时代中国企业混合协同创新发展初探／李明星等著．--北京：中国经济出版社，2020.6

ISBN 978－7－5136－6138－6

Ⅰ．①新…　Ⅱ．①李…　Ⅲ．①企业创新－企业发展－研究－中国　Ⅳ．①F279.23

**中国版本图书馆 CIP 数据核字（2020）第 064446 号**

责任编辑　李煜萍　李若雯
责任校对　王　帅
责任印制　巢新强

**出版发行**　中国经济出版社
**印 刷 者**　北京富泰印刷有限责任公司
**经 销 者**　各地新华书店
**开　　本**　710mm×1000mm　1/16
**印　　张**　18.75
**字　　数**　300 千字
**版　　次**　2020 年 6 月第 1 版
**印　　次**　2020 年 6 月第 1 次
**定　　价**　69.00 元
**广告经营许可证**　京西工商广字第 8179 号

**中国经济出版社** **网址** www.economyph.com **社址** 北京市东城区安定门外大街 58 号 **邮编** 100011
本版图书如存在印装质量问题，请与本社销售中心联系调换（联系电话：010－57512564）

---

# 本书编写组

**主　　编**　李明星

**学术顾问**　李　政

**副 主 编**　黄吉海　贾尽裴

**其他编写组成员**（按姓氏笔画排序）：

王　猛　何　彬　张东明　尚成波　赵岳阳

郭　越　黄大千　廖红伟

# 代序
Preface

## 试论我国混合经济协同创新发展

李明星

新时代，中国经济进入高质量发展新阶段，以供给侧结构性改革为主线，协同创新驱动、国民混合共进为新动能，加快培育世界一流企业，推进经济高质量发展。全球化，将世界经济推向科技创新中结构重构的新进程，以全球格局深度调整为新动态，跨国协同创新、博弈竞争合作为混合动力，推进世界经济在全球化与逆全球化的激荡中曲折前行。本书基于生产力和生产关系的辩证统一原理，以混合经济协同创新发展为主线，重点围绕新时代中国经济高质量发展、全球竞争协同创新、培育世界一流企业、国资国企“混改”创新、完善协同创新生态等相关议题，试论若干思考与观点。

### 一、混合经济协同创新发展是马克思主义理论的生动实践

生产力与生产关系、经济基础与上层建筑的辩证统一原理，是马克思主义政治经济学理论的重要组成部分；在经济领域与时俱进地调整优化如上两大辩证统一关系，是经济社会发展的内在动力和永恒主题。在人才为第一资源、科技为第一生产力、创新为第一动力的现代经济体系中，有效盘活人才资源、充分激发科技创新，是提升生产力水平的关键所在；各类创新主体的有机融合与各种创新资源的高效协同所形成的混

合协同创新是重要的时代趋势。基于我国新时代基本经济制度理念，探索建立将技术知识等生产要素由市场评价贡献、按贡献决定报酬的市场化机制，为各类生产要素所有者的多种形式混合所有、协同创新、融合发展创造了良好的政策理论环境；在我国推进国资国企与社会资本混合所有制改革，也是为了更好地适应混合协同创新这一生产力发展要求的微观生产关系调整。借助人才、科技、资本等各类生产要素日益提升的生产力和有效配置各类要素资源尤其是激发科技创新力的生产关系，有机统一、综合形成健康稳定的经济基础，再与体现在基本经济制度、社会治理体系等国家制度总和的上层建筑，形成辩证统一的有机联动整体，有效增强混合协同创新动能、持续推进经济高质量发展。全球化进程纵深推进的今天，突飞猛进的科技生产力和日益增强的创新驱动力是全球经济发展的主要动力，而跨国混合协同创新是当今科技创新发展的重要方式和途径；世界经济治理体制机制的调整完善，恰恰也是为了更好地适应国际生产力发展要求及其规律、更加公平合理分享经济全球化利益的探索实践，也是国际生产力和生产关系、经济基础与上层建筑的调整完善实践。

## 二、混合经济协同创新发展具有较强的当今中国元素和时代特征

混合经济协同创新，可从如下三个维度观察：一是宏观层面的产官学研用等各类创新主体的功能协同。如，政府提供良好的政策法规环境，科研院所侧重基础理论研究，用户需求引导市场趋势，企业则是在综合判断各种状况的基础上，起到冒险投资、应用创新、商品研发和市场开拓等协同创新主体功能，使各类功能有机衔接、同频共振，形成强大的协同创新合力。二是微观层面的各类创新主体间分工协作及其合作机制协同。各类创新主体，既可采取各自专注各自分工，以独立个体的分工协作方式形成“松散合作型”协同创新模式，也可采取以产权融合为基础，形成紧密的共担风险共享利益的“命运共同体型”协同创新机制。三是适应全球化的各类跨国创新主体间分工协作及其协同创

新。全球化协同创新可期更广范围更多主体间的优中选优式强强联合，也可期更多资源要素更多方式方法的多样协同合作。就如今的我国实践而言，在宏观层面，正以创新型国家建设为目标，调整完善政府和市场在科技创新中的功能作用，健全知识产权等政策法规体系，培育各类创新主体及其生态，促进各类主体有机协同创新；在微观层面，在国有为主体的公有制经济、改革开放以来异军突起的民营经济和大批量多形式外资经济三足鼎立的条件下，推进国资国企和其他社会资本的混合所有制改革，就是为了更好地适应协同创新发展要求的微观生产关系调整；将科技创新这一生产力要素和混合所有这一生产关系组合为相辅相成、有机互动的混合协同创新发展机制；在国际层面，中国坚持改革开放国策，积极探索全球协同创新发展，努力提高国际合作水平及其成效。综上所述，中国在宏观、微观、国际等多维度积极推进混合协同创新发展，尤其是公有制比重较大的特殊国情条件下，作为基本经济制度的重要实现形式推进混合所有制改革、发展混合所有制经济，具有较为鲜明的新时代中国特色社会主义元素和国资国企改革发展特征。

## 三、混合经济协同创新驱动是中国经济高质量发展的必然选择

党的十九大提出，我国经济已由高速增长阶段转向高质量发展阶段，正处在转变发展方式、优化经济结构、转换发展动力的攻坚期。党的十九届四中全会实现理论创新，把公有制为主体、多种所有制经济共同发展，按劳分配为主体、多种分配方式并存，社会主义市场经济体制并列为我国新时代基本经济制度体系，明确提出健全劳动、资本、土地、知识、技术、管理、数据等生产要素由市场评价贡献、按贡献决定报酬的机制。党的理论创新和决策部署，不仅明确了我国经济已进入创新驱动高质量发展的新时代，也为高效推进混合协同创新奠定了坚实的理论政策基础。从国内背景来看，高质量发展的客观必要性紧迫性日显突出，产业经济和科技资源具备相应基础条件，提供了高质量发展的可能性，混合协同创新的体制机制正在逐步完善，混合协同创新驱动高质

量发展成为历史必然趋势。从世界环境来看，全球科技创新层出不穷，科技创新呈现出加快更新迭代的趋势，各类创新主体间的跨国协同合作广泛深入，为我国科技创新在国际合作中弯道超车创造了难得的历史机遇。混合经济协同创新发展，既是贯彻新时代"五大发展理念"、推进供给侧结构性改革、促进我国经济可持续健康发展的必然选择，也是深入贯彻新时代基本经济制度理念、完善新时代生产关系和上层建筑的重要目标，同时是坚持开放发展战略、提高国际合作成效、践行人类命运共同体理念的重要内容。我们应抓住全球科技跨越式创新发展的历史机遇，完善产官学研用等各类创新主体合作机制，加强开放型国际协同创新，以强大的混合协同创新驱动力，强力推进我国经济可持续高质量发展。

## 四、提高全球协同创新成效是我国国际经济合作的重要课题

人才是第一资源、科技是第一生产力、创新是第一动力的论断同样适用于全球经济发展规律。科技创新驱动是促进当代世界经济发展的主要动力，而跨国混合协同创新亦是当今科技创新发展的重要特征，也是提高我国国际合作成效的重要目标。结合我国经济高质量发展新阶段，适应全球科技创新发展新趋势，我国应在国际投资贸易大国基础上，增强全球科技协同创新能力，向国际经济和科技强国迈进。一是要坚持开放发展战略，努力维护并能动参与全球科技协同创新大趋势。当今世界正在经历百年未有之大变局，全球经济进入深度调整期，一些国家保护主义和逆全球化思潮仍在涌动。但科技创新跨国界协同融合、科技成果无国界同步共享仍是不可阻挡的历史趋势，全球范围的新技术、新产业、新业态层出不穷、交织融合，协同创新、共享发展方兴未艾。我们要维护和顺应全球科技协同创新大趋势，坚持开放型融合协同创新方向，有效支撑我国经济高质量发展。二是要善用全球创新资源补强我国产业科技短板，有效支撑我国经济高质量发展。如今我国经济规模稳居世界第二，但产业科技含量、知识密集度仍有待提升，整体经济结构有

待优化升级，关键是要用产业科技支撑、协同创新驱动。我们要善于在全球范围内整合创新资源和科技成果，增强全球开放式协同创新发展能力，在促进我国经济可持续高质量发展的同时为全球经济创新发展做出积极贡献。三是要促进跨国投资战略转型升级，提升跨国协同创新成效。在现有的传统基础设施投资和制造业绿地投资基础上，更多围绕战略性新兴高科技产业及其价值链中高端环节，探索战略性跨国并购重组和互惠合作模式，提高利用国际国内两种创新资源的能力和水平。要善于有效整合全球优秀人才、高新技术、现代金融等高端生产要素，创建全球创新资源整合机制，提升我国全球协同创新共同发展成效。

**五、混合协同创新发展是培育世界一流企业的必经之路**

党的十九大明确提出，深化国有企业改革，发展混合所有制经济，培育世界一流企业。可持续协同创新能力是世界一流企业的重要共性特征，也是世界优强企业保持所在行业领袖地位和基业长青的核心密码。而可持续协同创新能力较为薄弱，恰恰是制约我国企业向全球供应链、价值链中高端发展的主要弱项，是我国企业亟须补强的关键短板。创新是一个复杂的系统工程，创新链、产业链、资金链、政策链相互交织、互为支撑，必须有效协调各类创新主体，有机整合各种创新资源，切实形成协同创新合力。具备较强社会号召力和资源整合力的中央企业等领先跨国公司要发挥好带动引领作用。一是要围绕重点行业、关键环节、科技短板，有机协同各类创新主体联合攻关，突破核心关键技术“卡脖子”问题，提升我国产业整体创新力和竞争力。二是要提升全球协同创新能力，增强我国企业国际竞争力。全球范围内科技创新、迭代升级加快，协同创新既是当今科技加速发展的重要推手，也是在科技创新竞争中立于不败之地、保持科技领先地位的重要途径。我国大型跨国企业，要善于全球协同创新，努力保持创新主导地位，增强全球领先创新力和竞争力。三是要基于全球竞争力、创新力，提升全球分工协作地位和国际价值链段位。创建开放型经济强国，需要一批能够主导全球价值链的跨国公司，以强大的全球协同创新能力，强势融入全球产业链、供应链、价值链，在重要行业、关键领域的全球价值链高端发挥能动有为作用。

## 六、混合经济协同创新发展是国资国企改革发展的重要内容

混合协同创新是深化国资国企改革发展、做强做优做大国有资本的重要举措。党的十九届四中全会提出，“增强国有经济竞争力、创新力、控制力、影响力、抗风险能力，做强做优做大国有资本”。这既说明了国资国企是创新发展的重要主体，也指明了通过增强创新力等“五力”做强做优做大国有资本的路径。国资国企要勇担创新重任，以强大的混合协同创新能力，做强做优做大国有资本，推动我国经济高质量发展。首先，混合协同创新是增强国有经济竞争力、创新力的重要方式。高校和科研院所积累了大量基础科技成果，亟待产业孵化和商品化应用；高科技非公企业也拥有大批基础应用科技及其配套新产业、新业态、新模式，亟待产业科技迭代升级。国资国企可通过混合所有制改革和多种方式协同创新，有机组合各类创新主体比较优势，提升全社会经济创新力、竞争力。其次，混合协同创新是提高国有经济控制力影响力的重要抓手。国资国企作为经济社会发展的重要主导力量，在加强自主创新的同时，更要注重调动各类创新主体的积极性、能动性，以深化混合所有制经济改革等方式有效带动各类社会资本和各种创新资源，引导全社会混合经济协同创新发展，切实增强国有经济控制力影响力带动力。最后，混合协同创新是发挥公有经济主导力、巩固基本经济制度的重要路径。加强国资国企与各类社会资本、各类创新主体的有机整合，不仅可充实和优化基本经济制度所有制基础结构，也可增强以企业为主体、市场为导向、各类创新主体深度融合的协同创新能力，切实增强创新驱动高质量发展能力。

## 七、夯实混合协同创新基础是提升创新发展能力的重要保障

目前，我国混合协同创新仍有不少制约因素和薄弱环节，政策法规

体系有待完善，协同创新生态有待健全，亟须建立健全配套体制机制，有效推进混合协同创新发展。一要完善宏观政策法规体系，为混合协同创新奠定坚实法规基础。科技创新既有社会公共产品属性，也有市场竞争属性；不仅需要知识产权保护等政策法规基础，也要具备有效分担风险和合理分享利益的市场机制。因此，需要建立健全产权保护、激励创新、公平竞争、国际合作、协同创新、共享成果等政策法规体系和市场化激励约束机制，为激发全社会协同创新活力奠定坚实制度基础。二要培育健全创新生态体系，为混合协同创新营造良好社会环境。混合协同创新涉及产官学研用金等多元主体，需要各类主体发育健全、各尽其责、同向发力才能形成协同合作条件。现阶段，直接融资为主的多层次资本市场尚未发育成熟，支撑创新所需风险投资机制更是发育不全，科技创新转化机制仍显乏力、成效显弱，亟须补齐创新资本市场等短板，健全创新生态体系，提高协同创新成效。三要增强国资国企带动功能，激发全社会混合协同创新发展活力。新时代基本经济制度理念，鼓励支持国资国企推进混合所有制改革，也鼓励支持各类要素按作用贡献持股获利，为混合协同创新提供良好的理论基础和政策环境。作为混合经济的主导力量和社会资源整合的优势力量，国资国企要在加强重要领域、关键环节技术自主创新的同时，以强大的控制力、影响力、带动力，引领各类社会创新资源有序流动、优化配置、深度融合、互惠合作、共同发展，激发全社会混合协同创新活力，实现产业经济可持续高质量发展。

本文原载于清华大学《政治经济学季刊》2020 年第三卷第一期

# 目录
# Contents

第一章
**中国企业混合协同创新发展的时代背景与意义 / 1**

第一节　混合协同创新发展的宏观背景 / 2
第二节　混合协同创新发展的时代意义 / 15
第三节　混合协同创新发展的改革取向 / 27

第二章
**协同创新的国际实践 / 38**

第一节　创新发展理念与政策法规环境 / 38
第二节　创新主体的发育状况及其生态 / 50
第三节　创新主体的协同机制与发展实践 / 64

第三章
**我国混合经济协同创新发展实践 / 88**

第一节　混合协同创新政策法规回顾 / 88
第二节　混合协同创新主体发育状况及其生态 / 102
第三节　混合协同创新机制与混合发展实践 / 112

第四章
**世界一流企业协同创新发展能力解析 / 141**

第一节　世界一流企业协同创新发展的共性特征 / 142
第二节　世界一流企业的协同创新发展体制机制 / 150
第三节　中国领先企业协同创新发展实践与案例 / 163

第五章
**中国企业科技创新能力总体概况 / 172**

第一节　科技创新总体概况及其国际比较 / 172
第二节　企业的主导作用及其国际比较 / 183
第三节　我国国有控股上市公司的创新发展概况 / 197

第六章
**中国混合经济协同创新发展面临的机遇与挑战 / 211**

第一节　中国混合经济协同创新发展的机遇 / 211
第二节　科技创新体制机制存在的薄弱环节 / 218
第三节　混合经济协同创新制约因素及挑战 / 235

第七章
**促进我国混合协同创新发展的路径思考 / 252**

第一节　完善宏观政策环境，奠定混合协同创新良好法规基础 / 252
第二节　健全创新生态体系，营造混合协同创新良好社会环境 / 256
第三节　增强国资带动能力，激发混合经济协同创新发展活力 / 263

**结　语 / 273**
**参考文献 / 275**
**后　记 / 284**

# 第一章

# 中国企业混合协同创新发展的时代背景与意义

从世界范围来看，新一轮科技革命和产业革命方兴未艾，不仅使各国产业与经济结构发生急剧变化与调整，还深刻改变着社会运行与人类生活方式。与之相适应，企业创新也向纵深推进，呈现出科技创新与管理创新相互促进的态势。就我国形势而言，“由高速增长阶段转向高质量发展阶段”，需要实现发展动力向创新转化，以科技创新支持高质量发展，而混合协同创新是有效激发创新发展的重要途径。就政策环境而言，党的十八届三中全会将混合所有制改革作为国有企业改革的重要突破口，为混合协同创新发展创造了良好环境。习近平总书记在党的十九大报告中强调，“创新是引领发展的第一动力”，“深化国有企业改革，发展混合所有制经济，培育具有全球竞争力的世界一流企业”。党的十九届四中全会进一步强调，构建社会主义市场经济条件下关键核心技术攻关的新型举国体制。这些重要论述为新时代混合协同创新提供了理论基础。就微观层面而言，创新，尤其是核心和关键技术的创新与商业化不再是单一创新主体可以完成的，而是越来越呈现出一种系统性和复杂性，涉及的创新主体的类型越来越丰富，创新主体之间的互动和沟通越来越频繁；特别是中国市场中的企业主体及其相互间的合作较西方发达国家更加丰富和多样，已经形成更具中国特色的企业主导的混合协同创新。可见，无论是从主动适应全球发展趋势考虑，还是从满足国内高质量发展需要考虑，混合协同创新发展都是新时代中国特色社会主义的必然选择。

混合协同创新发展具有鲜明的中国特色社会主义经济特点，是马克思主义生产社会化发展规律、资本社会化发展规律、市场经济发展演变规律下所有制的调整与完善，是历史发展的必然，更是新时代我国经济转入高质量发展的重要产物。从理论层面来看，创新与混合所有制之间是生产力与生产关系的辩证关系。科技创新作为生产力的关键要素，是解放微观生产力、优化产业结构，促进高质量发展的第一动力；混合所有制经济作为生产关系的有效调整，是完善创新体制机制、促进科技资源共享、增强协同创新活力的重要保障。混合所有制经济与科技创新的有机互促关系，本质上体现了新时代微观生产关系与生产力的辩证统一关系，即以创新为主要内容的生产力和以混合所有制为主要内容的生产关系的辩证关系。从实践层面来看，混合所有制关注的是资本层面的混合和体制机制层面的转变，而协同创新关注的是创新资源和要素突破创新主体间的壁垒，充分释放“人才、资本、信息、技术”等创新要素活力，实现优势互补、创新互惠、知识共享，从而实现资源优化配置。因此，混合所有制是协同创新中实现各创新主体间利益分配、风险共担的重要途径和机制保障，而协同创新发展是各创新主体调整所有制关系的主要目的。

## 第一节　混合协同创新发展的宏观背景

### 一、全球科技创新发展新特点与混合协同创新发展的大趋势

#### （一）全球科技创新发展的特点与趋势

20 世纪末，全球科学技术发展迅速，孕育着新的科学和技术革命。当前全球科技创新发展呈现以下明显特点与趋势：一是科学发现、技术突破及重大集成创新不断涌现，呈现群体突破态势。二是在学科纵向深

入的同时，领域前沿不断拓展，学科间跨界融合加快，新兴学科不断涌现，呈现“跨界融合、协同联合、包容聚合”的特点，促进了新兴学科的兴起与发展。三是科技与经济、社会、教育、文化等多领域协同发展，对人类文明演进和全球治理体系发展产生深刻影响，以科技创新推动可持续发展成为破解各国关心的一些重要全球性问题的必由之路。① 四是国际科技竞争日趋激烈的同时，国际科技交流与合作日趋频繁和广泛。随着技术跨国流动越来越快，国际交流与合作成为科技创新的加速器，使国家间相互依存与协同日趋加深，高水平科技交流与合作深入开展。②

科技发展呈现出群体突破的态势，科学技术进入了一个前所未有的创新群体集聚时代。科学发现、关键技术创新和创新商业化亟须相互促进、系统集成，而这种集成能力已经成为各国竞争优势的核心，决定全球产业分工经济格局。例如量子计算机、大数据分析、5G 网络、智能机器人等技术。这些技术帮助创新者以空前的速度实现产品的研发和商业化，并形成新的产业集群。尽管当代技术的种类繁多且功能各异，但是它们相互联系，彼此渗透交叉，整个科技群体构成了协同发展的复杂体系。这种发展趋势正是因为客观世界本身就是统一的复杂体系，科技在向微观和宏观层面深入探究的同时也越来越向着复杂的系统体系发展。机器学习、人机互动等技术都体现了这种技术之间的深度融合，一种技术往往可以广泛影响一系列的技术创新。③

未来科技创新前沿领域集中在四个方面：一是新材料、新工艺和新架构将成为未来集成电路的研究重点，如何实现超越摩尔定律是未来集成电路技术创新范式变革的重要方向。二是弱人工智能逐渐向通用人工

---

① 习近平向首届世界科技与发展论坛致贺信[N/OL]. 中国青年报，2019 - 10 - 17[2020 - 05 - 06]. http://zqb. cyol. com/html/2019 - 10/17/nw. D110000zgqnb_20191017_4 - 01. htm.

② 白春礼. 未来世界科技发展的十大趋势[EB/OL].（2017 - 01 - 22）[2020 - 05 - 06]. https://www. sohu. com/a/ 124907531_465915.

③ 路甬祥. 世界科技发展的新趋势及其影响[J]. 中国科技奖励,2005(3):90 - 95.

智能跨越。三是数据技术、安全技术、工业 App 将成为工业互联网的发展重心。四是开展大数据和 AI 技术应用研究，厘清高维度系统复杂性，进行大规模微生物群的数据整理，探索不同基因群与功能之间的关联性。当前，全球创新发展处于发展的十字路口，潜藏各种变革、风险挑战以及一系列不确定性，要牢牢把握世界科技革命和产业变革的大趋势，实现科技的质变和赶超。①

从各国科技创新发展水平来看，当今世界呈现出一超多强或多强并举的态势。美国和欧盟作为西方最为发达的两大经济体，在科技创新领域极具代表性。美国是全球创新能力最强、科技实力最雄厚的经济体，而欧盟则是科技投入与科技产出仅次于美国的发达经济体。东北亚地区是目前全球经济最活跃的地区，其中，中日韩三国处于经济发展的领先地位。近年来中国科技创新水平明显增强，与发达国家的差距逐渐缩小。

### （二）混合协同创新发展成为科技创新的必然趋势

全球科技发展呈现出的特点以及各国整体的科技情况决定了协同创新将成为企业创新的重要途径。首先，学科交叉融合加快要求掌握不同知识的企业互相交流合作，产生协同效应。协同创新也愈发得到重视。世界经济和技术的迅猛发展、环境的高度不确定性使得创新日益成为一种复杂性活动，即使大型企业也不可能在所有前沿领域维持研究的努力，跟上技术变革的步伐。经济的发展也使得创新要素的空间联系和相互作用，在广度和深度上都有相当大幅度的延展，要素获取途径亦愈发丰富起来。在此情境下，越来越多的企业开始从外部组织获取资源，以求进一步拓展企业的发展空间。例如美国的研发体系就起到了很好的示范作用，协同创新在其中发挥了重要作用。美国是当今世界创新能力最

① 傅翠晓．世界科技发展呈现新趋势新特点［EB/OL］.（2019－09－23）［2020－05－06］. http://www.360doc.com/content/19/0919/09/43529692_861927233.shtml.

强的国家之一，也是产学研协同创新的发祥地。美国已经形成了大学科技园、企业孵化器、合作研究、契约式合作、咨询协议、技术入股合作等六种产学研协同创新模式，而且具有合作关系稳定密切、法规设计保障有力、服务管理机制成熟等特点。我国企业也应该加强协同创新发展，形成创新和发展的合力。

其次，科技创新、转化和产业化的速度不断加快，需要企业之间整合资源、加大研发投入以加快研发进度。人工智能、量子计算机、大数据运算、互联网和物联网的整合，科技的发展趋势都预示着全球经济运行将向着更准确和更快速的方向发展，企业要在市场中生存必须不断提升自身的技术敏感度和市场反应速度。同时也意味着企业之间在技术层面应该形成协同网络，只有成为网络中的有机组成部分才能及时获取信息，才能跟得上技术和产业的变化速度，并在这种速度经济当中确立自身的竞争优势和自身发展能力。在一定程度上，新的技术浪潮要求企业在技术研发当中有更细致的分工和配合，并在分工中不断强化自身的优势和技术专业能力，而混合协同就成为企业适应新的技术浪潮的必然选择。

最后，科技与经济、社会、教育、文化的关系日益紧密以及国际科技交流与合作日益广泛，要求企业不能仅仅顾及自身利益，也不能仅仅局限于自身的力量来进行科研和创新，混合协同创新是必然选择。一方面，通过混合协同创新，企业可以更紧密地融入全球的创新体系中，其共同的标准和规范将限制企业的负外部性行为，倒逼企业淘汰落后的技术和产能，不断提升产品的质量标准；另一方面，协同创新将为企业带来更多的创新资源和创新机遇，并且通过合作和竞争来扩展自身的创新能力，及时感知全球科技发展的趋势和变化，从而可以实现技术的快速更新换代，并且可以在技术更替过程中把握机会，实现关键技术的突破和超越。中国新能源汽车产业就是比较典型的代表，借助政府政策的指导，以及企业之间的协同创新，目前在全球取得了技术优势，并且也带动了电池和芯片等产业的发展。此外，创新系统具有动态特性，各种创新主体之间及与创新环境之间，通过物质流、能量流、信息流的联结传导，形成共生竞合、动态演化的开放、复杂系统。因此，混合协同创新也保证了企业能够适应创新系统的动态变化。

## 二、中国创新驱动的高质量发展对混合创新发展提出要求

### （一）中国原有发展方式存在诸多问题

中国原有的发展方式首先面临动力衰竭的问题，资源和环境的承载能力在原有发展方式的条件下已经接近上限，而高能耗带来更大的环境问题，直接影响民众的健康状况和生活质量。而且粗放的发展方式也会受到更大的外部阻力，形成能源上的对外依赖，难以维持以往几十年的高增长速度。概括而言，中国发展面临三方面的问题：一是资源和环境瓶颈约束日益加剧，我国人均能源资源占有量低，资源利用效率不高，粗放型经济增长方式的一个直接后果是生态环境的急剧恶化。二是技术瓶颈约束日益凸显。我国科学技术发展有待进一步加强，企业技术创新能力薄弱的问题更为突出。三是国际竞争压力日益严峻。中国企业应对市场波动和市场摩擦的技术储备和技术风险抵御能力不足，一旦国际竞争者利用技术所有权来进行遏制，中国企业往往会陷入无技术或者无原料可用的被动局面。为了改变这种状况，必须改变以往粗放的、单纯追求速度的发展观念，转变原有的经济发展方式。此外，当前世界经济形势出现了一些新变化，变数、挑战、不确定性与过去比有所增加。由于贸易争端、金融压力和波动风险显现，地缘政治关系紧张，2019 年许多国家的经济增长势头减弱。中国经济在宽松的货币政策和财政措施支持下，国内需求增长保持稳定。从中长期来看，严重依赖于美国进口核心技术的企业需要考虑其他替代性解决方案，同时提升其自身研发能力。世界经济形势的变化，使得过去主要凭借要素投入的发展方式受到

更大的外部制约，凭借高强度大规模投资拉动的模式效果不理想，低水平竞争的粗放增长模式不可持续，迫切需要走出一条质量更高、效益更好、结构更优、优势充分释放的发展新路。要求各经济主体“兼收并蓄”，使不同经济成分通过“混合”扬长避短，改善机制，发挥综合优势，通过协同创新在国际经济竞争中保持旺盛的活力和生命力。

### （二）新时代中国发展方式向创新驱动的高质量发展转变

2017 年 10 月 18 日，在中国共产党第十九次全国代表大会上，习近平总书记郑重宣布：“经过长期努力，中国特色社会主义进入了新时代，这是我国发展新的历史方位。”这一宣示，概括了中华民族的伟大飞跃，中国特色社会主义进入新时代，在中华人民共和国发展史上、中华民族发展史上具有重大意义，在世界社会主义发展史上、人类社会发展史上也具有重大意义。中国进入新时代，这也意味要用新的视角、新的方法、新的途径来解决新的问题，实现新的目标。进入新时代，要解决新的基本矛盾，一个重要的任务是原有发展方式必须要向高质量发展转变，而这也要求经济发展的主要推动力从要素推动、投资驱动向创新驱动转变。党的十九大报告指出：“我国经济已由高速增长阶段转向高质量发展阶段。”这深刻揭示了新时代中国经济发展的基本规律和发展趋势，指明了新时代对经济发展的根本要求。转向高质量是对中国主要矛盾发展的客观要求，是全面建成小康社会和全面建设社会主义现代化国家的必然选择，是中国新时代经济改革的核心任务。

高质量发展有四方面的内涵。首先，高质量发展要求培育新的动能。高质量发展是经济数量增长到一定阶段之后，经济发展动能转换、效率提升和结构优化的状态。高质量发展的新动能主要指以新技术、新产业、新产品、新业态模式为核心，以知识、技术、信息、数据等新的高级生产要素为支撑推动高质量发展的动能。科技创新成为高质量发展的强大动能。创新是高质量发展的第一动力，在高质量发展中培厚科技创新土壤，提高科技创新整体实力，增加源头供给。其次，高质量发展要求做大做强实体经济。实现高质量发展，建设现代化经济体系，最终的成果需要体现在实体经济的发展上，发展高水平的实体经济是实现高质量发展的基础。实体经济是地方财税的主渠道，是现代化产业体系的基本细胞，因此做大做强做优实体经济是高质量发展的基础。再次，高质量发展需要壮大战略性新兴产业。随着新一轮科技革命和产业变革的逐步兴起，发达国家都把壮大战略性新兴产业作为战略目标，加快布局新兴产业，抢占战略性新兴产业发展的制高点。在我国转向高质量发展的过程中，壮大战略性新兴产业是高质量发展的重要产业支撑。最后，高质量发展必须增进人民的福祉。推动高质量发展必须坚持以人民为中心，永远把人民对美好生活的向往作为奋斗目标。高质量发展具有丰富的内涵，但是核心的内涵在于人民生活高质量，人民生活的高质量意味着人民福祉的增进，这是高质量发展的出发点与落脚点。①

总之，高质量发展是一项系统工程，涉及经济发展的诸多方面，是一项恢宏磅礴而又影响深远的百年大计。但其中最关键的内容是要实现发展驱动方式转变，由低成本要素投入转为创新驱动，产业升级、实体经济发展乃至人民福祉的增加都必然要建于其上。而要实现创新驱动，混合协同创新就成为必然选择。

### （三）混合协同创新发展是创新驱动高质量发展的必然选择

混合协同创新既有协同创新所具有的一般性含义和内容，同时也包含了中国企业所特有的行为。在宏观层面，我国正以创新型国家建设为目标，调整完善政府和市场在科技创新中的功能作用，健全知识产权等政策法规体系，培育各类创新主体及其生态，促进各类主体有机协同创新；在微观层面，党的十八大以来，积极稳妥推进国资国企和其他社会资本的混合所有制改革，就是为了更好调整微观生产关系，将科技创新

① 任保平，赵通．高质量发展的核心要义与政策取向[EB/OL]．(2019－07－14)[2020－05－06]．http://theory.gmw.cn/2019－07/14/content32996508.htm.

这一生产力要素和混合所有制这一生产关系组合为相辅相成、有机互动的混合协同创新发展机制；在国际层面，中国坚持改革开放国策，积极探索全球协同创新发展，努力提高国际合作水平及其成效。混合协同创新发展是创新驱动发展的必经之路和必然选择。

要转变简单依靠要素投入的增长方式，实现主要依靠创新驱动发展，企业必须要加大科研力度，在研发设备和人员等方面持续投入。但是单一企业难以拥有充足的科研资金和人力资本，而且难以承受过长的研发周期和失败风险，因此突破核心技术、促进高质量发展必须依靠企业、大学、科研机构等不同创新主体通力合作，形成协同创新生态。创新的资金成本约束以及风险承担是影响创新能否渡过困难期、最终实现商品化的关键。通过与其他企业合作，风险在早期创新参与者各方进行了分摊，从而使每个企业所承担的风险相对减小，使得这些成本巨大的研发具有可行性。

创新一项重要的作用就是连接基础科研和市场，使科学可以真正转变为生产力，真正造福广大民众。这意味着单独一个企业很难在生产、研发、销售等所有环节都具有优势，而且大量的国有企业往往擅长重要技术的攻关，却存在商业化动力不足等问题。此外，当前的全球经济环境中贸易保护主义抬头，加大了中国企业“走出去”开拓海外市场和吸收国外先进技术的难度。因此，必须依靠混合协同创新实现取长补短，形成合力，使得创新从研发到最后转化为商品的过程更加顺畅。这使得民众可以及时享受到创新的好处，也有助于中国企业以集群的形态与外国企业展开竞争，扩展海外市场，并且加快推动技术的更新换代，承担更大的创新风险，并最终在全球范围内确立以创新为基础的竞争优势。

创新是具有很强正外部性的行为，单独的经济主体进行创新容易产生社会收益和私人成本严重不对等的情况，会挫伤创新积极性，因此，中国企业需要在技术上更多沟通和交流，也需要在信息网络建设上相互配合和彼此连接，从而可以及时有效地获取各时段、各地域以及各层级的经济发展状态和资源利用情况，研发出适用性强、针对性强、灵活性强的资源循环利用技术，实现集约利用资源和能源，使得创新所带来的好处能够在整个创新体系内扩散，各方都可以从彼此的创新行为中获益。这便客观要求各种类型的经济和研发组织以更开放的姿态来展开互动，并且政府也要扮演重要的协调者角色。企业作为其中的主体，通过混合协同创新充分利用内部和外部的创新资源，成为创新系统中的重要节点，以企业网络的新形态推动高质量发展。

## 三、习近平新时代中国特色社会主义经济思想为混合协同创新发展提供理论指导

新时代中国的经济发展进入崭新的阶段，机遇中又充满挑战。因此在实践当中必须有高屋建瓴的思想体系来指导，及时解决转变过程中可能遇到的问题。习近平新时代中国特色社会主义经济思想是党的十八大以来以习近平同志为核心的党中央推动经济发展实践的理论结晶，是中国特色社会主义政治经济学的最新成果，适应了中国经济从高速增长阶段转向高质量发展阶段的要求，成为指引21世纪中叶建设富强民主文明和谐美丽的社会主义现代化强国的经济发展指导思想。① 习近平新时代中国特色社会主义思想中有关创新的理念为中国科技发展、企业创新能力提升确立了理论基础，指明了实现途径。

### （一）习近平新时代中国特色社会主义经济思想的主要内涵

习近平新时代经济思想在原则上可以总结为七个坚持："第一，坚持加强党对经济工作的集中统一领导，保证我国经济沿着正确方向发展；第二，坚持以人民为中心的发展思想，贯穿到统筹推进'五位一

① 胡鞍钢，周绍杰．习近平新时代中国特色社会主义经济思想的发展背景、理论体系与重点领域[J]．新疆师范大学学报（哲学社会科学版），2019，40（2）：7－15.

体'总体布局和协调推进'四个全面'战略布局之中；第三，坚持适应把握引领经济发展新常态，立足大局，把握规律；第四，坚持使市场在资源配置中起决定性作用，更好发挥政府作用，坚决扫除经济发展的体制机制障碍；第五，坚持适应我国经济发展主要矛盾变化，完善宏观调控，相机抉择，开准药方，把推进供给侧结构性改革作为经济工作的主线；第六，坚持问题导向部署经济发展新战略，对我国经济社会发展变革产生深远影响；第七，坚持正确工作策略和方法，稳中求进，保持战略定力、坚持底线思维，一步一个脚印向前迈进。"① 这是中国进入新时代在经济发展当中和改革实践当中必须要坚持的基本原则和基本方法。这些决策涵盖了中国经济发展的主要方面，为经济发展可能涉及的主要问题提供了答案，从顶层为改革设计了基本的行动方案。

《国民经济和社会发展第十三个五年规划纲要》中首次提出："实现发展目标，破解发展难题，厚植发展优势，必须牢固树立和贯彻落实创新、协调、绿色、开放、共享的新发展理念。"其中：创新是引领发展的第一动力，必须把创新摆在国家发展全局的核心位置，不断推进理论创新、制度创新、科技创新、文化创新等各方面创新，让创新贯穿党和国家一切工作；协调是持续健康发展的内在要求，必须牢牢把握中国特色社会主义事业总体布局，正确处理发展中的重大关系；绿色是永续发展的必要条件和人民对美好生活追求的重要体现；开放是国家繁荣发展的必由之路；共享是中国特色社会主义的本质要求。"五大发展理念"是关系中国发展全局的一场深刻变革，是具有内在联系的集合体，是我国发展思路、发展方向、发展着力点的集中体现；"五大发展理念"涵盖了中国新时代国家发展的主要方面，而且五个方面相互依托，互相促进，形成一个系统的发展理论体系，为我国改革发展指明了方向。

① 2017年中央经济工作会议［EB/OL］.（2020-02-02）［2020-05-06］. http://www.xinhuanet.com/fortune/lhzt/21/index.htm.

### （二）习近平新时代中国特色社会主义经济思想为混合协同创新发展奠定理论基础

在“五大发展理念”中，创新位列第一，这凸显了创新的必要性和关键性，而这一理念对于中国企业度过当前的转型期、抵御贸易保护主义逆全球化的冲击有重要的引导作用，也为各级政府设定创新政府提供指导。首先，创新的作用和地位得到了充分的认识和提升。在党的十九大报告中习近平总书记强调，“创新是引领发展的第一动力，是建设现代化经济体系的战略支撑”。[①] 创新不仅仅关乎发展的动力问题，同时也深刻影响发展的机遇问题；只有依靠创新才能在发展中掌握主动，占据先机，敏锐把握新兴产业的发展动态，提前占据产业链条中的有利环节，成为“创造性毁灭”的积极推动者而非被动接受者。“当今世界科技革命和产业变革方兴未艾，我们要增强使命感，把创新作为最大政策，奋起直追、迎头赶上。”[②]

其次，如何制定政策来推动创新乃是创新本身要解决的核心问题。对此习近平总书记提出了完善创新体制的思想。他指出：“创新驱动发展是一个长期战略，也是近期工作重点。各级党委和政府要加强组织领导，发扬钉钉子精神，扎扎实实、一件事一件事抓好，努力抓出成效。”[③] 对此，《国家创新驱动发展纲要》确定了三步走的战略目标。第一步，到 2020 年进入创新型国家行列，基本建成中国特色国家创新体系，有力支撑全面建成小康社会目标的实现；第二步，到 2030 年跻身创新型国家前列，发展驱动力实现根本转换，经济社会发展水平和国际竞争力大幅提升，为建成经济强国和共同富裕社会奠定坚实基础；第三

---

① 习近平．决胜全面建成小康社会，夺取新时代中国特色社会主义伟大胜利［N］．人民日报，2017－10－28（1）．

② 习近平在安徽合肥考察中国科技大学、中科大先进技术研究院的讲话［EB/OL］．（2020－02－02）［2020－05－06］．http://cpc. people. com. cn/n1/2016/0531/c385476－28398570. html.

③ 加快实施创新驱动发展战略 加快推动经济发展方式转变［N］．人民日报，2014－08－19（1）．

步，到2050年建成世界科技创新强国，成为世界主要科学中心和创新高地，为我国建成富强民主文明和谐的社会主义现代化国家、实现中华民族伟大复兴的中国梦提供强大支撑。战略清晰，方向明确，创新政策可以围绕战略部署有条不紊地展开。

再次，习近平总书记的创新思想突出中国要走自主创新和开放合作相结合的道路。创新的来源是创新当中十分重要的问题，一定程度上决定了一国的创新方式和创新自主权。习近平总书记指出："我们不能在这场科技创新的大赛场上落伍，必须迎头赶上、奋起直追、力争超越。只有把核心技术掌握在自己手中，才能真正掌握竞争和发展的主动权，才能从根本上保障国家经济安全、国防安全和其他安全。"① 但是自主不等于故步自封，需要融入全球的创新体系当中，正如习近平总书记指出的，"人类面临的共同挑战需要各国携手应对。没有一个国家可以成为独立的创新中心，或独享创新成果。创新成果应惠及全球，而不应成为埋在山洞里的宝藏"②。开放和创新，这两大发展思想的融合必然会极大推动中国创新事业的发展。

最后，习近平总书记多次强调企业在创新中的主体地位。创新一项重要的作用就是连接基础科研和市场，使科学可以真正转变为生产力，真正造福广大民众，而完成这一任务的主体就是企业。因此，中国的创新驱动最终需要由中国企业来完成，中国企业的创新战略、创新协作、创新动力、创新能力和创新组织将决定中国创新战略能否真正实现。这也意味着，今后中国各级政府的创新政策要从区域创新逐步渗透到微观的企业层面，从而更具有针对性和灵活性。"实施创新驱动发展战略，

---

① 习近平总书记在中国科学院第十七次院士大会、中国工程院第十二次院士大会上的讲话[N]. 人民日报,2014-06-10(1).

② 习近平会见出席2019年"创新经济论坛"外方代表[EB/OL]. (2020-02-02)[2020-05-06]. http://www.gov.cn/ xinwen/2019-11/22/content_5454671. htm. .

必须着力构建以企业为主体、市场为导向、产学研相结合的技术创新体系。"① 总之，习近平总书记的创新思想是中国企业创新的理论先导，中国企业必须走自主创新和开放创新的道路，因此中国企业相互之间混合协同，结成一张覆盖面广、互动频繁、信息交流迅速的创新网络，实现互利共赢，集中优势资源突破关键技术，就成为中国企业创新重要的战略和途径。

上述一系列理论为混合协同创新发展提供了坚实的理论基础。要把握当前的创新机遇，迎合全球新科技浪潮，实现创新驱动转变，必须要集合各方创新力量，统筹协调资源，目标一致，将有限的力量集中在重大和急需的关键技术领域，才能在瞬息万变的全球经济和政治环境当中保持国家的竞争力。而在混合协同创新发展的具体政策制定和推行过程中也要遵循上述扎实推进的理论思想，不能仅仅有蓝图却没有有效的实施方案，也不能盲目冒进，依据行政力量来强行混合，甚至造成国有资本受到损害。而混合协同创新发展本身就是自主创新和开放合作相互融合的重要方法，通过混合可以取长补短，不断提升各个体的自主创新能力。同时，混合协同创新发展也必然要求各方保持开放和积极的姿态，强调各方的合作和协同，打破以往企业"孤岛式"的创新方式。最后，混合协同创新发展最终将有利于中国企业的发展，帮助中国企业结成强大的企业技术创新联盟，也有助于中国企业融入国际市场，创建国际一流企业。因此，混合协同创新的出发点、着力点必然是中国企业。政府的政策应该顺应企业的切实发展需要，立足企业的真实创新现实，保证最终的政策惠及创新体系内的各类企业，并通过市场和企业的社会责任履行而惠及广大中国人民。

---

① 习近平总书记在哈尔滨市考察高新技术企业和科研单位时的讲话[N]. 人民日报,2015-05-26(1).

## 第二节　混合协同创新发展的时代意义

### 一、混合协同创新发展是中国经济高质量发展的重要动能

习近平总书记在党的十九大报告中指出："我国经济已由高速增长阶段转向高质量发展阶段。"这是根据国际、国内环境变化，特别是根据我国发展条件和发展阶段的变化而作出的重大判断。经济高质量发展意味着从追求经济增长速度转变为重视经济增长质量和效益，从追求规模扩张转变为重视结构优化，从要素－投资驱动转变为创新驱动。① 经济高质量发展为国家制定宏观经济政策、产业政策、区域政策确定基调，确立纲领。而创新是驱动经济高质量发展的关键因素，它能提升经济增长质量和效益，优化经济结构。创新能力在促进经济转型发展和提升综合国力竞争中发挥着重要作用，创新能力的高低最终决定了中国能否从跟随走向引领。这一转变过程中重要的问题是要解决高质量发展的动能，保证发展方式转变后不会出现发展速度的大幅度下降。协同创新无疑在其中扮演了关键的角色。

以公有制为主体、多种所有制经济共同发展的基本经济制度不仅使混合协同创新在我国呈现多种形式多种机制，同时赋予了国有企业混合所有制改革的特殊内涵。在混合所有制经济体制中，国企、民企、高校与科研机构、金融企业、协会、政府等不同主体间的协同创新成为科技创新的重要途径，为实现创新驱动经济高质量发展以及可持续发展提供动力。积极推进混合协同创新发展有利于提高科研成果转化效率，增强国家创新能力，加快我国供给侧结构性改革，为中国经济高质量发展提供重要动能。

---

① 资本市场改革课题组．创新驱动高质量发展要神话资本市场改革——兼谈科创版赋能创新发展[J]．经济学动态，2019(10):93－100.

### （一）混合协同创新发展有助于提高科研成果转化效率

党的十九大报告指出："要深化科技体制改革，建立以企业为主体、市场为导向，产学研深度融合的技术创新体系，促进科技成果转化。"市场是检验科研成果好坏的黄金标准，与市场需求脱节的科研成果几乎不存在商业价值，而其难以实现成果转化实属情理之中。究其原因：一是计划经济体制下相互分离的产学研形成了各自的价值观和业绩评价标准，造成研发成果的产业化困难。[①] 二是部分科研缺乏市场和客户导向：高校和科研院所的研发成果过于前沿，研发成果与市场需求脱节，企业在短时间内用不上；而当国内企业遇到技术难题时，高校和科研院所又不愿意去做。[②]

混合协同创新发展是通过创新方式构建国有企业、民营企业、高校及科研院所之间的物理和非物理联系，形成研发、市场、资本、资源、管理分享机制，推动各独立的主体构建共同的目标和内在动力，旨在提高科研成果的转化效率。

首先，企业、高校与科研院所等创新主体间的混合协同创新，有利于解决科技成果与市场需求脱节的问题。高校与科研机构在科研过程中可以获得具有市场潜力的技术专利，但缺乏相应的市场渠道，且缺乏完善的激励机制，导致科研成果与市场需求脱节。高校和科研机构通过科技研发将所拥有的智力资源、科研资源转化为高质量的科技创新产出和高层次的科技研发人才，企业则通过将科技创新成果和人才与合适的市场时机相对接以实现创新成果产业化。在产业化推广的实践过程中，企业能够第一时间发现科技创新成果与市场需求不相匹配之处，进而对科研工作提出完善要求和下一步研究方向，从而帮助高校、科研机构进一步提升科研产出质量，使之与市场需求匹配。

---

① 陆园园．中外产学研协同创新研究[M]．北京：人民出版社，2018：10.

② 李雪涛．企业科技创新以市场需求为导向的思考与探索[J]．管理观察，2018(31)：28－29，32.

其次，国有企业与民营企业的混合协同创新，是科研成果转化效率提升的重要方式。我国的国有企业和民营企业各具特点。国有企业具有资金雄厚、人才聚集、技术产业化经验丰富、产业基础良好的优势，但存在对市场需求变化敏感度低的问题。在制订科研计划时，国有企业偏重基础研究，重视中、长期发展目标，与民营企业相比，科研成果与短期内的市场需求匹配程度相对较低。民营企业灵活性较强、创新意识高，可以敏锐地感知到市场需求的变化。与国有企业相比，民营企业更偏重高回报低风险的应用型研究与试验发展。但民营企业多面临资金不足、生产规模有限等困难。随着政府职能转化、国资监管方式发生变化，国有企业也在转型，以更加适应市场变化。通过国有企业和民营企业的混合协同创新，形成优势互补，共同发展。一方面，可以激发国有企业的市场活力，放大国有资本功能，提高国有资本配置和运行效率；另一方面，可以增强民营企业在市场中的竞争力，解决资源和融资的困难。更重要的是，国有企业与民营企业的混合协同创新，有助于提高科研成果与市场需求的匹配度，加快科研成果的转化。

最后，充分发挥政府、科技中介平台在混合协同创新中的推动和辅助作用，有利于提高成果转化。政府是混合协同创新顺利开展的重要推动力，虽然不直接参与创新活动，但为创新主体提供服务和支持作用。政府通过出台相应的政策，推动企业、高校等创新主体的对接，推动混合协同创新的健康发展。积极搭建企业孵化器、大学科技园等科技中介平台，架起科学技术与市场经济联结的重要桥梁，对匹配市场需求、提高成果转化具有重要作用。通过协同创新，可以利用非企业组织的一些特性弥补企业创新的不足，帮助企业之间结成互利共赢的关系，避免技术专利造成过度的“技术壁垒”。通过专利共享等方式激励一些科研机构的创新动力，让政府和创新中介成为巩固中国创新体系的重要力量。

## （二）混合协同创新发展有助于增强国家创新能力

未来的国际竞争说到底是国家创新能力的竞争，而国家创新能力的提升有赖于国家创新系统的完善。经济合作与发展组织（Organization for Economic Cooperation and Development，OECD）指出，国家创新系统由企业、高校和科研机构、政府以及中介机构构成，而各主体间相互作用的有效性是国家创新系统提高创新效用的前提。混合协同创新的目的就在于大力推进企业、高校与科研院所、政府以及中介机构间的深度合作，这也是完善国家创新体系、增强国家创新能力的有效途径。① 自2012年中国经济进入新常态后，政府和企业对创新的重视程度与日俱增。积极推进混合协同创新的发展，一方面，有助于明确企业的创新主体地位，激活企业的创新积极性，打破体制和机制分割的局面，将企业的市场竞争能力与高校和科研院所的科研能力有机结合，形成协同效应；另一方面，有助于发挥政府对创新活动的引导与支持，减少对创新活动的直接干预，整体上提升国家的创新能力。

企业是混合协同创新的主要参与者与利益分享者。它是研发过程中技术成果转换的主体，既是技术的需求方，又是谋求预期收益最大化的主体。企业有着精准的市场需求定位、良好的市场开发能力、完善的营销渠道、充足的创新资金和丰富的劳动力等优势，但同时又存在承担创新高风险压力的劣势，需要寻求合作伙伴提供技术支持并共担风险。其中，大型国企的优势是站位高、大型装备能力优、市场拓展能力强、综合保障能力好；劣势是决策过程较长、价值分配机制不够灵活等。与此相对，民企的优势是决策快、单点突破能力强、市场敏锐度高、价值分配机制灵活；缺点是人才供给不足、企业管理能力不平衡、企业信用偏弱等。但是，国企与民企之间往往可以通过合作实现资源优势互补，因

---

① 曾祥炎，刘友金．基于价值创新链的协同创新：三阶段演化及其作用[J]．科技进步与对策，2013，30(20)：20－24.

此，国企和民企的协同创新将是我国协同创新的重要组成部分。

同时，企业的发展离不开技术，而高校、科研院所具有人才培养、创造知识和研发技术的能力，为企业提供所需的技术和人才。高校和科研机构具有良好的基础性研究、丰富的专业化人才、优秀的科研团队、先进的科研仪器设备等优势，可以为企业提供强大的技术支持。但高校和科研机构存在缺少科研资金、研发成果与市场需求脱钩、成果转化效率低等问题，需要与企业积极合作、形成优势互补以解决上述问题。政府虽然不直接参与创新活动，但政府是推动和保障混合协同创新的重要力量。政府通过制定法律法规引导、支持企业与高校和科研机构实施合作，一定程度上可以改变甚至避免市场失灵带来的损失，为混合协同创新的健康运行提供保障。此外，科研中介平台作为混合协同创新的重要载体，搭起技术与经济之间沟通的桥梁，有利于提高各主体的创新能力，加快创新成果的转化。

因此，积极推动企业、高校和科研机构、政府以及科研中介平台的协作，能够加强各创新主体间的深入合作。创新主体、创新载体和创新支撑板块共同构成的运作主体通过合作产生协同效应，以促进其自身及整体的不断进步，实现混合协同创新的健康发展，有利于增强国家整体创新能力。

### （三）混合协同创新发展有助于深化供给侧结构性改革

党的十九大报告指出，深化供给侧结构性改革。建设现代化经济体系，必须把发展经济的着力点放在实体经济上，把提高供给体系质量作为主攻方向，显著增强我国经济质量优势。2018 年 12 月中央经济工作会议指出，我国经济运行主要矛盾仍然是供给侧结构性的，必须坚持以供给侧结构性改革为主线不动摇。2019 年 5 月，习近平总书记强调："要推动经济高质量发展，牢牢把握供给侧结构性改革这条主线，不断改善供给结构，提高经济发展质量和效益。要加快推进新旧动能转换，巩固'三去一降一补'成果，加快腾笼换鸟、凤凰涅槃。"供给侧结构性改革，就是从提高供给质量出发，用改革的办法推进结构调整，矫正要素配置扭曲，扩大有效供给，提高供给结构对需求变化的适应性和灵活性，提高全要素生产率，更好满足广大人民群众的需要，促进经济社会持续健康发展。

混合协同创新对深化供给侧结构性改革具有重要意义。一方面，供给侧结构性改革的核心是要提高全要素生产率和创新能力，以创新驱动经济发展。① 科技创新水平的提高是优化经济结构、提高全要素生产率的根本途径，通过推进创新主体间的混合协同创新，实现科技创新水平的提升。同时，创新的实现，既需要丰富的内部资源，也依赖于良好的外部环境。大量实例证明，封闭式的自我创新是无源之水，难以为继，创新需要多主体的参与，需要资源的共享，更需要相互的协作。因此，更多地依靠开放式的混合协同创新，才能更好地彰显活力，提高创新效率。

另一方面，供给侧改革是对需求侧管理的纠偏，在需求管理政策中，政府倾向于刺激性政策和对微观经济行为的直接干预，供给侧结构性改革强调政府简政放权，发挥市场导向作用，激发企业的创新活力。② 混合协同创新中，政府为企业、高校及科研院所的创新活动提供服务和支持，对匹配市场需求具有重要作用。混合协同创新的健康发展，有助于解决政府和市场的关系，形成有效的市场和有为的政府，对推进供给侧结构性改革、实现经济高质量发展具有重要意义。

## 二、混合协同创新发展是中国产业结构升级的重要推手

习近平总书记在参加十三届全国人大一次会议内蒙古代表团审议时强调，推动经济高质量发展，要把重点放在推动产业结构转型升级上，

---

① 孙彦明，赵树宽，王泷，等．协同创新视阈下科技资源共享机制研究［J］．科技管理研究，2017，37(13)：1－8.

② 黄新华，马万里．引领经济高质量发展的供给侧结构性改革：目标、领域与路径［J］．亚太经济，2019(4)：105－110.

把实体经济做实做强做优。要立足优势、挖掘潜力、扬长补短，努力改变传统产业多新兴产业少、低端产业多高端产业少、资源型产业多高附加值产业少、劳动密集型产业多资本科技密集型产业少的状况，构建多元发展、多极支撑的现代产业新体系，形成优势突出、结构合理、创新驱动、区域协调、城乡一体的发展新格局。党的十九大报告指出，在"建设现代化的经济体系"中，创新驱动和结构升级是两个重要方面，而创新驱动的核心是科技创新，结构升级的关键在于产业结构升级。[①] 在传统产业升级优化中要以创新为引领，重点"建立以企业为主体、市场为导向、产学研深度融合的技术创新体系"。这表明政府在战略层面上非常重视多主体协同创新在产业升级中的重要作用。

近年来，我国企业创新能力整体上得到较大程度提升，但大部分产业仍停留在全球价值链的中低端，创新能力的进一步提高以及创新能力对产业结构升级的推动作用亟待提升。产业结构升级是指，在产业结构和经济增长的互动过程中，产业结构从低级向高级状态逐渐演进的过程。一方面，产业结构的外在结构分为核心结构、外围结构和基础结构；而产业技术结构存在于产业结构内部，是产业结构更为本质的结构体系。米加宁认为产业结构与产业技术结构二者互为影响，产业技术结构决定产业结构，即有什么样的产业技术结构才可能建立起什么样的产业结构与之适应；同时，产业结构决定产业技术结构的变革方向，是产业技术结构存在和发展的环境和条件。[②] 因此，产业技术结构与产业结构的关系，决定了产业技术进步是产业升级的根本动因，产业结构升级的关键是促进技术进步；另一方面，产业组织结构是产业结构升级的重要因素，没有合理的产业组织结构，就不可能实现产业结构的顺利升级。产业组织结构合理化是指，在市场机制作用下，通过长期的竞争和

---

① 李翔，邓峰．科技创新、产业结构升级与经济增长[J]．科研管理，2019，40(3)：84－93.

② 米加宁．产业结构与技术结构的关系——对英国工业革命的考察[J]．自然辩证法研究，1997(9)：58－61.

优胜劣汰而形成的专业化分工与协作的一种市场结构，为技术进步提供温床。[①] 叶伟巍等指出，协同创新是构建创新型国家与实现产业升级的重要路径[②]，促进混合协同创新健康发展，可以促进产业技术进步，优化产业组织结构，加快产业结构升级，实现经济高质量发展。

首先，混合协同创新能够提高资源利用效率，加快产业结构升级。随着社会、技术专业化分工的加剧，技术领域交叉融合现象的不断加强，单个企业承担全部研发任务容易导致创新资源重复、创新载体分散，最终产生“孤岛效应”，无法实现创新合力。合作研发机制可以使企业获得互补性的知识与技术，不但可以弥补单个企业创新资源不足的限制，而且有利于企业创新活动的顺利开展。同时，通过合作研发的分担机制，能够分摊研发成本，并大幅降低研发中的风险继而有利于实现整个产业的技术进步和产业升级。[③] 国有企业、民营企业等企业间的协同创新，既激发了企业的市场活力、实现了要素资源的优化配置，又提高了企业的创新能力。企业、高校与科研机构的混合协同创新，弥补了企业缺少技术、高校缺少研发经费的不足，既减少了企业的研发成本，也降低了企业的研发风险，还提高了高校与科研院所的成果转化效率，继而推动了产业升级。

其次，混合协同创新能够提高科技创新水平，促进产业技术水平提升。科技创新是协同创新的根本目的，协同创新是指学研机构、企业、政府、中介机构等组织为了实现科技创新而不断地开展以知识增值为核

---

① 王云琪. 产业组织结构合理化是产业结构升级的关键[J]. 财经科学,2001(S2):110-112,117.

② 叶伟巍,梅亮,李文,等. 协同创新的动态机制与激励政策——基于复杂系统理论视角[J]. 管理世界,2014(6):79-91.

③ 孙大明,原毅军. 合作研发对制造业升级的影响研究[J]. 大连理工大学学报(社会科学版),2018,39(1):30-37.

心的组织互动模式。① 科技创新需要依靠不同的创新角色协同完成。②企业、高校和科研院所共同构成科技创新主体。其中：企业是科技创新的主体；高校和科研院所是科技创新的源泉，提供科技创新所需的知识和技术；政府在科技创新活动中具有双重身份，既为科技创新提供资本支持，又通过法律法规规范创新活动。因此，在政府的引导与支持下，积极推动混合协同创新的发展，促进多主体间的合作，产生协同效应，实现优势互补，提高科技创新水平，加快产业升级。

最后，混合协同创新能够优化产业组织结构。产业结构优化包括产业结构合理化、产业结构高级化和产业结构高效化等内容。其中：产业结构合理化是指生产要素的投入与产出的耦合程度；产业结构高级化是指微观层面产品的开发与改良和宏观层面产业升级；产业结构高效化是指各项资源配置效率的程度。③ 混合协同创新背景下，企业、高校及科研院所等多主体间协作，有助于提高生产要素投入与产出的耦合性，提升创新投入资源的有效性，实现产业组织结构的合理化；企业与高校的合作，有助于提高科研成果转化效率，加快产品的更新换代，推动技术创新活动的可持续性，实现产业组织结构的高级化；坚持以市场需求为导向，鼓励高校积极为企业提供所需的人力资源与技术支持，同时提高企业对高校科研活动的资金与资源支持，提高要素生产效率，实现产业组织结构的高效化。此外，政府引导技术创新的主攻方向，并通过提供政策支持、创造优良营商环境等措施，实现产业结构优化的目标。因此，积极推动混合协同创新发展，可以提高产业组织结构的合理化、高级化及高效化程度，以实现优化产业组织结构目标。

---

① 陈劲，阳银娟．协同创新的理论基础与内涵[J]．科学学研究，2012(2)：161－164.

② 李端妹，叶清，文晓燕，等．加强“产、学、研”相结合，促进区域科技创新体系建设[J]．科技管理研究，2007(8)：54－58.

③ 刘新智，刘娜．长江经济带技术创新与产业结构优化协同性研究[J]．宏观经济研究，2019(10)：35－48.

## 三、混合协同创新发展是培育世界一流企业的重要途径

企业是经济价值和社会价值的主要创造主体，现代化经济强国离不开企业的兴盛，一个大国的现代化经济体系更是离不开世界一流企业的支撑。[①] 国有企业特别是中央企业大多处于关系国家安全和国民经济命脉的重要行业和关键领域，是推进国家现代化、保障人民共同利益的重要力量，是我们党和国家事业发展的重要物质基础和政治基础，[②] 是培育世界一流企业的主力军。2010 年，国务院国资委提出了“做强做优中央企业、培育具有国际竞争力的世界一流企业”的目标。党的十九大报告提出“深化国有企业改革，发展混合所有制经济，培育具有全球竞争力的世界一流企业”。2019 年，国务院国资委开展中央企业创建世界一流示范企业工作，并将其作为深入贯彻落实党的十九大精神的重要举措和进一步深化国资国企改革的重要目标。

基于中国国有企业发展现状及与国际先进企业对比分析结果，2010 年国务院国资委制定了《培育具有国际竞争力的世界一流企业要素指引》，提出了“四强”[③]“四优”[④] 的评价标准，明确了世界一流企业的“四个特征”[⑤]，为中央企业建设世界一流企业制定了 13 项对标的共性要素，具体包括：法人治理结构要规范；主业突出，且具有较强核心竞争力；自主创新能力强，拥有自主知识产权的核心技术；发展战略性新兴产业，且具有明显优势；国际化经营能力与运作能力较强，跨国指数较高；拥有国际知名品牌；具有合理的规模经济与较强的盈利能力；内

① 黄群慧，余菁，王涛．培育世界一流企业：国际经验与中国情景[J]．中国工业经济，2017(11)：5－25.

② 肖亚庆．在提升国有经济发展质量上狠下功夫——加快培育具有全球竞争力的世界一流企业[J]．人民论坛，2018(18)：6－9.

③ “四强”，即自主创新能力强、资源配置能力强、风险管控能力强、人才队伍强。

④ “四优”，即经营业绩优、公司治理优、布局结构优、企业形象优。

⑤ “四个特征”，即主业突出，公司治理良好；拥有自主知识产权的核心技术和国际知名品牌；具有较强的国际化经营能力和水平；在国际同行业中综合指标处于先进水平，形象良好，有一定的影响力。

部改革适应国际竞争要求，激励约束机制健全；集中有效的集团管控模式；风险管理体系完善，拥有较强风险管控能力；管理信息化处于较高水平；将领导力建设作为工作重点，积极创建学习型组织；积极履行社会责任，创建先进的企业文化。① 2019年国务院国资委进一步将世界一流企业归纳为“三个领军”“三个领先”“三个典范”。可见，世界一流企业应具有一定规模，不仅在领域内具有很高的影响力，而且拥有可持续的发展能力。世界一流企业具有远大的企业愿景，独特的企业文化以及较强的企业社会责任，具有丰富的人力资源、充足的财务资本和良好的品牌价值，具有较强的核心竞争力和持续创新力以及完善的公司治理能力。真正的世界一流企业能够经得起时间的考验，即使面对重大挫折，依然能够依靠持续竞争力摆脱困境维持行业的领先地位。② 因此，世界一流企业的核心特征应为可持续的创新能力，在复杂多变的外部环境中，以持续的技术创新能力应对日益激烈的竞争。

世界一流企业具有的可持续的技术创新能力应该包括以下特征：①掌握具有自主知识产权的关键核心技术，突破制约行业发展的技术“瓶颈”，引领行业技术进步；②科技创新成果转换率高；③有完善的内部及混合创新管理流程与机制，能实现多维度创新；④合理部署恰当的数字化能力，将运营与数字化合二为一，同时实现洞察导向和敏捷反应；⑤能够改变自身的运作模式，变得对技术本身有更高的敏感度与更快的接受速度，更加迅速地把新科技转化为企业自身的生产力。其中，技术创新能力是可持续创新能力的核心。企业通过推动技术进步，加快产品创新，提升内部经营效率，改善产业链结构，才能用于持久的差异化竞争力，形成可持续创新能力。改革开放以来，我国国有企业的综合实力得到显著提升，一些领域的国有企业已接近世界一流企业阵营，但

① 黄群慧，余菁，王涛．培育世界一流企业：国际经验与中国情景［J］．中国工业经济，2017（11）：5－25.

② 黄群慧，等．世界一流企业管理——理论与实践［M］．北京：经济管理出版社，2019：10.

多数国有企业与世界一流企业相比，仍有不小差距。如何提高国有企业技术创新能力、加快培育世界一流企业，成为国企改革的重要内容。而混合协同创新发展则为这一目标的实现提供了重要支撑。积极推进混合协同创新发展，有助于增强国有企业的技术创新能力，增强国际竞争力。

首先，混合协同创新能够为提高技术创新能力、培育世界一流企业提供所需的资本、政策、技术和人才支持。随着中国经济的发展，中国企业在核心技术、竞争力等方面有了飞跃式发展，在交通运输业、通信业等领域核心技术实现突破并引领世界。但放眼国际市场，半导体、医药、大飞机制造等产业，中国仍处于发展的初步阶段，缺少核心关键技术，甚至受制于其他发达国家。关键技术关系着企业的可持续发展和在国际竞争中的优势地位。混合协同创新的发展，一方面，通过丰富创新主体并配合政府的政策支持，可以缓解资金压力，提高资本的投入产出比；另一方面，通过与相应的企业、高校和研究院所合作，集聚资本、政策、知识和人才实现关键技术、核心技术的突破。

其次，混合协同创新为提高技术创新能力、培育世界一流企业提供活力。在国企改革的推动下，国有企业的规模、产业影响力和财务绩效均有了显著好转，竞争力有了显著提升。国有企业普遍处于关系国民经济命脉的重点行业和关键领域，由于一些行业进入门槛高、研发风险高、投资回本慢，民营企业不愿意进入，缺少创新的活力。混合协同创新的发展，能够通过多创新主体合作，为提高技术创新能力提供活力。

最后，混合协同创新为提高技术创新能力、培育世界一流企业搭建创新平台。一方面，我国大部分企业在创新平台搭建上处于初级阶段，对协同创新认识不足，缺乏协同创新意愿；另一方面，影响我国技术创新的短板因素主要体现为公共技术研发平台较少，基础研究领域方面较高水平的实验室布局不合理。① 搭建共享实验室、企业孵化器等创新平

① 曾宪奎．高质量发展背景下我国国有企业创建世界一流企业问题研究[J]．宁夏社会科学，2020(1):81-88.

台有利于推动产、学、研、资、服等各类创新主体的有效协同，进而为创新成果的产出创造更加优良的土壤。伴随混合协同创新的发展，政府积极为企业搭建各类创新平台，提供配套政策予以支持，同时通过法律法规为企业和高校及科研院所间的合作提供保障。

因此，国有企业作为培育世界一流企业的主力军，通过推进混合协同创新发展，获得资本、技术和人才支持，激活创新活力，搭建共享平台，形成以国有企业为核心和枢纽，以技术合作和共同研发为纽带，带动其他所有制企业共同发展的新局面，加快实现培育世界一流企业的目标，并形成具有可持续创新的一流企业战略联盟。

## 第三节　混合协同创新发展的改革取向

混合协同创新发展对于中国经济体制改革特别是国有企业改革发展具有重要的实践意义，将长远的影响相关经济主体的发展战略、组织形态和长期绩效，并且有力地推动中国向高质量发展转变，保证经济发展具有持久动力，实现循环、绿色的可持续发展。对于中国企业而言，通过混合协同创新发展，各主体可以取长补短，优化配置技术研发资源，增强企业创新的抗风险能力，并且在全球市场当中提高中国企业的整体竞争力，推动中国企业向产业链价值链高端移动，最终形成若干以世界一流企业为核心的企业战略联盟和集群。

而混合协同创新发展在实践中对中国国有企业的改革和发展具有重要意义。党的十九届四中全会通过的《中共中央关于坚持和完善中国特色社会主义制度、推进国家治理体系和治理能力现代化若干重大问题的决定》（以下简称《决定》）指出：“探索公有制多种实现形式，推进国有经济布局优化和结构调整，增强国有经济竞争力、创新力、控制力、影响力、抗风险能力，做强做优做大国有资本。”这对进一步深化国资国企改革具有十分重要的指导意义，既从基本经济制度层面强调了混合所有制经济是公有制经济的重要实现形式，也从国企改革层面强调了混合所有制经济对增强国有经济竞争力、创新力、控制力、影响力、抗风险能力的重要性。国资国企发展从过去的脱离经营困境、适应市场、自力更生，逐步向参与国际竞争、引领和推动技术创新、带动其他经济主体共同发展等方向转变，是改革开放四十年来我国国有企业不断深化改革发展取得显著成绩的集中体现。而创新既是目标也是手段，国有企业只有利用创新才能真正摆脱“大而不强”的困境，只有通过创新才能更好地发挥规模优势和利用资源。同时，国企要增强自身的影响力和控制力，更好地发挥带动作用，则必须要实行开放式创新，与其他经济和研发组织建立更密切的合作关系，在混合协同创新中扮演更主动更积极的角色。

## 一、混合协同创新发展是做强做优做大国有资本的重要途径

做强做优做大国有资本应以结构调整和经济转型升级为立足点，注重强化产品和科技的创新及产业的升级，进一步提高国有资本运营效率。而发展混合所有制经济能够有效放大国有资本功能，提高国有资本竞争力，实现各种所有制主体相互促进、共同发展；协同创新能够有效整合各创新主体优势资源，同时，实现创新驱动的转变，提高国有资本的利用效率。

### （一）混合协同创新发展有利于优化国有资本的布局和结构

我国国有企业当前需要牢牢抓住新一轮科技革命和产业变革的历史机遇，加快发展新材料、生物医药、电子信息、5G、节能环保等新兴产业，在推动互联网、大数据、人工智能和制造业的深度融合的过程中，大力培育新动能。要实施新一轮制造业重大技术改造升级工程，加快制造业的数字化、网络化和智能化发展的水平。当前，国有企业中传统产业占制造业的比重较高，必须加快用先进适用的技术，特别是利用

信息技术改造提升传统的产业。这就要求国有企业的传统制造业务加强与互联网的协同发展，充分发挥大数据、人工智能的优势作用，用机器学习等手段对海量数据进行分析和处理，大幅度地提高劳动生产率和附加值，全面提升制造业全产业链的竞争能力。而协同创新恰是帮助国有企业实现上述目标的重要途径。通过与不同企业和经济组织混合协同创新，国有企业可以更好地将资本向科技发展的前沿产业转移，而且能够通过混合快速吸收和消化 IT 技术等原本较为薄弱的技术环节，尽快实现资本密集型产业的资本结构调整，实现整个产业结构的优化和升级。

混合协同创新可以促进国有企业的资本布局和当前的技术发展相互匹配。不单单是不同所有制企业之间，即便是国有企业之间也可以通过协同创新来打破地域和行政级别之间的界限，实现资本和技术的合理配置。资本所有权往往会划定企业之间的边界和范围，但是协同创新却可以突破企业的边界，使企业和各类经济组织乃至政府之间形成创新合力。因此混合协同创新使得技术跨越企业边界，以网络的形式形成更广泛的基础，资本则随着技术网络的变化而相应作出调整和重组。协同创新会为国有企业指明资本布局和结构调整的方向，使得国有资本的布局和调整提供更加客观和有依据，不断提高资本与技术之间的耦合关系。而资本与技术匹配的不断强化将会为我国经济发展提供持久的动力，在动态中解决发展方式转变和可持续发展等诸多问题。

### （二）混合协同创新发展有利于放大国有资本功能

混合所有制改革能够撬动大量社会资本，是有效放大国有资本功能、增强国有资本影响力和控制力的重要方法。国有企业作为混合所有制的发起主体，在国资监管部门的政策指导下，能够引导集体资本和其他非公资本在转型升级、科技创新、管理创新、供给侧结构性改革、资本协同创新等诸多方面取得实质性突破。截至 2018 年底，全国国有企业“混改”户数达到 70% 以上，较 2012 年“混改”企业的数量提高 20 个百分点。国有资本已经与其他所有制资本相互融合，在股权结构、董事会构成以及经理契约化等层面相互影响。

混合协同创新涉及国有企业、民营企业及科研院所不同类型所有制主体之间的物理和非物理联系形成的科技研发、市场、资本、资源、管理分享机制，通过股权合作的方式，发挥体制机制优势互补及竞争，依靠现代信息技术构建资源平台，进行多方位交流、多样化协作，并通过深入合作和资源整合实现主体间“战略 - 知识 - 主体”全方位协同，进而产生优势叠加的发展集聚效用。“混改”之后，国有企业的股权结构更加合理，也更容易和各种属性的企业进行合作和交流，国企的一些制度特性和创新方式也将随着协同创新的深入而对合作方产生影响，国企的资本和规模优势也会使得以往对方不敢或不愿开展的创新项目得以进行，从而整体提高我国创新的风险承受能力，加大关键技术的研发力度。例如中国的高铁行业和电力行业，国有企业在其中发挥了创新指标制定和创新产品系统整合等功能，带动了相应的原料和零部件供应者进行技术研发和产品创新，从而围绕核心产品和核心技术形成了一套具有自主研发能力的创新体系，带动了整个行业的发展和创新。

### （三）混合协同创新发展有利于提高国有资本运营效率

资本效率一般可分为资本产出效率、资本积累效率和资本配置效率三个子概念。资本将随着时间的推移从效率低的部门转移到效率高的部门，最终达到均衡的资本效率。国有资本效率一般就是指国有资本的运营效率，它通常用来描述国家投入国民经济各个领域的资本所带来的收益。[①] 向“管资本”转变意味着资本运营效率应得到更多的关注，要求国有企业要与市场经济更紧密结合，要依据市场的动态变化及时调整各类资金的比例，并注重产品研发和技术创新的商业化效用，能够维持研发和创新的资金可循环，保证企业创新自身的可持续发展。

混合协同创新将有助于国有资本运营效率的提升。首先，混合协同

---

① 曾章备．国有资本运营效率的研究现状及展望[J]．中国商论，2016(6)：160 - 161.

创新可以为国有资本的运营引入外部战略投资者或研发合作者，由于这些多元化和异质性的利益相关者的引入，一些相关的财务运营和研发投入等信息必须要向对方揭露，从而加强对资本使用和成本控制的监督力度，进一步完善资本的运营监管体系。其次，混合协同创新必须要协调和统筹各方的研发任务，各方在研发上的节奏和工艺上相互依赖与相互依存的关系，要求在项目的时间安排和各环节上有效衔接，要求资本运营必须更具时效性。再次，通过混合协同创新，可以及时将已有的研发成果商品化，一些没有体现商业价值的专利可以借助其他合作者的渠道进入市场，从而使研发的市场价值最大化，提高国有资本的使用效率。最后，通过混合协同创新，国有资本依据市场的资源配置向科技创新领域及新产业流动，从而提升国有资本运行质量和效益。

## 二、混合协同创新发展是增强国有经济创新力、竞争力的重要手段

增强国有经济创新力和竞争力，必须激发国有企业的创造力和活力，以创新力的提升带动竞争力的增强，引领和推动我国经济高质量发展。

### （一）混合协同创新发展有利于增强企业的创新能力

近年来，我国在高铁、飞机、通信等领域取得较大进步，然而与国外发达国家相比，还存在优化空间。当前，中国企业创新多集中于产品制造，一些关键技术、“卡脖子”技术受制于其他发达国家。具体表现为：应用型的创新成果较多，但基础性领域的创新成果较少；仿制与改良的产品较多，但原创性产品较少。

党的十九届四中全会强调国有经济的发展要重视“创新力”的提高。2019 年中央经济工作会议要求国企在技术创新中积极发挥作用。由此可见，国家高度重视国企的创新主体地位。通过不断创新，发展壮

大国有经济，对于建立和完善社会主义市场经济体制，发挥社会主义制度优越性，增强我国经济实力、国防实力和民族凝聚力，具有重要的示范作用。

在国有企业经营重中之重的高科技领域，产品研发出来需要大量应用到开放性市场上，且需要不断匹配客户需求，再进行后续的更新。而这不仅需要高水平的技术支持，还需要先进的经营理念为支撑。这要求企业必须有持续盈利能力，将赚来的利润不断投入研发中，形成一个“研发—上市—研发”的长期经济循环。混合协同创新有助于提高国有企业可持续创新投入能力。国有企业强化自主创新的同时，通过与各类资本共同设立新公司、股权投资基金等多种混合协同创新方式或途径，凝聚创新合力，加大研发投入，集中攻克关键核心技术，掌握拥有自主知识产权的核心技术、关键技术和前沿技术，真正掌握竞争和发展的主动权。随着混合协同创新的推进，一方面，科研院所通过将科研成果以作价入资的方式与国有企业结合，解决科技成果转化的资金与市场推广问题；另一方面，改变科研院所对市场需求感知钝化的困境，提高国有企业的创新力，培育具有国际竞争力的自主品牌，从根本上保障国家经济安全、国防安全和其他安全。

### （二）混合协同创新发展有利于增强企业发展活力

2018 年 10 月召开的全国国有企业改革座谈会提出要充分认识增强微观市场主体活力的极端重要性，强调要将改革的落脚点放在如何增强企业活力方面，把判断改革成功与否的标准，也放在企业活力有没有得到增强上。激发企业活力，要靠变革体制，也要靠完善机制，解决影响企业活力的体制机制问题，破除影响企业活力释放的桎梏，通过不断提高国有企业效率，推动国有经济的结构调整与高质量发展。

国有企业能体现国家发展战略意图，在基础性、公益性、前瞻性的创新领域更具优势，担负着“营利”与“公益”双重使命，既需要维持企业成长、保持盈利，又需要承担公共政策性任务。目前，国有企业主要集中在关系国家安全和国民经济命脉的重要行业和关键领域、重点基础设施以及前瞻性战略性产业，尤其中央企业是推动行业技术进步和国家技术创新的主力军，发挥科技创新的骨干带动作用。民营企业由于缺乏大规模资金和技术人才，难以进行投资大、风险高的基础性科学研究，需要通过混合协同创新，借助国有企业创新优势，增强创新能力和核心竞争力。

混合所有制改革形成了国有经济和民营经济互补的经济结构。在混合所有制改革的推动下，混合协同创新的发展为国有企业与民营企业的创新互动和融合发展创造条件。混合协同创新的健康发展，有利于增强国有企业的研发能力，增加国有企业的产品技术含量从而提高产品附加值；有利于增加产品差异化，形成核心竞争力；有利于增加企业的品牌价值。

混合协同创新把尊重市场经济规律与企业发展规律、产权多元化与企业法人治理结构完善、自主创新与协同创新有机结合起来，既激发了国有企业的创新活力，又提高了民营企业的创新实力，有助于提高我国经济整体创新能力和创新水平，为我国经济转型升级和持续健康发展注入持久动力，使企业真正成为大众创业、万众创新的市场经济活动主体，放开搞活，实现企业管理效能、生产效率和市场效益最大化。

### （三）混合协同创新发展有利于增强国际竞争实力

2015 年 9 月出台的《中共中央 国务院关于深化国有企业改革的指导意见》明确提出，“做强做优做大国有企业”“培育具有创新能力和国际竞争力的国有骨干企业”。党的十九大第一次提出，“做强做优做大国有资本”“培育具有全球竞争力的世界一流企业”。从“做强做优做大国有企业”到“做强做优做大国有资本”，从“培育具有国际竞争力的国有骨干企业”到“培育具有全球竞争力的世界一流企业”，这既是党中央对国企国资改革发展取得成绩的高度认可和肯定，也是我国进入新时代中国特色社会主义对国企深化改革提出的层次更高、范围更广、内涵更深刻的新目标新要求。这就要求国有企业进一步深化改革，加快形成一批在国际资源配置当中能够占有主导地位的领军企业，形成一批引领全球行业发展的领军企业，形成一批在全球产业发展中有话语权和影响力的领军企业。

混合所有制改革是国有企业改革的重要突破口和培育具有全球竞争力的世界一流企业的重要途径。国有企业改革旨在提升竞争力，创新力又是竞争力的核心，可见混合协同创新对增强国际竞争实力的极端重要性。推进混合协同创新的发展，宏观上有助于完善现代企业制度，放大国有资本功能；微观上有助于国有企业经营机制的转换，提高国有企业的经营效率和创新效率，增强国有企业的治理能力和创新力，实现国有资本、民营资本等多种资本的优势互补，最终实现国有企业活力和国际竞争力的提升。

## 三、混合协同创新发展是体现国有经济带动力影响力的重要抓手

国有企业是推进我国经济建设的主力军，代表我国先进生产力的发展水平，体现我国的综合实力和国际竞争力，在不同行业与产业中起着骨干作用，在推进供给侧结构性改革中发挥着重要作用。国有企业改革发展有力地促进了中国经济的转型升级，为我国经济持续健康发展作出了积极贡献。

### （一）混合协同创新发展有利于带动民营经济快速发展

我国实行以公有经济为主体、多种所有制经济共同发展的基本经济制度。国有企业和民营企业是混合协同创新的主体，这使得混合协同创新在我国具有更丰富的内涵。

民营经济在我国经济中占有重要地位，自改革开放以来民营企业在推动中国经济增长上发挥了重要作用。我国经济已由高速增长阶段转向

高质量发展阶段，民营经济的创新升级事关我国经济的转型升级和健康发展。民营企业与国有企业相比在以下四个方面存在弱势：①融资方面：由于民营企业的信用评级一般较低，融资成本比较高，普遍存在融资难的问题。融资条件宽松时，民营企业可以通过超短融等手段获得短期融资；可一旦金融政策收紧，短期内大量债务到期，剩下的几乎就只有股权质押一条路了。②创新意识方面：相对于长远的计划和目标，民营企业更重视如何实现短期目标，这导致部分民营企业特别是中小微企业缺乏可持续性发展的创新意识。③人才储备方面：民营企业难以实现人才的内部培养，人力资源相对不足是阻碍民营企业发展的重要因素之一。④信息获取方面：缺少信息获取途径是阻碍民营企业创新的又一重要原因。能否获取有效信息是实现技术创新成功的重要保障。技术创新人才不足、有效信息的获取渠道难以保证等问题制约了民营企业信息获取能力的提高。

国有企业与民营企业具有优势互补的特点，混合协同创新可以帮助民营企业摆脱困境，实现协同效果。国企与民企通过合作，一方面，国企为民企提供资本，不仅可以提升企业的资本实力，而且可以形成协同效应，提升合作双方的企业竞争力；另一方面，国企与民企的合作可以实现知识转移，有利于拓展企业的视野，增强企业的创新活力，摆脱传统的僵化体制。而国企与民企的合作形式，既有国企带动民企实现协同创新的发展模式，也有通过技术互补发挥协同效应的合作模式。

因此，混合协同创新是顺应新时代发展要求，使非国有资本参与到国有企业改革发展和创新中，为民营企业提供更大发展平台，带动其同步快速包容性成长，实现多种所有制经济互利共赢、合作同进，加快产业结构调整，促进国民经济健康发展。

### （二）混合协同创新发展有利于推动行业产业转型升级

混合协同创新能够提高国有企业的劳动生产率。混合协同创新离不开各创新主体之间信息、技术的共享互融，包括技术专利、生产工艺等显性知识的转移以及人员流动和学习所实现隐性知识的转移，形成在“干中学”“用中学”的作用机制，促进劳动生产率提升。劳动生产率的提升必将大幅度缩短国有企业的必要劳动时间，提升国有企业利润，进一步促进国有企业及行业间生产要素的重新配置，推动产业结构调整与优化升级。

混合协同创新能够发挥国有企业领军作用。国有企业在很多行业处于龙头地位，具有强大的影响力。推进混合协同创新的发展，能够充分发挥国有企业调动行业创新资源、带动企业协同创新的特点，同时提高高校和科研院所成果转化效率，加快形成具有市场竞争力的产品，努力向高端化、智能化、绿色化、服务化转型发展，最终实现向产业链、价值链中高端迈进。

混合协同创新能够优化国有经济的产业布局。按照供给侧结构性改革的总体要求，加快企业压缩过剩产能、“处僵治困”、“瘦身健体”、重组整合等改革步伐，进一步优化资源配置，取得积极成效，为民营企业创造发展空间。

### （三）混合协同创新发展有利于营造创新发展良好生态

随着中国经济发展进入新常态，我国创新体系正由“政产学研”结合向“创新生态”发展；由少数专业机构为创新主体向机构和人人都是创新主体发展；由“创新链条”向“创新网络”发展。在国有企业混合所有制改革的过程中，各主体间围绕企业发展要素，从战略协同、机制协同、资本协同、人才协同、技术协同、管理协同、市场协同、文化协同及品牌协同等各个方面开展协同创新的探索。政府不断完善市场机制，充分发挥市场在资源配置中的基础性作用，为企业创新提供外部市场条件和公平的创新环境。同时，政府通过加强科技资源的统筹规划和管理，提高了资源利用效率，完善了企业创新环境。

混合协同创新有利于建立和完善开放高效的技术创新体系，将创新资源和主体发展要素有效汇聚，打破各创新主体之间的壁垒，加强各类创新主体在产业链、供应链、价值链上的分工合作、深度融合，增强产业协同效应，突破产业发展短板，提升集成创新能力，形成相互促进、共同发展的良好生态。而这将有助于中国整体创新体系形成正反馈机制，良好创新的生态会吸引更多的主体加入其中，而更多主体的加入又会增强创新生态的活力和互动频率，带来更多的创新思想和创新资源，加速整个体系从量变到质变的过程，从而有助于在短时间内实现关键性技术的突破，有助于中国真正向技术强国转变，实现创新驱动发展。

| 第二章 |

# 协同创新的国际实践

综观世界各国协同创新实践与经验，特点鲜明，各有优长。本章选取部分创新体系建设较为完备的典型国家进行比较研究，深入分析协同创新体系建设的具体实践和主要特点，深度剖析所选取国家协同创新体系构建中的核心要素、关键参与主体及其所扮演的角色、功能，梳理各要素之间的逻辑关系，为进一步探讨混合协同创新模式构建提供相关的参考和借鉴。

## 第一节　创新发展理念与政策法规环境

当今世界，主要发达国家协同创新水平不断提升，体现为不断向纵深发展，层次不断提高，模式不断丰富，从而取得很大成效。总的来看，世界各国政府都高度重视并积极支持协同创新发展。协同创新已成为各国整合创新资源、优化资源配置、提高创新效率的主要发展战略。

协同创新发展的理念是行动的先导，创新的思想决定出路。从各国实践来看，这一特征首先体现在政府层面。面对日新月异的科技经济环境变化，各国政府始终把协同创新作为一个重要课题加以研究，不断出台新的政策、法律法规并创造良好的外部环境，大力支持协同创新和产业发展。

## 一、制定法律法规保障协同创新

协同创新涉及不同创新主体，在协同创新具体过程中必然存在价值和利益的差异，只有通过政府制定相应的法律法规来进行规范，才能确保和平衡各方的责任、权利和义务。从协同创新发展视角看，一些发达国家在各历史时期及其不同发展阶段，都会围绕促进协同创新制定一系列法律法规，并及时根据社会环境和形势的变化进行修订，进而形成了相当完备的法律保障体系。

### （一）建立完备的创新法律体系

美国高度重视协同创新环境建设，制定了一系列促进保障协同创新的法律和科技计划，形成了比较完备的协同创新法律保障和战略计划体系，并因时因势制宜，加强舆论宣传和社会认同，从法律法规环境上有效保障协同创新（见表2－1）。

**表2－1　美国产学研协同创新法律法规**

| 序号 | 年份 | 名称 | 内容及作用 |
| --- | --- | --- | --- |
| 1 | 1862年 | 《莫雷尔法案》 | 旨在促进美国农业技术教育发展，开启美国产学研合作的先河 |
| 2 | 1887年 | 《哈奇法案》 | 规定每年向各州拨款1.5万美元，资助设立农业实验站，推动农业科学技术研究 |
| 3 | 1890年 | 《莫雷尔法案》（第二个） | 规定政府对赠地学院提供年度拨款，保证学院正常运行 |
| 4 | 1914年 | 《史密斯－利弗法案》 | 规定向各州提供资金建立农业推广站，进行农业科学技术推广工作 |
| 5 | 1929年 | 《乔治·里奇法案》 | 规定每年拨款100多万美元，资助赠地学院的农业和家政教育 |
| 6 | 1934年 | 《乔治·埃雷尔法案》 | 规定为各州赠地学院的农业专业提供300万美元的拨款 |
| 7 | 1936年 | 《乔治·迪安法案》 | 规定为各州农工学院拨款1400万美元 |

续表

| 序号 | 年份 | 名称 | 内容及作用 |
|---|---|---|---|
| 8 | 1980 年 | 《贝多法案》 | 通过合理的制度安排，使私人部门享有联邦资助科研成果的专利权成为可能，加快了技术创新成果产业化的步伐 |
| 9 | 1980 年 | 《斯蒂文森－怀德勒技术创新法》 | 明确提出政府投资的研究成果应使公众受益，促进联邦实验室的科技成果向民间转移 |
| 10 | 1980 年 | 《贝赫－多尔法案》 | 通过一系列措施鼓励知识产业化发展，预示政府、大学和企业关系更为密切 |
| 11 | 1984 年 | 《国家合作研究法案》 | 取消公司之间联合进行竞争前研发的不利限制，允许大学和企业组成技术转移联盟，其合作研究不受反托拉斯法的限制 |
| 12 | 1986 年 | 《联邦技术转移法案》 | 规定联邦实验室和其他实体包括政府机构之间的合作关系，通过奖励制度加速联邦实验室的技术转移和产业化 |
| 13 | 1988 年 | 《综合贸易和竞争法案》 | 再次强调公共机构和私营企业之间的合作，并对相关政府机构进行改革，如授权商务部资助成立地方制造技术转让中心用于保障技术转让的顺利完成 |
| 14 | 1989 年 | 《国家竞争力技术转移法案》 | 允许国家实验室参加合作研究和开发协议，赋予合约人相当的弹性和权力从事有关技术转移的协商 |
| 15 | 1996 年 | 《国家技术转移促进法》 | 保证参与合作研究和开发协议的公司可以获得充分的知识产权，尽快促进研发成果商业化 |
| 16 | 2000 年 | 《技术转让商业化法》 | 赋予联邦机构就拥有的发明进行专有或部分专有的许可权限，促进大学知识产业化发展 |
| 17 | 2004 年 | 《鼓励制造业创新的 13329 号总统令》 | 以美国的《小企业法》为依据，要求联邦政府帮助制造业企业创新 |
| 18 | 2007 年 | 《为有意义地促进一流的技术、教育与科学创造机会法》 | 其核心思想是加强基础研究和人才培养，提升美国的国家竞争力 |
| 19 | 2009 年 | 《美国复苏与再投资法案》 | 提出了历史上最大的对基础研究的单笔投资 |

续表

| 序号 | 年份 | 名称 | 内容及作用 |
| --- | --- | --- | --- |
| 20 | 2010 年 | 《美国制造业促进法案》 | 细述了推动制造业的综合规划，把美国打造为企业总部和创新基地的首选 |
| 21 | 2011 年 | 《美国发明法案》 | 又称 1249 发明法案，是 1952 年以来美国专利法最大、最全面的一次修订，给美国专利制度带来了深远影响 |
| 22 | 2013 年 | 《美国发明法案》 | 由“先申请制”取代“先发明制”，这是概念上的一次巨大变革。许多法案中的其他变动都是配合该概念变动而产生的 |
| 23 | 2015 年 | 《国外伪冒商品组织法案》 | 遏制国外对美国 IC 设计、制造等仿冒 |
| 24 | 2018 年 | 《国家量子倡议法案》 | 正式建立起全美跨部门协调量子信息研发的法律体系 |

韩国通过立法对创新进行保护和鼓励，也进一步促进了韩国国内协同创新的发展。自 20 世纪 60 年代以来，韩国陆续颁布实施了多部技术创新相关法律，如《技术引进促进法》《科学技术振兴法》《技术开发促进法》《技术评估法》等。2001 年出台的韩国科技领域根本大法——《科学技术基本法》规定，当制定或修订其他科技相关法律时，应符合该法的宗旨及基本理念；同年颁布的《科技框架法》涵盖了 29 种与科技创新相关的政策规定。至此，韩国形成了一整套较为完备的促进创新的科技法律体系，有效促进了韩国创新活动的开展。为鼓励大学、科研院所的科研人员积极参与到企业科技创新的活动中，韩国政府还颁布了《联合研究促进法》《产业技术研究组合培育法》《合作研究开发促进法》《技术转移促进法》等法律法规。正是由于政府对协同创新的重视，公共研究机构与企业界的合作与交流更加频繁与密切，技术创新环境不断优化，最终有利于加速实现科技成果的转化。

### （二）根据发展阶段出台相应政策

日本政府在协同创新中起到引导、促进的作用。在 1995 年颁发第一部科学技术根本法——《科学技术基本法》以后，日本政府根据当期发展阶段和特点出台相应的政策对协同创新予以支持，如出台《大学技术转让促进法》《产业技术竞争力强化法》《国立大学法人法》等，形成了一套较为完整而系统的法律体系，引导和促进协同创新及技术研究成果转化。2020 年 3 月 10 日，日本政府在内阁会议上通过了《科学技术基本法》修正案。修正后的法案更名为《科学技术创新基本法》，在自然科学的基础上追加哲学和法学等人文化社会科学，创造出新价值。以色列是世界高科技新兴企业最兴盛的国家，享有“创新之国”的美誉。以色列政府早在 1984 年就颁布《工业研究和开发鼓励法》，此法律被誉为以色列的首部“创新大法”，鼓励以色列公司投资研发项目，由政府与企业共同承担研发项目风险。1985 年，以色列颁布的《鼓励产业研究与开发法》，对政府鼓励和资助产业研究与开发的一般原则作出规定。规定指出，政府所批准的研究与开发项目所需资金的 2/3 可以由政府提供。2015 年 7 月 29 日，以色列议会通过了《工业研究和开发鼓励法》的第七修正案，提出建立国家技术与创新总局（NATI），取代先前的首席科学家办公室，直接统领以色列产业研发中心（MATIMOP）。

### （三）实行严格的知识产权保护制度

世界各国都十分重视知识产权保护，通过制定具可操作性的法律法规，有效保障协同创新的顺利进行。以色列制定了《产权法》《商标条令》《版权法》等一系列法律法规。日本政府借助制度创新的优势，不断推陈出新，完善知识产权立法，并鼓励企业及个人积极参与知识产权立法，使之成为日本的“全民工程”。2015 年 7 月，日本国会通过了《专利法》《反不正当竞争法》等法律修正案，进一步加大了知识产权的保护力度，并着重防止本国技术的非法外流。

## 二、运用经济手段引导协同创新

由于协同创新风险较高，且各创新主体既希望从协同创新活动中获得相应的回报和补偿，又希望降低双方或多方合作的风险，从各国实践来看，为提高协同创新能力，各国政府通过经济手段制定各种优惠政策以完善合作环境和体系已成为保障协同创新的必要条件。

### （一）加大高科技产业的财政预算投入

美国政府运用财政、税收、资金支持等手段引导和调节协同创新，持续加大高科技产业的财政预算投入。据美国科学促进会披露，2018财年美国联邦研发支出达1768亿美元，比2017财年增长12.8%，按经过通货膨胀调整的美元计算达到历史最高点，基础研究和应用研究支出的同比增长率也达到2009年经济刺激计划以来的最高。英国政府从2001年就开始实施小企业研究计划，以提高中小企业获得政府研发合同的成功率，近年来该计划的规模不断扩大，在2014—2015年度预算中达到了2亿英镑。[①]

### （二）出台税收优惠政策鼓励企业协同创新

以色列长期致力于建立多元化鼓励创新研发政策体系，税收优惠政策是其中重要的组成部分。一般而言，从事药物、软件、硬件、能源方面研发活动的企业都可以享受一定的税收政策优惠。以色列在1959年颁布的《鼓励投资法》目的在于鼓励国内资本投资并吸引国外资本向以色列投入，并经多次修改，于2010年实施了第68次修正案。1990年，以色列政府颁布《投资促进法》，对于在国际市场上具备竞争力的以色列高科技企业规定了投资补贴和税收减免等优惠政策。2002年，为推动高新技术企业的发展，以色列颁布了《以色列税收改革法》，对风险投资、证券交易、直接投资等主动性资本的收益税进行调整。2011年颁布的《天使法》规定，符合资格的投资者若投资本土的高科技企业，就能减免相应额度的税款。

韩国政府充分利用税收的杠杆和调节作用，深入推进鼓励创新的税

① 王茜．创新政府采购方式，助力中小企业发展——英国小企业研究计划实施及效果评估[J]．全球科技经济瞭望，2015，30（3）：7－11．

收优惠政策，使得创新型企业能够得到更多的鼓励和优待。结合国内外综合环境，韩国政府于2016年对《税收修正法案》进行了重新修订，对科技创新税收优惠政策适时作出了调整，以激励企业重视自主创新。一是允许部分高新技术企业将研发费用的30%抵免法人税和个人所得税，研发投资比例越高的企业就能享受越大的税收抵免比例。二是如果企业以技术商业化为目的进行设备投资，便可以将投资额的10%从当年应纳税额中抵免。三是加大对部分高新技术企业国外投资的税收优惠力度，按照该企业国外投资额的100%在税收中扣除。四是鼓励企业实行股权激励以吸引高科技人才，规定在三年内税收减免额从每年1亿韩元增至每年5亿韩元。①

美国政府也以多元化政策为杠杆，如税收优惠、财政补助和贴息、设立风险投资基金、加大政府采购等，引导企业加大开发、推广和应用各高新技术。特别是2017年12月美国国会通过的《减税与就业法案》，是20世纪80年代里根政府减税以来美国最大规模的减税法案，根据该法案，税改后的新购设备投资按照当年一次性费用处理，以促进企业扩大设备投资；并对美国企业留存海外的利润进行一次性征税，促使美国跨国公司投资回流，进而带动企业协同创新发展（见表2-2）。

表2-2　2017年美国税改前后对企业征收的税率

| 企业税项目 | 税改前 | 税改后 |
| --- | --- | --- |
| 大企业 | 35% | 21% |
| 小企业 | 按个人所得税征收 | 按个人所得税征收，提供税前20%免税的扣除比例 |
| 设备投资费用化 | 按支出成本摊销至数年 | 允许企业立即抵扣新设备全部成本 |
| 海外利润 | 35% | 一次性遣返税8%，现金15.5% |

## （三）运用政府采购推动技术创新

政府采购作为政府的需求管理工具，其重要目标之一就是推动技术

① 宋凤玲，王文清．韩国税收优惠政策最新调整及对我国的启示[J]．国际税收，2017(5)：72-76.

创新。美国政府在鼓励创新时，建立政府与企业、科研机构等主体间的协同创新机制，并保持机制内良性互动。在该机制中，政府与企业、科研机构、依靠契约精神展开合作，通过合同制协调关系，政府主要负责提出技术需求、提供购买及研发资金，企业和科研机构等主体可以独立进行市场化判断，同时享有技术研发创新活动的自主权。在平等合作受到合同制充分保障的基础上，美国政府遵循技术研发、推广的规律并结合其发展路径有针对性地实施创新激励政策。在技术研发初期，政府往往采取高价采购和鼓励竞争策略，一方面向企业提供高于市场价的研发资金，另一方面推动公平竞争，通过招标择优选择研发机构，给予企业特别是小企业平等参与的机会。在之后的技术调试期，政府选择具备一定基础和市场前景的技术产品给予重点支持，并通过继续签订政府采购合同，推动创新技术逐步走向成熟。在技术成熟期，政府部门可以优先通过加大订购技术创新产品助推技术创新产品的市场化、给予市场良好预期，再逐渐退出对技术创新产品的扶持。

日本的政府采购在支持本国自主创新中发挥着重要作用。在早期日本汽车工业尚属于幼稚产业时，由于振兴汽车工业政策的确定，日本政府采购资金大量购买本国汽车，使其汽车工业迅速发展。在日本电子工业发展的起步阶段，政府通过采购通信设备和办公自动化建设，为日本电子工业提供了广阔和稳定的市场土壤，使得日本的电子企业能够抵御国外电子产品的冲击。20 世纪六七十年代，刚刚起步的日本计算机产业尚未建立起较完整的产业链，加上持续遭受美国计算机企业的打击，产业发展受到限制。为支持和壮大具有重要战略意义的计算机产业，日本政府在此期间推出了要求所有政府部门和教育系统优先使用国产计算机的政策，并对计算机产品的进口实行严格的限制。在政府支持下，日本国产计算机于 1982 年在官方市场的占有率达到 90%，拥有巨大优势。20 世纪 90 年代，在日本政府出台的科技创新立国十大措施中，政府采购作为第三项位列其中，并继续提高政策效率和增强政策力度。日本通过政府采购，极大地促进了日本企业的发展和进步，逐渐克服了起步时期资金短缺和技术落后的困难，提升了企业自主创新能力和竞争力。

## 三、完善体制机制推进协同创新

当前，发达国家立足国内外形势，强化科技创新战略，着力完善科技创新体制机制，把科技创新置于优先发展的战略地位，确保国家的竞争力。

### （一）注重科技创新战略引导

德国联邦和州政府为鼓励校研机构之间联网和保持其在科技创新的领先地位，相继提出三大公约（高校公约、研究与创新公约、精英计划）、德国高科技战略、高科技战略 2020、新高科技战略、国家工业战略 2030 等科技创新战略。在一系列创新战略的指引下，德国科学与工程院受德国教育与研究部的支持，启动了“工业 4.0”的专项研究，并于 2015 年发布《工业 4.0 实施战略报告》，旨在促进实体物理世界与信息、数据等虚拟网络世界的深度融合。美国从 1971 年开始，陆续推出了多项协同创新战略计划，如产业大学合作研究计划、工程研究中心计划、小企业创新研究计划、信息高速公路计划、先进技术计划、先进制造业国家战略计划、国际纳米行动计划、网络与信息技术研发计划、美国创新战略等，紧密结合美国的科学研究和企业发展，在学术界和产业界之间建立共同利益区。

### （二）完善科技创新管理体制

以色列坚持以创新驱动发展，制定了科技发展的长远战略规划。为实现这一战略目标，以色列政府构建了国家科技决策体系，该体系由科技部、经济部等 13 个部门共同组成，主要负责国家科技政策的制定、发展规划的设计和重点项目的确定。1974 年，以色列创立首席科学家负责制，作为国家特色的科技创新管理体制之一，其主要部门设立13个首席科学家办公室，负责制订年度科技计划、资助科技研发、协调指导相关科技活动、支持大学与企业组成研发联合体、促进产学研有机结合等。德国联邦和州政府先后组建成立教育及研究部（1994年）、研究技术与创新委员会（1995年）、创新与增长委员会（2006年），使得最高层领导直接参与科技发展决策，保证德国校研机构协同创新的战略取向。

## 四、调动各方资源促进协同创新

利益驱动是各个主体间进行协同创新的最根本动力源。各国政府充分调动各创新主体对各方面资源需求的积极性，将各创新主体的创新资源进行合理配置，通过资源整合、优势互补，促进形成新的竞争优势，同时能够获得更大利益，实现多方共赢的局面。

### （一）促进大学科研成果产业化

各国政府越来越重视学校在科研成果产业化方面发挥的作用。早在2001年，德国联邦教育及研究部以及联邦经济及劳动部就联合推动“知识创造市场”的规划；2011年，德国推出“商业化攻势”规划，以促成高校与企业在成果转化方面的合作；2016年，德国联邦和州政府启动“创新高校”项目，将高校“成果转化与创新”提升到和教学、科研对等的地位。日本政府为了促进大学科研成果向民间企业转移和研究成果产业化，由科学厅创办了以促进科研成果向产品转化为主要目的的中介机构“高科技市场”。日本几乎每个较大的地区都设立一个“高科技市场”，且其选址主要集中在大学和科研机构密集地。此外，日本国内的大学技术转让机构均设有“大学技术转让机构协议会”，旨在通过促进全国大学技术转让机构的合作、推进技术信息交流、展开宣传活动等方式为创立新产业营造良好的环境。

### （二）主导设立多种形式的基金推动协同创新

当前，设立科技基金已成为世界各国特别是发达国家的普遍做法。英国政府为鼓励协同创新，在财政、金融、税收等方面对中小企业的创新发展采取了有效措施，不仅推出了小企业贷款保证计划及贷款培训计划，为那些缺乏资金却又需要创新的企业提供专项创新资金，还先后推出了众多由政府、企业和研究机构参与的多种形式的科技基金。从2002年开始，为支持科技成果转化，英国政府支持全国五大区（英格兰、威尔士、苏格兰、北爱尔兰和大伦敦）设立“早期成长基金”或“风险基金”；设立25亿英镑的国家创新基金，大量投资生命科学等行业；2017年，英国政府设立产业战略挑战基金（ISCF），计划在4年内投入10亿英镑用于支持前沿领域发展。德国联邦政府于1995年在全国发动了第一次集群策动——Bio Regio（生物区）计划，全面促进了德国生物技术的产业化发展。之后德国联邦政府又相继推出Inno Regio（创新地区，1999年）计划、GA－networking（GA网络，2005年）计划，不断扩大集群影响范围，扶持由企业界和学术界组成的区域专项基金体系，以推动区域协同创新。此外，德国联邦政府、州政府联合政策性银行和大型企业都设置了高科技创业基金，对创新型企业给予风险投资支持，如高科技创业基金（HTGF）、“欧洲复兴计划创新项目”（ERP）、“INVEST风险资本补贴计划”等。

### （三）大力扶持中小企业提升创新能力

德国政府高度注重以创业刺激计划带动科学产业化发展，如设立“中小企业创新项目计划”（KMU－Innovativ）、“中小企业创新核心计划”（ZIM）等激发企业研发创新实施；设立“EXIST创业促进计划”，为高校及科研机构提供更好的创业条件，并支持学生及研究人员带技术创业。以色列政府对符合相应要求的高科技公司，将资助1/2的研发经费；而针对创业公司，将资助2/3的经费。此外，以色列政府成立了数十家孵化器，对创业公司可提供85%的研发费用。政府在政策上的巨大扶持和帮助，使以色列成为“硅谷第二”。

## 五、搭建共享平台助力协同创新

共享平台是协同创新不可缺少的支撑体系。各国大力推动和支持科技中介组织发展，健全中介、信息、服务体系，着力打造科技共享平台的支撑力，努力增强对协同创新的直接和间接服务。

### （一）利用中介机构推进创新主体之间的合作

美国中小企业管理局（SBA）与高校等教育机构建立合作关系，为中小企业提供咨询和服务；同时建立了中小企业培训网，中小企业可以免费进行网上教育和培训，或直接进行电子咨询，或获得其他形式的技术支持。英国政府充分利用各种形式的科技中介组织以推进创新主体之间的合作。如，中小企业服务局、创业服务中心、伦敦技术网络等中介服务机构，都对英国产学研协同创新有一定的促进作用。同时，英国政府实行科技决策咨询制度，要求所有科技项目必须以公开招标的形式聘请独立的咨询机构，从而刺激产生科技创新企业对科技咨询中介的较大需求，英国科技咨询业迅速发展。

### （二）搭建信息共享平台促进协同创新

美国通过“信息高速公路”计划不仅为科技资源数据化与信息化奠定了基础，还解决了全国性公共科技创新服务平台持续发展面临的技术问题。如，国家技术信息服务局日益成为技术转移和参与双边、地区及世界信息交流活动的联邦机构中的主导部门之一，极大地推动了学科集群与产业集群协同创新。英国政府为削弱信息不对称对产学研协同创新的不利影响，很早就着力建设公共信息平台，通过强化对信息流的监管、建立科技情报网络与科技成果供需信息体系来促进协同创新各方之间的交流。1987年，英国建立了包含科研人员简历、研究成果、研究课题等大量信息的全国科技专用数据库，该数据库持续为英国产、学、研合作和沟通提供渠道。2012 年，英国研究理事会发布了“研究门户”（Gateway to Research）网站，为公众提供由公共资金资助的研究项目信息，有利于公众把握科技成果的应用机会，并定期更新。[①] 至今，英国政府仍在努力发掘其他信息渠道，此举将为产、学、研信息交流及合作提供更便利的条件。

### （三）致力为协同创新提供多项辅助服务

欧盟 2002 年启动的“第六框架计划”和 2014 年开始实施的“地平线 2020 计划”，均对科研基础设施的职能定位作出了明确规定，同时提出了建设世界级科研基础设施共享服务平台体系的目标。2016 年欧盟颁布《科研基础设施开放共享章程》，进一步明确科研基础设施开放共享的服务模式、条件和程序，对指导公共科技创新服务平台开放共享起到重要作用。美国政府致力于为协同创新提供多项辅助服务，早在 1978 年，为加强全国高等教育与企业协同创新，美国政府就牵头成立了全国性的产学研协同创新咨询服务平台，2009 年美国商业部成立了“国家创新创业咨询委员会”（NACIE），主要负责研制推动产学研协同创新和研发成果商业化的相关政策，并提供政策建议。

## 第二节　创新主体的发育状况及其生态

综观全球，尽管不同国家的经济实力存在一定差距，科技创新水平也参差不齐，但各国协同创新体系往往都是由政府、企业、高校、科研机构以及科技中介等创新主体共同构成的。在大多数国家的协同创新体系中，政府扮演引导的角色，企业是创新的载体，高校、科研机构提供技术

① 胡志宇．产业界、科研机构与金融业的合作环境——英国促进科技成果转化的最新政策［J］．全球科技经济瞭望，2014，29（2）：8－16.

支持并输出创新型人才，科技中介则为各个创新主体打造信息沟通平台。各国协同创新生态体系的不同之处主要在于政府是否主导、企业是否主动以及资金技术方面的分配方式，而这些都与各国的具体国情息息相关。

通过各国对比发现，协同创新离不开政府的规划和支持。首先，美国、英国、日本等发达国家均实施了一系列鼓励、支持、引导创新的政策和措施，积极引导每个创新主体参与创新互动和沟通。其次，在协同创新体系中，企业承担着将技术创新与生产相结合的任务，当企业创新成果不断实现市场化转化时，国家经济发展水平才能随之提高。再者，高校及科研机构拥有各国顶尖的创新人才，孕育出大量的科技发明与研究成果，为企业、市场、社会提供创新技术和创新人才的双重支撑。最后，一些国家的科研中介服务机构较为成熟，活跃在技术的需求者与拥有者之间，为企业、高校及科研机构等创新主体提供中介和关键资源配置服务。然而，如何让多个创新主体进行高效协作，进而形成一个相辅相成、互为依托、经济效益良好的生态体系，是所有国家都必须面对的课题。

## 一、政府是协同创新的引导者

政府在国家科技创新体系中发挥了重要的引导作用。政府作为协同创新至关重要的发起者和推动者，不断引导协同创新实践，有效促进资金、资源的合理配置，同时对企业、科研机构、高校之间的协同合作起到了推动作用。发达国家的实践和经验表明，这种引导作用在协同创新初期及基础研究领域尤为明显，如美国、德国、英国、日本等国家的创新体系的发展得益于政府长期以来对基础研究的大力支持。

### （一）组建专门机构支持创新

美国政府在推动美国协同创新的发展中发挥了重要作用，它既是积极的引导者和参与者，也是重要的投资者、服务者和经纪人。作为国家协同创新的重要发起者和主要推动者，其作用十分显著。在“政府”的具体定义上包括美国政府的科技创新部门、国会的科技咨询部门、直接资助管理机构和半官方研究组织。在对创新和科技领域的干预过程中，美国先后成立了美国科学院（1864年）、国立卫生研究院（1887年）、全国研究委员会（1901年）、科学研究发展局（1941年）、国家科学基金会（1950年）、国家航空航天局（1958年）、国防部高级研究计划局（1958年）、白宫科技政策办公室（1976年）和国家科学技术委员会（1993年）、总统科技顾问委员会（2001年）等科研领导机构（见表2－3）。[①]

**表2－3　美国国家创新体系中“政府”角色主要机构**

| 政府角色组织 | 具体机构 | 功能 |
| --- | --- | --- |
| 政府 | 科学技术政策办公室 | 科技创新促进政策的研究与制定 |
| | 总统科技顾问委员会 | |
| | 国家科学技术委员会 | |
| 国会 | 众议院科技委员会 | |
| | 参议院商业、科学和运输委员会 | 科技项目资助 |
| 官方资助机构 | 美国国家科学基金会 | |
| | 国家卫生研究院 | |
| 半官方研究组织 | 国家科学院、国家工程院、医学院和国家研究委员会 | 科学研究 |

德国联邦和州政府一向视研发创新为经济富裕与增加就业的关键要素，在德国科技创新中扮演领导者和推动者的角色。德国设立德国联邦教育及研究部等科技管理机构，主要职责是国家科技发展战略和政策的制定、国家科研经费的管理、国家科技创新发展整体活动的指导、调控和优化。

① 黎子华．美国“政产学”合作组织的管理与运行机制研究[D]．上海：复旦大学，2013.

## （二）完善政策法规支持创新

日本政府负责政策引导、资金支持和制度设计，将产学研协作创新上升到基本国策的高度，并出台相关的法律法规及其相关配套政策。《科学技术基本法》（1995 年）、《产业技术强化法》（2002 年）、《研究开发强化法》（2008 年）、《第 2 期科学技术基本计划》（2011 年）、《科学技术改革综合战略》（2013 年）等一系列具有法律效力的政策规定，形成了一套较为完整的制度体系，促进日本各创新主体科技进步、科研成果转化。以色列政府通过立法来鼓励科技创新和保障研发人员的权利，创造有利于创新的政策环境，如《工业研究和开发鼓励法》《产业创新促进法》《天使法》等法律法规。同时，以色列政府还出台了一系列促进高科技产业发展的政策和激励举措，如促进产学研结合的“磁石计划”、鼓励创意和创业技术的“孵化器计划”等。

## （三）制订科技计划支持创新

政府制订合理科技计划，在学术界与产业界之间建立具有吸引力的共同利益区。美、德、英、日等国家通过制订系列科技创新合作计划，吸引企业界加大研发投入。英国政府制订了“联系计划”和“法拉第合作伙伴计划”，并相继推出了“知识转移伙伴计划”等配套措施，助力英国产业技术创新与产学研结合（见表 2－4）。

表 2－4　英国政府助力产业技术创新与产学研结合的科技计划

| | | |
|---|---|---|
| 英国 | 联系计划 | 使用政府研发资金来规范科研机构和企业的研发活动，要求申请的主体要至少包含一家企业和一所科研机构 |
| | 知识转移合作计划 | 企业独立自主选择科研机构。被选择的科研机构派专业人才或者学者到该企业指导研发，机构指导的成果由企业指定的联络人转化为企业产品 |
| | 合作伙伴联盟 | 科研机构可自主申请加入企业联盟，企业联盟为进一步探索和开发企业的需求，还会邀请领域内的专家来合作，并致力于把企业和科研机构紧密结合在一起 |

日本通产省早在 1982 年就制订了为期 10 年的“第五代计算机发展

规划”，1986 年发布“人类新领域研究计划”，带动基本研究和创造性开发研究，提升在重要高科技领域的竞争力。

2004 年，德国发布了“卓越计划”，该计划成为国家高新技术发展战略的重要环节。该计划采取联邦政府与州政府合作的方式，投入大量的资金以促进高校的科学研究。该计划自实施以来，共实施三期，其中前两期联邦政府共向其投入了 46 亿欧元，第三期联邦政府计划每年投入 5. 33 亿欧元。[①] “卓越计划”是德国历史上规模最大的一项重点大学建设计划，旨在激发大学追求卓越的积极性，打造德国高校一流的研究能力，发挥德国高校在全球科学研究领域的“灯塔”作用，提升德国的国际竞争力。

### （四）支持中小企业创新发展

意大利政府设立“欧洲研究促进会”“创新中继中心”“企业创新中心”“技术创新服务局”等科技服务机构，还设立应用研究基金、技术创新基金和购买高技术产品等创新基金，支持中小企业创新。其中：应用研究基金主要以低息贷款的形式支持企业研发，贷款额原则上不超过全部研究经费的 55%，中小企业可达 65%；技术创新基金主要以申请资助的形式，对中小企业产业领域不设限制，但对大企业产业领域有一定限制；购买高技术产品基金主要为中小企业购买或租借高技术设备提供补助。

英国政府通过创造金融环境、提供奖励计划和投资新技术应用以及加强高等教育与中小企业合作等途径推动中小企业发展，同时对小企业实施研究与技术开发奖励、技术转移奖励、贷款担保、投资计划和风险投资信托等政策性措施，鼓励并推动小企业创新发展；此外还设立“中小企业服务局”，并在财政、金融和税收等方面支持中小企业。德

---

① 许艳华. 政产学研用协同创新的德国模式与中国借鉴[J]. 科技管理研究,2013,33(9):5 -9. 朱佳妮,朱军文,刘念才. 高校协同创新:德国的经验及对我国的启示[J]. 复旦教育论坛,2013,11(5):87 -91.

国政府制订“创新网络计划”“中小企业创新技能计划”，通过提供资金支持、税收优惠政策等方式鼓励和支持中小企业开展协同创新，以提升企业的科技创新能力和水平。美国出台《小企业创新法》，制订“中小企业创新研究计划”和“小企业技术转移研究计划”等。这都是主要发达国家重视和支持中小企业开展协同创新而采取的积极措施，有力地营造了中小企业创新发展的良好政策环境。

## 二、企业是协同创新的主导者

与政府机构和高校相比，企业科技创新的优势在于其市场的敏感性和判断力。企业能及时根据市场变化，将科技创新成果商业化，使其成为现实生产力，这决定了企业在协同创新体系中的关键地位。从各国企业协同创新实践来看，共性是企业都具有主体地位，区别在于所发挥的作用和路径不尽相同。

### （一）组织协调引领科研创新

为紧跟市场趋势、把握消费需求，美国企业会积极寻求与高校和科研机构的合作机会，通过利益共享、风险共担的合作方式，充分利用外部资源、节约研发成本。在具体的合作形式上，大公司主要通过非正式的合约研究和研究生招募，而规模较小的企业对大学高水平科技成果的依赖程度更高，更加倾向于与大学的科研合作。但企业规模并不保证协同创新获益可能性，在协同创新活动中，中小企业的产出效率反而更高，美国小企业管理数据局数据显示，在与外部科研机构进行合作时，中小企业回报率为44%，而大企业为30%。

日本进行科技创新，离不开以企业为核心的委托式研究。这是一种新的协同发展模式，在该模式下，政府为引导者，企业是组织者，将产学研密切结合，其发展重点是技术和产品的创新。企业具有先进的市场洞察力，可以对科技市场的发展趋势作出较为正确的预测，并利用创新技术引导市场走势，使得研发成果能够被转化成为生产力和社会经济效益。这种相互作用力使得日本的企业成为日本国民经济的支柱，也造就了三菱、索尼、佳能等日本企业神话。①

而在以色列，企业是技术研发创新及应用的中坚力量。以色列的企业不仅通过集群化发展实现资源共享和优势互补，还通过不同领域的交叉与整合，积极尝试和推进创新科技成果和独特的产品研发。同时，企业也积极与高校开展实质合作，充分利用高校的研发平台和人才资源，获取有关技术研发的专业知识，将理论成果转化成新的生产力。

### （二）冒险投资研发创新活动

企业是美国科研活动最重要的资本投入主体，尤其是在应用研究领域。自20世纪80年代初以来，美国政府颁布了一系列支持产学研的公共政策，完成了从政府激励到市场激励、从政府主导到政府引导的过程。相应的，政府的资助职能逐步让渡给产业部门。国家科学基金会（NSF）的数据显示，1990年以来政府的资助职能不断弱化，产业部门成为美国R&D经费的主要来源主体。1990年，美国R&D经费中，55%来源于企业，41%来源于政府，但至2016年，62%来源于企业，25%来源于政府。企业成为美国实现国家创新的重要支撑力量。

德国企业在欧洲最具创新活力。根据德国教研部数据，德国近2/3的研发经费来自企业投入，且33%的德国企业拥有自己的实验室。可以说，德国大企业是协同创新的重要力量，德国中小企业则是经济发展的核心支撑。80%以上的大企业有自己的研究机构，企业根据市场走向和自身发展目标制定技术开发目标，研究开发费用占营业收入的5%～10%；而中小企业为德国贡献了约54%的增加值，创造62%的就业机会，是德国工业和服务业的中坚力量②。

---

① 王天娇．“政产学研金介”协同创新模式的国际比较研究[D]．南京：南京工业大学，2014.

② 曹茜芮，冯运卿．借鉴德国经验 推动我国中小企业创新发展[EB/OL]．(2019-03-19)[2020-05-06]．http://www.cndfsb.cn/rdxw/25462.htm.

类似的，英国、韩国的年度报告数据也反映出企业为创新活动投入较多资金。根据英国国家统计局相关数据显示，英国企业研发支出不断增长，2018 年英国企业在研发方面的支出增至 250 亿英镑（约合 324 亿美元），比 2017 年增长 5.8%。而根据韩国科部发布的《2018 年科技统计白皮书》，韩国企业投入的研发经费约占韩国全部研发经费的 75%，该比重超过了美国、德国等西方发达国家，与之相应的，韩国的专利数量也是连续上升，2016 年企业授权专利数达到 52149 件，占韩国当年专利授权总数的 76%。①

### （三）实现研究成果市场转化

企业是技术转化的重要实体。产学研本质上是一个科技供给和市场需求对接的过程，科研成果最终要落地市场、完成价值变现，需要企业根据市场和客户的需求进行完善和拓展，达到商业化标准，最终转化为现实生产力。法国的科研衍生企业，发挥着技术扩散的积极效应，不断将学术成果市场化。科研衍生企业是指以高校科研转化成果为前提，利用先进设备及技术从事服务或产品生产的公司。2015 年，法国颁布了《法国—欧洲 2020：研究、技术转移和创新的战略议程》国家战略，加强创新以促进法国经济复苏。此后兴起了一批科研衍生企业，例如与动物营养研究所共建“营养与健康创新研究中心”的安迪苏公司，以及众多中小企业。这些科研衍生企业，规模小、创造性强、发展潜力大，是法国实现科研成果市场转化的重要载体。②

日本的科技成果转化率非常高，这离不开企业与其他创新主体之间的协同作用。日本政府在 1985 年制定了相关法律，明确规定在国内建立工业技术院，并通过推进企业与科研单位合作，促进成果产业化和商业化试验的进行。日本的产业协同创新系统中，政府把握大局，高校和

---

① 李丹．韩国科技创新体制机制的发展与启示[J]．世界科技研究与发展,2018,40(4):399－413.

② 郑军,孙翔宇．法国产学研协同创新的主要模式、特点及启示[J]．教育与教学研究,2018,32(09):22－30,125.

企业作为参与主体共同组建项目，研发成果直接交由企业进行中试和规模化生产，形成了从科技到产品的完整流程，大大缩短了创新技术的产业化周期，加速实现了科技成果商业化。①

以色列的企业通过加强产业协作、集群化发展以及与高校合作等方式，积极推进科研成果市场化。首先，以色列企业通过不同领域的交叉与整合，积极尝试和推进创新科技成果和独特的产品研发。例如：Given imaging 公司将导弹技术与医学领域相结合，运用导弹前锥体设计中采用的光学技术研制药剂，实现了人体小肠诊断可视化；Compugen 公司融合了数学、化学、生物及计算机科学等多个学科进行产品的创新研发。其次，以色列的企业遵循集群化的发展模式，能够实现资源共享和优势互补，在互相帮助和竞争的良性创新发展氛围中不断获取有关技术研发的专业知识，转化成新的生产力。当前以色列已经形成海法、特拉维夫—赫兹利亚、耶路撒冷、贝尔谢巴四大产业集群区，良好的创新氛围有利于创新企业的诞生，整体提高了以色列科研成果的转化率。最后，以色列企业还会通过在大学设立技术转移办公室，提出自己的创新需求，再由大学依据企业需求了解追踪、掌握最新的科技成果，由此企业便能获得更专业的研发指导和帮助，将理论研究成果转化为可应用于企业实践的技术。②

## 三、高校是协同创新的智力支撑

高校在以知识为基础的创新体系中发挥重要作用。从发达国家甚至世界各国来看，高校是全球新知识、新技术的孵化器，更为重要的是，作为新知识、新技术的集中体现，高校科研成果和科技发明能够通过政府、企业与中介的有效合作迅速实现产业化，真正成为经济发展繁荣的"发动机"。

---

① 袁航．创新驱动对中国产业结构转型升级的影响研究[D]．北京：北京邮电大学，2019.

② 徐剑波，鲁佳铭．以色列国家创新竞争力发展的特点、成因及其启示[J/OL]．世界科技研究与发展，2019[2020－02－07]．https://doi.org/10.16507/j.issn.1006－6055.2019.08.003.

## （一）培育盘活人才资源

美国高校教师和研究生资源日益丰厚，为科技创新提供人才储备。20 世纪后期，创业型大学成为美国高校发展主流。创业型大学的基本内涵为：以培养创业型人才为基本任务、以开展具有商用价值的科学研究为重要活动、以直接参与创办高科技企业为关键举措的大学组织形态。美国创业型大学繁荣发展，逐渐形成了两个著名的创新轴心：一个是以斯坦福大学为核心的硅谷，另一个是以麻省理工学院和哈佛大学为核心的波士顿地区的高科技产业集聚区。

日本的协同创新是群体间的、多向的交流和补充，并不是单向的由知识到技术再到效益的转化。高等院校聚集了丰富的知识、多样的人才、先进的理念、创新的活力和浓厚的学术氛围。再加上其有效的管理和激励机制，极大地促进了团队与个人的研究发展。定期举办的学术研讨使得企业的管理者与高校的人才有机会进行交流探讨；推出学校和企业联合建设的形式，特聘企业管理者到高校讲学，向学者传递最新市场动向；同时，日本高校还会给学生和老师提供在企业实习进修的机会，大力培养创新技术人才。

以色列在培养人才时，非常注重提升其创新创业素养。以色列高校建立了一套集知识学习、活动实践、项目研究为一体的完备的创新人才培养体系，在基础教育阶段重视激发潜能和自主发展，在高等教育阶段，学校将研究始终贯穿于教学的整个过程，为科技创新积累了大量的高素质人才。以色列高校支持和鼓励教授离职创业，成立初创公司，还鼓励高校教师参与合办企业，促进企业通过在高校设立技术转移办公室将理论研究成果转化为可应用于实践的技术。

## （二）注重开展基础研发

主要发达国家很多高校拥有基础研究和前沿技术研究相结合的科研环境，具备完善的基础设施和先进的研究设备资源，具有物理性优势为创新成果转化提供源泉。

美国高校承担了大量的研究任务，接受来自政府与企业的资助与合作，提供研究人员、场地甚至研究实体进行基础研究、应用研究和技术研发，是美国甚至全球新知识、新技术、新产品的“孵化器”，其科研成果通过各主体的协同合作转化为实际生产力和经济效益，成为经济向上运转的“马达”。

而在德国，高校是基础研究的主体。自 1810 年威廉·洪堡秉承“教学与科研相统一”的理念创建柏林大学以来，高校不仅承担着培养人才的重任，而且深耕于基础和应用研发领域，为德国的科技进步作出了杰出贡献。德国校企之间的协同是全方位的、多层次的，除了在科研领域实现协同，也要推广到教学领域，使教学协同成为加强科研协同的重要环节。其中，以德国高校的教授联盟为例，一旦教授联盟凝练出领先国际的前沿学科方向，学校就可以向企业、政府乃至欧盟等多个主体申请组建该方向研究生院的资金。由此，高校可以将社会资本、企业人才和国际人才等资源进行整合，形成在国际上领先的研究成果和有特色的学科。

### （三）投资运营研究机构

日本的国立大学具有较高的科研水平和技术创新潜力。在日本政府的鼓励下，日本的一些国立大学自 1987 年开始相继建立“共同研究中心”①，与地方企业开展合作。20 世纪末以来，在“科学技术创造立国”战略的推行下，日本大学设立专门机构，推动科研成果产业化。1998 年日本政府要求各高校设立技术转移中心机构（TLO），2000 年日本全国的大学技术转让机构成立了“大学技术转让机构协议会”，2004 年日本大学技术转移协会（UNITT）成立，2006 年颁布《第三期科学技术基本计划（2006—2010）》，鼓励在大学和科研机构集中地区建立

① 陆园园．中外产学研协同创新研究[M]．北京：人民出版社，2017：11.

中介机构及技术转让机构，2016 年颁布《第五期科学技术基本计划(2016—2020)》等。

与日本类似，韩国也在一些高校建立了科研中心。众多优质的科学研究中心在不同的领域取得了巨大的成就，产生了很多跨学科与跨部门的研发成果。韩国还推出了优先将国家公共研发设施对产学研开放的一系列举措，向其提供包括人力、信息等在内的全面保障和支持。尽管这一系列举措在一定程度上取得了成果，大学的专利申请增长率不断增加，超过了国家整体专利的增长率，但仍然有较大的提升空间。以色列高校也建立了研究机构，通过与企业合作，共同推动科研成果产业化。1958 年，魏茨曼科学研究所创建了以色列首个技术转移办公室“耶达”(YEDA)，此后，以色列多所高校也陆续成立了技术转移公司，如希伯来大学的技术转移公司伊萨姆（Yissum）公司、以色列特拉维夫大学的技术转移公司拉莫特技术转移公司等，有利于将技术创新转化为工业产品。

## 四、中介机构是协同创新的桥梁和纽带

科技中介服务机构作为产学研链中粘连服务的桥梁，是参与知识创新和科技成果的应用与转化的重要组成部分，能为企业、高校、科研机构等协同创新主体提供专业的社会化服务，在协同创新中发挥着重要作用。从各发达国家看，科技中介机构服务体系已比较完善，各创新主体无论需要哪方面的帮助和支持，都可以找到相应的中介机构来获得。可以说，各发达国家科技中介服务体系已逐步形成多层次、多元化、多渠道的组织网络，并且科学地建立了一套灵活的投资方式和严密的投资效益评价方法及其指标体系，成为协同创新生态中的重要组成部分。

### （一）促进交流与合作

英国在协同创新进程中，充分利用各类型科技中介组织以促进创新主体之间的交流合作。如中小企业服务局、创业服务中心、伦敦技术网

络等中介服务机构，都对英国产学研协同创新有一定的促进作用。同时，英国政府实行科技决策咨询制度，该制度要求所有科技项目均须通过公开招标的形式聘请独立的咨询机构。科技创新企业因此对科技咨询机构有较大需求，并由此推动了英国科技咨询业的迅速发展。澳大利亚的产学研协同创新主要以行业协会为中介，各行业内企业作为行业协会的成员，将需要解决的相关问题以项目或课题的形式递交给行业协会，协会加以整理、归类，再对外发布，供联盟单位及有关科研机构的研究人员申请并开展研究。如设立在昆士兰大学的昆士兰农业与食品创新联盟，作为一个国际知名的农产品与食品研究机构，它包括三个研究中心，每个中心都作为昆士兰大学的一个独立实体来运作。该创新联盟充分发挥中介作用，有效促进了农业领域各企业的信息沟通，更大大推进了企业与昆士兰大学的合作。①

### （二）提供针对性服务

美国的科技中介服务体系较为灵活和完善。其主要特征是注重形成全方位、全周期、全链条的支持模式，形成多层次、多元化、多渠道的组织网络。美国科技中介根据执行机构划分，包含高校和科研机构的技术转让服务机构、官方或半官方中介机构、特定领域的专业服务机构等类别。这些科技中介服务公司可根据创新主体发展的不同阶段提供相应的服务，如信息服务、人才培训、评估咨询、风险投资、融资担保、市场开拓、成果推广等一系列工作。

以色列的科技中介功能主要体现在技术孵化器计划上。该计划自1991年起实施，为创业企业提供资金、技术、场所和市场服务。以色列政府面向生命科学领域投资建立生物类风险投资基金，面向高新技术企业成立风险投资基金，目前，以色列拥有超过70个风险投资基金，

① 陈涛，吴世军．产学协同创新模式的国际比较——以澳大利亚、新加坡和中国为例[C]//中国高等教育学会，武汉理工大学．第三届（海峡两岸）高等教育发展与评估学术论坛论文集，2012：93－96.

数量仅次于美国。政府对于孵化器设定了严格的限制和壁垒条件，大型、小型孵化器功能定位明确、精而不滥，形成了全球最强大的孵化器体系。在孵化器运营过程中，以色列政府坚持“共担风险，但不分享收益”的原则，实行市场化运营管理，政府不直接干预。企业在初创阶段风险较高时，政府出资与企业共担风险；对于进入孵化器的企业，政府提供为期两年的优惠贷款，创业失败的企业无须承担偿还责任，政府对孵化项目投资最高达85%。①

### （三）推动成果商业化

德国科技中介服务机构是技术扩散和成果转化的重要载体，其主要职能是在高校、科研机构和企业等不同主体之间建立联系，为科技成果找市场、为企业找技术，最终实现科技成果落地转化。此外，科技中介机构还提供科技评估、监督管理、培训服务、创新决策和管理咨询等专业化服务。德国已经建立起完备的技术扩散网络，拥有众多技术转移中心或平台，如史太白技术转移中心、SIGNO技术平台、德国联邦工业合作研究会等。从产权性质来看，德国科技服务中介可以划分为私人企业化运作机构、各大学下属的技术转移或技术咨询中心、四大科研组织建立的技术转移公司。

瑞士、芬兰、瑞典等国家也正致力于国家协同创新体系的建立。它们通过发展科技中介服务体系，建设布局全球的创新网络，推动国家协同创新能力。如在芬兰，由200多家信息和通信公司，几十所高校、技术中介机构和金融服务机构构成的“信息通信技术联盟”，促进了通信技术成果的商业转化，同时，也推动了国家通信产业的发展；芬兰因此逐渐发展成为世界通信大国。

① 陈套．以色列创新引领发展的政策逻辑和实践选择[J]．中国高校科技，2019(10)：51－54.

## 第三节　创新主体的协同机制与发展实践

随着社会经济的发展，越来越多的主体参与到协同创新模式的构建中，它们相互依存、相互促进、共同发展，结合日益紧密。从国家层面来看，各国结合本国实际国情，选择或开创了具有国家特色的协同创新模式，如韩国的经济界主导创新、以色列的联合创新模式等。此外，各国也有相似的协同创新模式，如科技园或工业园模式、企业孵化器模式等。从协同创新的各主体来看，要开展协同创新活动必须选择一定的方式进行合作和互动，以维系创新主体间的合作和制约关系。如"硅谷模式"，在大学原有功能的基础上明确提出产业界和学术界应进行合作，由此创办的斯坦福工业园区至今仍是世界各国争相学习的对象。

### 一、协同创新互动机制特点

#### （一）市场运作与政府协同相结合

从各国实践及主要经验来看，协同创新主要以市场化为运用基础，企业的参与更是大大激发了这种合作活动的活力。市场运作有助于实现科技资源优化配置与科技资源整合，使协同创新各主体能够与市场和国家需求有效对接。同时，市场机制使科技创新对经济信号更加迅速和灵敏，商业化机制也使科研成果实现技术转化的速度更快、效率更高、效果更佳。而各国政府主要发挥统筹规划、协调指导、组织实施的作用，以政策引导和战略指引为导向，充分运用各种经济手段，充分调动协同创新主体积极性。政府行为是在充分发挥市场机制作用的基础上进行的，这种结合有效降低了单纯市场行为和调节可能产生的盲目性和滞后性。如，在美国的协同创新生态系统中，政府通过政策引导、宏观调控、资源优化和监督规范等方式，成为国家协同创新中的重要力量；每个创新主体通过市场化运作，在协同创新的研究、开发、推广、转化和应用各个环节进行明确的分工和优势的互补，从而实现了协同创新生态的良性循环、国家自主研发和科技创新能力的不断攀升、产业和经济结构的持续升级。

### （二）资源共享与科技推广相结合

协同创新各主体之间的目标及利益是一致的。协同创新各主体通过充分利用相互之间的闲置资源，发挥资源的最大效用，减少重复投资，有效挖掘潜在效率，形成了优势互补、资源共享的机制，实现“1 +1 >2”的协同效应。同时，通过将技术许可、转让给相关方来实现知识产权的商业化，实现社会效益和经济效益最大化。美国协同创新各主体间开展强强联合，把一些“巨头”密切结合起来，并能够良好互动，优势互补，发挥聚合的倍增效益，创新的专利得以发明并产业化，知识得以更新和多向流动，国家利益最终得到优化和强化，社会公众的教育和健康水平得以提高。韩国国家技术开发战略的最终目标是提升本国企业总体技术创新水平，在这一目标下，企业与高等院校、科研机构之间通过信息交流与技术合作，分享成果、取长补短，共同促进企业总体科技创新水平的提高。

### （三）风险共担与利益分享相结合

在各国协同创新运用机制中，各创新主体通过加强信任和沟通，主动适应市场变化、各方需求和未来发展，保持了整体目标的协调一致。各创新主体共同分担风险和挑战，并通过多形式、多类别的分配方式，合理划分收益，实现了合作共赢的协调目标。从各国协同创新实践来看，利益分配作为与风险分摊相生相伴的一对共同体，不仅是整个协同创新过程中的核心问题，也是整个协同创新组织最为关心的问题。总的来看，主要体现为三方面：一是整体性。各创新主体深刻意识到自己是协同创新生态中的一部分，进行系统的协同，而不是一味地“单干”。二是持续性。各创新主体的社会地位往往各不相同，但是在利益分配过程中，不以创新主体的实力规模为主要依据进行利益分配。只有这样，协同创新机制才能长期稳定地发展。三是协商性。各创新主体面对风险和利益分配时，都能够在考虑自身利益的基础上充分照顾其他创新主体的实际情况，本着风险共担、互利共赢的指导思想讨论协商决定。以德国为例，在利益分配机制上，德国法律规范了协同创新过程中的权责归属、有形和无形收益的分配与补偿等事项，形成了以增加知识价值为导向的分配制度安排，为发明人提供了有效保障，构建起了权责双方双赢的创新推进机制。德国科研人员除按照相应职位和岗位标准所获得的基本薪酬外，还可以从成果转化和部分科研奖项中获得相应的收入奖励。

### （四）协同合作与竞争机制相结合

合作关系的建立和维护需要各主体相互沟通、彼此信任、风险共担、利益共享。不难发现，在协同创新过程中，各创新主体同样存在竞争，但成功的协同创新平台善于将竞争转化为合作，避免恶性竞争。如，美国有的协同创新平台，为应对日益激烈的市场竞争，各企业与其他竞争企业的关系由原来单一的竞争关系逐步发展为竞争与协作协同关系。特别是许多中小高新技术企业由智力资源密集的大学或科研院所直接衍生而来，与这些机构有着天然的联系，所以这些平台内部企业、科研院所等主体之间的联系也比较密切。在法国，很多大学和科研院所的协同创新平台也是由不同类别的创新主体参与形成的。虽然大学之间、大学与科研院所之间均存在激烈的资源竞争，但各方能够在协同机制的引导下围绕共同发展目标开展合作。可以说，协同创新的合作是建立在竞争基础上的合作，竞争是建立在合作基础上的竞争，合作与竞争在协同创新过程中是博弈关系。

### （五）人才培养与激励机制相结合

协同创新的核心宗旨是培养人才。从各发达国家看，其发展路径就是遵循协同培养人才的根本逻辑。很多协同创新平台充分发挥各创新主体的优势，在协同创新活动中突出产学协同，实行校企联合培养、与行业领军企业联合建立实验平台与实践中心。一方面各创新主体打造为大学生创业的“演练场”，建立并完善企业、高校、科研机构之间科研人员高效、合理的流动机制，打破了科技人才任用与资源分配的限制，为更多科技创新人创造机遇。另一方面，各国政府强化对科研人员创新活动和成果转化的激励政策，实行分角色、分阶段、分类别、多形式的激励方法，在保障科研人员的个人创新利益前提下，充分调动其积极性。如，以色列的研发机构和企业形成了高效的协同创新，实现了磁化路径，即从基础研究到应用研究的技术产业化机制。以色列政府先后在7所公立大学及研究机构成立了技术转移公司（TCC），形成了“分工合理、激励适当、责任明确、互利共赢”的合作运行机制。作为创新主体的重要保障，以色列的人才培养模式瞄准国家需要和国际前沿，在人才培养过程中突出层次性和差异性。

## 二、协同创新发展模式研究

### （一）大学科技园模式

在协同创新中，大学科技园最重要的功能就是为大学和企业提供合作的重要平台，企业和大学在这一平台共享资源，互取所需，政府为其提供有力的政策支持和保障，各方都在相互合作中形成良性的互动机制。从各国实践经验来看，很多大企业把科技园作为创新源，对其进行大力投资和建设，政府部门也通过导向性投资和政策补贴的方式提高科技园的创新力和竞争力。

大学科技园模式起源于美国。20 世纪 50 年代，第三次技术革命应声而来，以原子能、电子计算机、空间技术、生物工程、新能源技术等为代表的高新技术发展迅猛，美国经济空前发展。为了保持科技前沿地位，美国政府把从事高新技术研究与开发的实验室设在大学附近，形成地理和空间上的有利联系。通过各种方式的组建，一些大学作为核心引力，引起了知识、技术和人才的集聚，形成了科技园区。①

根据与市场和政府的相关程度，大致可分为以下三种类型：

1. 市场主导型

市场主导模式指企业、大学、研究机构等主体在市场机制作用影响下，出于各自利益需要，综合考虑自身成本和收益，从而自发形成产、学、研合作机制的行为模式。该模式中，不能确定单一主体作为主控者，存在“谁都管，谁都不管”的情形。产学研链条的运转驱动力根本来源于市场，企业委托高校、研究机构进行技术开发，高校、研究机构向企业技术转让，技术供给本身根源于市场需求，因而技术成果产业化和社会化不过是题中应有之义。遵循市场原则，有利于维护内部良好秩序、提高效率、降低重复建设率，集群内部充分交互、和谐发展，从而保持了整个区域的整体竞争力。同时，市场使得各主体和生产要素自然相洽，自动磨合了产业集群内部的各种不和谐因子。如：美国硅谷虽然最初建立时依靠了政府和弗雷里克·特曼的构想，但真正发展起来是依赖于产业与市场互动的方式来完成的；法国索菲亚·安蒂波利斯科学城由法国知名学府国立巴黎高等矿业学校校长皮埃尔·拉菲特私人发起，从零开始建设，通过市场力量再吸引和建立高校；德国卡尔斯鲁厄技术工厂由企业和金融机构主办。

2. 政府推动型

政府推动模式下，政府首先保证企业在创新领域的主体地位，其次通过设立科技政策或战略计划，建立产学研合作引导机制。根据政府介入的方式，政府推动模式又可以进一步划分为资金推进型和非资金推进型。其中：资金推进型模式适用于企业财力或能力无法满足的共性技术、产业关键技术、前瞻性技术等技术领域，政府通过设立专项资金对

① 刘力．美国产学研合作模式及成功经验[J]．教育发展研究，2006(7)：16－22.

产学研合作进行资金输送，分散企业技术创新的风险，增强企业参与创新的动力；非资金推进型模式则适用于市场化程度较高的技术领域，政府主要通过完善市场经济环境、提供技术支持平台、构建信息沟通渠道、设立产学研合作管理协调机构等政策支持方式来促进合作。如：英国剑桥享受英国政府的政策倾斜、专门引导、资金支持、基础设施建设、营商环境优化等一系列政策优惠；美国128公路科技园区繁荣于冷战时期，国防部、航天局、能源部等部门的政府采购为其带来巨大市场；印度班加罗尔技术园由卡邦工业区发展委员会和新加坡国际财团合资建设，直属于印度电子部，被称为“亚洲硅谷”；意大利的里亚斯特科技园区于20世纪80年代初期，在欧共体（现为欧盟）、意大利政府和地方政府的共同支持下成立；德国慕尼黑科学园由慕尼黑市政府和慕尼黑商会共同投资成立，被称为“德国的电子研究中心”。

3. 政府主导型

政府主导模式指政府在产学研合作机制中担任领导者的角色，大学、研究机构和企业根据政府的安排各尽其责、分工协作、协同创新，其中政府的具体职能包括制定决策、法律保障、计划协调、土地开发和配套建设、资金支持等。政府主导模式具有统筹全局、集中优势的特点，但也存局限性。具体来说：一方面，财政资金有限使得政府不可能覆盖支持所有类型的合作创新；另一方面，政府的考虑角度可能不同于市场主体，市场机制的利益驱动在该模式下可能失效。如：日本筑波从初期基础设施建设到后续信息网络建设完全由日本政府出资，直接受中央政府科技厅计划局的垂直调控，属于国家级研究中心；韩国大德研发特区由韩国政府专门成立的“园地管理事务所”加以管理；新加坡肯特岗科学园由新加坡政府筹划创办，并在科学理事会的严格管理下运转；我国台湾地区新竹科技园建设初期完全由政府主导，台湾当局一方面为园区公共基础设施建设投入了大量资金，另一方面为园区设立了“单一窗口”行政服务体系。

### （二）企业孵化器模式

企业孵化器模式是一种为新产品和小企业的诞生与成长提供支持性综合性服务、使其成长为成熟企业的组织模式。具体来看，企业孵化器在向新企业提供低价的基础设施和物理空间的同时，通过给予配套的支持性服务，为技术、融资、管理等相关问题牵线搭桥，降低创业风险，从而达到提高孵化企业成活率和成功率的目的。

按照创办主体来分，企业孵化器可分为四种类型：一是由地方政府或非营利组织主办，占孵化器总数超过半数，创办这类孵化器的主要目的是创造岗位，拉动地区经济增长，扩大税收；二是由大学和研究机构主办，其中更多的由大学主办，这类孵化器旨在增强大学和研究机构产学研生态中的竞争力，有助于大学实现“科、教、推”一体化；三是由私营企业主办，其中主要是由风险投资公司、种子基金投资公司主办，小部分由大企业和房地产经营者合办，该类孵化器的目的是通过投资孵化器企业而获利，同时能够通过开发商业性与工业性房地产享受增值收益；四是公私合营的孵化器，这类孵化器一方面能得到政府的支持，另一方面也能得到私营部门的专业知识与经费资助。①

按照企业孵化器的特征和功能，企业孵化器可分为以下七种组织模式：经典综合型企业孵化器、现代综合型企业孵化器、专业技术型企业孵化器、专业人才企业孵化、国际企业孵化器、虚拟企业孵化器、创业投资集团孵化器（见表2－5）。②

① 刘力．美国产学研合作模式及成功经验[J]．教育发展研究，2006（7）：16－22.

② 吴寿仁，李湛，王荣．世界企业孵化器发展的沿革、现状与趋势研究[J]．外国经济与管理，2002（12）：24－30.

表2－5　企业孵化器（按特征和功能划分）

| 类型 | 投资主体 | 目的 | 服务对象 | 服务功能 | 本质特征 |
|---|---|---|---|---|---|
| 经典综合型企业孵化器 | 政府或社区投资 | 降低创业成本 | 创业者 | 提供低租金设施，落实优惠政策，代理政府部分职能并提供一般性管理咨询 | 初级形态 |
| 现代综合型企业孵化器 | 官、产、学、研和社团等共同投资 | 追求孵化企业的快速发展 | 新创和高速发展的中小企业 | 提供中介服务、种子资金、技术和创业培训等 | 企业、大学 |
| 专业技术企业孵化器 | 产、学、研和综合孵化器联合投资 | 促进专业技术的商品化 | 某一专业技术领域的企业 | 提供专业技术平台、通用专业技术设备和商务服务 | 大多数综合孵化器参与投资 |
| 专业人才企业孵化器 | 一般由政府投资 | 扶持专门人才创业 | 某一类专门人才 | 提供专业化服务和特殊优惠政策 | 一般出现在发展中国家和地区 |
| 国际企业孵化器 | 政府、孵化器和企业都可能参与投资 | 促进外国企业成长，繁荣本地经济 | 外国企业 | 提供共性和个性化服务 | 孵化对象国际化 |
| 虚拟企业孵化器 | 政府、孵化器、中介机构和企业等都可能参与投资 | 按市场机制配置创新资源 | 社会企业 | 通过互联网，提供企业管理、技术信息、市场信息和法律援助等咨询服务 | 为企业服务的机构 |
| 创业投资集团孵化器 | 一般由企业集团投资 | 企业创业和正常运作 | 新创企业 | 融合风险投资、多元化控股、专业孵化器的功能，提供企业发展战略、品牌经营和公司治理结构方面的支持 | 风险投资与孵化器相结合 |

企业孵化器模式由美国首创，1956 年美国第一家孵化器“贝特维亚工业中心”诞生。经过 60 多年的发展演变，企业孵化器在世界范围内以惊人的速度迅猛发展，一方面表现为数量的激增，另一方面表现为功能上的多元化、专门化、虚拟化、网络化。

但世界主要国家和地区的企业孵化器的发展状况存在差异性。具体来看，作为企业孵化器模式的起源地，美国拥有世界上最优秀的孵化器和加速器，如，美国孵化器的著名代表 YCombinator 投资了超过 1500 家初创公司，总投资金额超过 800 亿美元，帮助了诸如 Dropbox、Airbnb 等许多企业获得成功。根据波士顿咨询数据，截至 2019 年 8 月，美国共有 191 家独角兽初创企业，位列全球第一，数量几乎占全球总数量的 50%。

德国的企业孵化器是欧洲发展比较好的，目前德国是欧洲孵化器最多的国家。德国于 1983 年成立第一家企业孵化器，20 世纪 90 年代初东西德合并，德国孵化器得到了进一步的发展。2014 年，德国企业孵化器 Rocket Internet 在法兰克福证券交易所上市，成为全球第一家上市孵化器。①

以色列的企业孵化器起步较晚，开始于 20 世纪 90 年代，但政府投入了大笔启动资金，以金钱换时间，并设立了专门的“孵化器计划”，制订并实施了详尽的政府支持计划，建立了完备的国家科技创新体系，由此以色列的企业孵化器在短短的十几年中迅速成长，成绩骄人。以色列理工学院于 1991 年建立“以色列理工学院企业家孵化器”，是该国最大的孵化器之一。②

法国于 1999 年颁布《创新与研究法》，为企业孵化器搭建了制度框架。目前法国拥有世界上最大的初创科技企业孵化器 Station F，该孵化器旨在打造出一个目前法国和欧洲都欠缺的初创企业经济生态，并为企业家们提供实现自身抱负所需的条件。③

### （三）合作研究中心模式

合作研究中心模式在各国技术创新中的地位已经得到各方认可。该

① 欧洲孵化器数量最多的是哪个国家 有“欧洲创业之都”称号的是哪座城市[EB/OL].(2017-08-22)[2020-05-06]. https://www.sohu.com/a/166506424_99921598.

② 以色列科技企业孵化器研究[EB/OL].(2013-12-17)[2020-05-06]. http://www.chinatorch.gov.cn/fhq/gjjy/201312/a42541a989bd4fe9a851800587023de9.shtml

③ 张新．世界最大“双创”孵化器在巴黎揭幕[N/OL]. 欧洲时报，2017-07-03[2020-05-06]. http://www.oushinet.com/europe/france/20170703/266060.html.

模式不但使大学能够更加直接接触到生产领域的科学技术问题，使学校科技研发更具有针对性，而且可以获得充足的科研经费，提高技术的研发效率。

合作研究中心模式是指企业与高校、研究机构合作成立研发机构，此类研发机构可以是依托高校或研究机构建立的虚拟机构，也可以是研究开发实体。在具体操作层面，校企双方根据各自的长期目标诉求，博弈共建能同时满足双方利益的平等的领导委员会，并且共同承担资金和共享基础设施，从而共担风险共享收益，实现了战略伙伴联盟的强化。该类模式下的联合研究所聚焦于研究的系统性、完整性、战略性，有利于开展中长期项目研究。其核心目的：一是通过建设政产学合作研究的战略关系，为全国的科学研究事业发展服务；二是以政府投资为引子带动企业资助研究生参与实业界研究，促进研究生培养；三是通过政产学合作展开学科间或跨学科的研究，提升国家整体的创新竞争力；四是通过产学合作，鼓励全国的企业参与研究以在全世界保持持续的竞争优势。

这种模式的典型代表是美国的“工业大学合作研究中心”(I/UCRC)计划。该计划由美国国家科学基金会（NSF）发起，旨在建立以大学为基地、政府资助、行业企业参与、以开展竞争前沿研究为主要任务的合作科研联盟。I/UCRC 计划各创新主体的共同支持下，全国会员单位超过了 100 家，其中约 85% 为工业公司，其余的会员单位是州政府、联邦派出机构或国家实验室等。并且，中心与 100 多所大学、700 多家企业、众多国家实验室以及联邦政府机构之间有着广泛的合作。[①]

20 世纪 80 年代，日本颁布的《科学技术基本计划》明确了高校、科研机构和企业之间的优势互补与合作关系，打破创新主体间的传统孤立状态。日本合作研究中心模式的典型案例是京都大学与武田制药的合

① 范惠明，邹晓东，吴伟. 美国的协同创新中心发展模式探析——I/UCRC 的经验与启示[J]. 高等工程教育研究，2014(5)：153－158.

作研究，京都大学是全世界研究 iPS 细胞的高地，其中诺贝尔医学奖获得者山中伸弥教授领导的研究所更是全世界再生医疗领域最尖端的研究基地，而武田制药公司是日本最大的制药企业。武田制药每年向京都大学提供 10 亿日元（约 6000 万元人民币）的研究经费，并派遣技术与药品研发人员进入京都大学的研究所，与山中教授的团队一起开展合作研究。①

瑞典于 1993 年通过"瑞典能力中心计划"相关法案。能力中心具有以下特点：是一个开放的研究开发和技术转移网络，依托一个机构而又独立于该机构；由瑞典工业与技术发展局、大学和企业三方投入建立，规定企业的投入应不低于政府的投入；资源相互自由流动，企业可以直接参与中心的工作。目前，能力中心共 28 个，分布在瑞典顶级的八所高校中。

德国政府积极倡导校企合作，革新办学理念，建立起多个校企合作研究中心，其中比较具有代表性的是新材料模拟研究中心和 E. ON 能源研究中心。新材料模拟研究中心由全球型专业材料和技术集团蒂森克虏伯公司与波鸿鲁尔大学共同建立，集结了原材料发展领域的顶级优秀人才；E. ON 能源研究中心则由德国著名的能源供给公司 E. ON 公司和亚琛工大共同建立，是德国最大的校企合作的 PPP 项目之一。②

### （四）项目或契约合作研究模式

项目或契约合作研究是各国大学、科研院所与企业之间普遍采用的合作方式，各参与主体以签订契约的形式共同承担风险，分享利益。实践表明，项目合作研究模式是最受大学学者喜爱的协同创新方式。

项目或契约合作研究模式是以企业、大学、科研院所的具体项目为纽带，根据项目需要签订合作契约、建立合作关系，项目完成则合作终

① 日本的科技创新力来自何方[EB/OL].（2019 - 04 - 17）[2020 - 05 - 06]. https://www. sohu. com/a/309025092_660408.

② 杨晶. 德国产学研合作模式研究[J]. 商业时代,2012(16):121 - 123.

止，因此这种模式是比较松散的合作模式。项目或契约合作模式主要包括三种具体形式。①技术转让模式，是指通过签订技术转让合同，高校或研究机构将新工艺、新技术和新产品的专利权、专利实施许可权、专利申请权等科技成果有偿转让给企业，并帮助企业将技术投入生产，形成生产能力。②委托合作研究模式，是指企业负责出资，协同政府相关部门将研究项目委托给大学进行研究，研究者用委托者提供的经费进行研究，研究取得的专利权将作为合作方共有，研发的成果由企业用于新产品的开发，研发成果的专利许可权或转让获得的收益由三方共享。③联合开发模式，是一种半紧密型的产学研合作模式，有效结合高校、科研机构研发优势与企业市场优势，实现各主体之间的资源共享、优势互补。

### （五）军民科技协同模式

随着全球新一轮科技进步、产业变革和军事革命的加速发展，建立军民融合的科技创新体系的必要性也越发凸显。放眼世界，不论是发达国家还是新兴经济体，都将军民科技系统的建设置于国家发展战略的高度，制定并实施了相应的战略。

美国是军民产业融合的先行者，其他国家的军民科技协同模式大多以美国为参考借鉴。美国军工部门和民用部门之间的制度障碍较小，因此军民一体化成为美国军民科技协同创新采取的主要运作模式。该模式强调军工企业与民用企业间进行跨系统、跨部门的沟通，以提高军民两用技术的创新能力。美国国会于 1997 年颁发《国防授权法》，强调了“两用技术”的关键作用，并制定了“军民两用技术战略”和《国防部国内技术转让条例》，逐步减少技术转让保密要求的限制，鼓励民用企业采纳国防和军工科技。此外，美国政府还制订了军民两用科技计划、技术转移计划、技术投资计划等一系列军民融合协同创新计划，为科技创新提供制度保障和要素支持。同时，为鼓励军民科技协同合作，美国创立了成本分摊机制，要求政府、军方和企业三者共同承担研发费用，且非联邦部门至少承担其中50%的研究费用，其余则由军方和两用技术项目办公室平摊，通过共担资金、共担风险、共享收益以此逐步推动战略性的长期合作。

日本在二战后，由于受到“和平宪法”的桎梏，无法设立专门生产军工产品的官方企业，因此采取了“以民掩军”的融合发展方式。日本政府非常重视军民融合科技的研发，大力支持撬动和利用民用企业的技术创新能力，实现了军民技术整体最大限度的创新，推动了国防武器研发与民用先进科技创新相结合，使得民用企业在国防领域中具有很强的竞争力。如，集成电路、计算机软件等大部分日本国防产品都来自日本民用企业。如今，日本政府更加注重军民两用技术的科研投入，形成军民两用技术相互促进、相互转移、协调发展的格局，并取得了明显成效。

从20世纪90年代以来，俄罗斯大力发展军民技术融合，逐步推进“先军后民型”科技协同创新模式。在政策法规引导方面，俄罗斯于1997年明确了军转民的发展路径——《1998—2000年国防工业军转民和改组专项规划》并制定军工企业长期发展战略，同时进一步实施了跨国合作的军民科技协同发展计划，包括与其他国家建立技术合作平台、在其他国家推行技术等，实现了军民两系统的交互发展。资金来源方面，《俄罗斯国防工业“军转民”法》规定“军转民”资金的多种来源，既由联邦和地方预算提供，也可通过国家信用背书吸引国内外金融机构投资，还可吸纳其他预算外资金，为军民协同发展提供强有力的资金支持。而在军民企业合作方面，俄罗斯破除了军用和民用技术间的藩篱，使军工不断向民用企业输送前沿科技，并依托国防工业部门的生产力优势，生产高技术民用产品。同时，俄罗斯开创性建立了既能生产军用产品又能在国内和国际市场开展产品和科技竞争的军民联合集团，推动了军用科技成果化、产业化和市场化，实现了军用与民用产品双向互利。

以色列由于地理位置特殊而且非常注重军事科技，国家主要采用“以军带民型”军民科技融合发展战略，通过加大对军工企业的研发投入来带动军工科技进步和国民经济发展。同时，以色列注重军工企业与民用企业创新成果的结合，鼓励民用企业在军工技术的基础上进行创新开发。一方面注重科技人才体系的建设和科技人才的培养。20 世纪 90 年代，以色列对国防部门内部机制进行了改革，并对军工企业进行相应的整改。在加大力度培养本国高科技创新人才的同时，以色列也注重吸收世界各国的创新性人才和技术并将其分配到军工部门或军工企业中，促进了军民科技协同创新。另一方面重视军工企业的技术创新成果。以色列通过对国有企业、私营企业与专业公司进行培养和整合，把航空工业和电子工业等一系列行业打造成了具有国际竞争力的行业。同时，设立了许多军民两用的生产中心，在工业、农业、通信和生物等领域通过自主研发创新推动企业的民用技术产品发展。

### （六）其他个性化模式

各国在协同创新发展进程中，在保持各自的宗旨、使命和特色的前提下不断创新，除上述共性模式外，世界各国也会因地制宜，形成极具国家特色的个性化协同模式。

德国的创新集群模式有利于形成区域创新的网络化，加速科研成果的转化。有别于基于形成规模效应的“产业集群”或者通畅信息交流的“网络集群”，创新集群模式是基于技术创新的“项目集群”，即构建了一条“创意产生—研发—试验—投产”全流程的创新价值链，是自下而上产生的，这一特征决定了创新集群必然产生在原本创新活动者就相对密集的地区。创新集群协同模式得到联邦教育及研究部的大力支持，已在德国高技术领域得到全面推广，并被证明是最为有效的创新模式。

以色列的“混合式创新”模式，就是将医疗、生物工程、计算机等不同领域进行跨界整合研发创新。如，医疗器材和生物工程结合信息科技的协同创新，产生了生命科学产业。甚至有企业采用极其先进的反恐定位系统进行基因分析，将数学、生物学、基因学、生物化学、计算机学等领域跨界整合进行药品研发。这种混合式的创新模式是以色列极具特色的创新模式之一。

英国的教学公司模式也是值得学习的。英国教学公司为高校和企业搭建了合作平台，引导并推进高校与企业进行技术创新合作。一方面，企业的管理人员根据自身项目，寻找相关领域的高校研究人员，在完成了必要的申请并达成合作协议后，企业与高校研究员形成相对独立的研究项目。另一方面，教学公司负责监督、支持和保障这些研究项目健康运行，也会拨发一定的资金补助，激发企业与高校进行合作的积极性。总而言之，教学公司运用行政手段来促成高校、企业和政府之间形成稳定的联盟，并通过协议来确定高校、企业和政府之间的责任及利益分配，尽可能满足各方的需求，进而推动英国产学研进一步发展。

## 三、国外协同创新经典案例分析

### （一）斯坦福研究园+硅谷

1951年，斯坦福大学教授弗里德里克·特曼倡议校方出租校园中尚未开发的土地给工业公司，在为大学增加经费收入的同时，具体实践特曼之前提出的“技术专家社区”的设想，即融合大学的科研优势和高新技术企业的市场优势，促使最新科技成果产业化和社会化。由此斯坦福研究园创立，其主要涉及的领域为航空、电子、制药、化学等。研究园的建立带动了整个地区的经济繁荣，拉升了美国西海岸高新技术的发展速度，并为全球最大的电子工业基地“硅谷”奇迹般的崛起奠定了坚实的基础。[①]

① 产学研结合破局民企研发困境，“硅谷+斯坦福”合作创新成市场自发型典范[EB/OL].(2019-07-25)[2020-05-06]. http://www.leadingir.com/trend/view/2686.html.

表 2－6　美国硅谷机制研究

| 形成机制 | 市场自发 |
|---|---|
| 动力机制 | 利益驱动 |
| 科研开发机制 | 快、新、尖、优 |
| 投融资机制 | 聚集大量风险投资，主要来源于民间 |
| 组织协调机制 | 以市场为连接点，相互依赖，密切联系 |
| 人才培养机制 | 宽松的创业环境 |

随着硅谷的发展，斯坦福研究园和硅谷之间也形成了良性互动，二者共生发展，相互成就。斯坦福大学的“实用教育”理念推动着大学把知识投向工业，由斯坦福大学的教授和学生创办的高技术公司数以千计，创造了硅谷 65% 的产值和超过 25 万个工作机会。与此同时，企业也为大学的科研教育提供了知识的转化和实践平台，技术转移的速度令人瞩目。

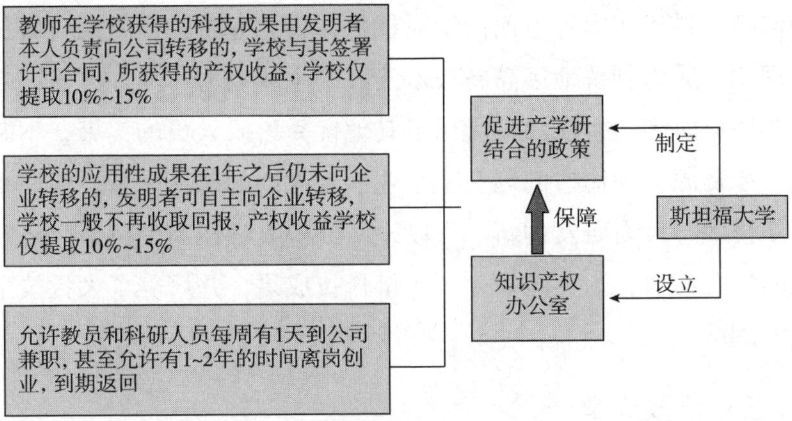


图 2－1　“斯坦福＋硅谷”产学研合作体系

资料来源：产学研结合破局民企研发困境，“硅谷＋斯坦福”合作创新成市场自发型典范［EB/OL］．（2019－07－25）［2020－05－06］．http：//www. leadingir. com/trend/view/2686. html.

## （二）剑桥大学＋科技园

剑桥大学的达尔文所于 1881 年创办了剑桥科学仪器公司，拉开了剑桥地区产学研合作的序幕。之后，类似的科技创新公司不断涌现，剑桥大学周边的企业数量大大扩充。直至20世纪70年代，剑桥大学附近地区逐渐演变成了以高新科技为依托的现代工业产业园区，并在后续的发展历程中，不断孵化大量的技术性企业。① 换言之，由于剑桥大学培养出众多优秀的科学研究人才，其在物理、生物和计算机等方面的科研究实力吸引了一批技术型企业到此创业，逐渐形成了以剑桥大学为核心的剑桥科学公园模式。② 截至2017年，以剑桥大学为中心，以政府为支撑，剑桥大学周边地区已有1000多家科技创新公司，该地区的出口额高达280亿英镑，GDP占全国比重的15.8%，为英国创造了550亿英镑的税收收入。这样一个经济效益日益增加的高科技园区已成为英格兰东部地区的重要发展中心。③

事实上，正是各类创新主体的长期友好合作，才带来了剑桥大学周边园区创新企业层出不穷且效益良好的现象。一方面，剑桥大学以其在人才储备、科研实力等方面的绝对优势，为企业带去最新的科研技术和创新理念，成为剑桥地区高新技术发展的主要动力；另一方面，剑桥大学的雄厚科研实力也极大地吸引了其他优秀科研人员的集聚，不断丰富创新人才资源，为周边的创新型企业注入无穷的科研力量，促使企业及时更新技术、大力研发创新。可以说，剑桥大学作为剑桥地区高新技术发展的核心动力，为英国培育了大量科技成果，并培养了大批技术创新型人才。④

### （三）筑波大学

筑波大学可谓日本国家创新体系建设的缩影，其内部及与外部筑波科学城构建起的协同创新生态环境，形成了一种较为典型的协同创新模

① 王天娇．“政产学研金介”协同创新模式的国际比较研究［D］．南京：南京工业大学，2014.

② 李长萍．基于市场导向一体化平台的产学研协同创新模式研究［D］．北京：北京建筑大学，2017.

③ 郑军，陈美丽．英国产学研协同创新的主要模式、特点及启示［J］．华北水利水电大学学报（社会科学版），2018，34（5）：102－107.

④ 王天娇．“政产学研金介”协同创新模式的国际比较研究［D］．南京：南京工业大学，2014.

式。筑波大学成立后，以开放办学的理念作为重要使命，实现大学与社会的良性互动，特别是大学与产业之间的合作。在内部，筑波大学通过学科间组合方式的革新、治理结构的创新等一系列的制度创新来保证其理念的实现。在外部，筑波大学主要与筑波科学城的政、产、学、研、公益法人等各种机构合作建立了外部协同创新体系。筑波科学城在日本的科技发展战略中占有重要地位，其层次与规模在产学研合作体系、日本国家科技园区中属于最高级别，是日本最大的以研发机构为主体、以科技研发为主题的城市。20 世纪 90 年代以来，日本政府将年度研发经费预算的 36% 投入筑波科学城，筑波科学城拥有日本国内约 27% 的国立研究机构研发总部、全国 44% 的研发人员。①

截至 2016 年底，筑波科学城拥有约 20 万人口、31 个国立科研机构、300 余个民间科研机构和企业等。经过多年的发展，筑波的研究产出成果持续涌现，目前已拥有 6 个诺贝尔物理学、化学奖得主。截至 2017 年 2 月，共有 153 家民营企业入驻。筑波科学城还有 9 个工业园区，布局了众多的工厂和研究所，面积达 615.4 公顷，从事着具有活力的事业活动。另外，筑波科学城作为设立了众多国家等级研究机关的研究开发基地，承担着众多领域的研究与开发任务。以筑波研究支持中心为首，还布局了为企业事业活动和产学协作提供支持的机构。②

总体来看，筑波大学与筑波科学城构建的协同创新机制主要包括两个方面。一方面，政府在机制中起到了主导性作用。日本政府专门组织建立筑波科学城的主管部门，负责协调科学城内各主体从事创新工作，构建了以政府为主导、各类产学研机构协同配合的格局，形成了“政府—筑波科学城—产学研机构”一体化的创新工作治理结构，从而为以“大学—科学城”为主体的协同创新网络体系的可持续发展提供了

① 丁建洋．筑波大学协同创新模式的逻辑建构及其运行机制[J]．外国教育研究，2015，42(12)：47－56.

② 王海芸．日本筑波科学城发展的启示研究[J]．科技中国，2019(3)：20－27.

保障。另一方面，市场机制在资源配置中起到了基础性作用。政府管控在筑波科学城建设初期发挥主导作用，但在“新筑波计划”落地后，市场机制在资源配置和协同网络体系中占据了明显的主导性地位，通过专业分工提高了知识要素生产效率和质量，形成了“知识生产—应用—市场化”的连接结构。

### （四）以色列理工学院

自20世纪90年代以来，以色列理工学院通过设立科学园和创新创业中心，建立跨学科研究中心和校属全资子公司等举措，完成了从传统型大学到创业型大学的转型，形成了独树一帜的创新创业教育生态系统。主要举措包括：第一，与周边高校建立密切合作关系，实现信息资源共享与发展相互促进。以色列理工学院与阿拉伯教育学院、海法大学等高校在教学、科研、学生交流、制度建设等方面都展开了广泛的合作，各取所长，协同发展。第二，成立与产业发展密切相关的跨学科研究中心。研究中心的研究根据产业界的市场需求和前沿动态来开展，从而加快实现研究成果向应用的转化落地。第三，加大与政府和军队的合作交流力度。以色列工学院注重与政府和军队在科研技术与人才方面的交流合作，不仅积极参与国家机关部门建立的研究项目，而且根据政府或军队的需求，积极展开相关科研产品的研发工作，从而实现政、学、研协同创新发展。在科研成果转化方面，以色列理工学院已构建起完整高效的转化机制。在学院的支持和鼓励下，众多合作企业入驻了大学校园附近的工业园和科技园并享受着税收、信贷、租赁等一系列优惠政策。这些企业在学院内设立企业孵化器，以此帮助学院的科研成果实现市场化。学院还专门设立了组织机构负责科研成果转化产品的流通销售，一旦科研成果成功落地，很快会被引入企业批量生产并为科研人员及学校科学家、教职工和学生带来收入，解决创业或研发初期资金紧张的问题。当生产规模达到一定程度后，企业便会迁出科技工业园或孵化区，进行大规模生产并参与市场竞争。此外，以色列理工学院为帮助师生实现科研成果的转化及商业化，还专门设立了相应的转化中心，以此来激励师生积极进行科研及其转化活动。

### （五）硅太阳能联合研究中心

硅太阳能联合研究中心（SiSoC）是较为成熟和典型的 NSF 产学研究中心（I/UCRC）。硅太阳能联合研究中心的运营由北卡罗来纳州立大学工程学院的院长和佐治亚理工学院工程学院的院长共同负责。硅太阳能联合研究中心具有典型的 I/UCRC 组织特征。第一，如 NSF 所规定的基本结构，其组织结构具有高度的规范的制度化特征。第二，在结构中，由企业代表组成的 IAB 委员会和 NSF 的评估员都直接参与到组织中，实现政产学合作在组织上实体化和具体化。第三，硅太阳能联合研究中心具有多个研究点，但是组织之间保持紧密，所有研究点具有相同的评估员和委员会，研究经费由中心统一分配，保证了组织的统一性和整体性。第四，中心组织中，企业代表组成的 IBA 委员会直接参与到重大决策中，决策制度化和民主化相结合，对于研究项目的现实可能性和转换成功率有积极的意义，决策上的民主，激发了企业参与中心研究项目选取、资金分配和成果转换的积极性和投入度，避免了企业的参与流于表面。第五，研究中心作为研究的实体单位，与大学的对应工程学院具有高度的关联性和密切性。

### （六）“服务机器人”创新平台

日本经济产业省新能源产业技术综合开发机构（NEDO）通过“机器人软件开发基础准备项目”，为 RT 中间件的研究开发建设了一个开放性创新平台。该创新平台实现了产学官领域分散知识的有效整合，在这种模式下，由首都大学、产业技术综合研究所、社团法人日本机器人工业会和松下电工合作共同研制成 RT 中间件。NEDO 不仅在经济产业省的支持下通过公开募集项目保证研发资金，还对平台进行事前、事中、事后的全过程管理，从而实现知识创造和应用推广。

1. 知识创造

一是创新平台的构建和运营。以 NEDO 为中心，由研制 RT 中间件的成员代表和千叶工业大学、早稻田大学、东京大学等大学的学者组成推进委员会，成为研发 RT 中间件参与者之间的交流场所。此外，NEDO 通过举办普及项目推广 RT 中间件技术在各个机构中的应用，并致力于推进 RT 中间件技术的标准化。二是共同研究。RT 中间件由日本机器人工业会、产业技术综合研究所和松下电工通过分工协作的方式共同研发而成的。其中：日本机器人工业会负责调查企业所需的机器人系统及其功能要求，并推进 RT 中间件的标准化工作；产业技术综合研究所负责 RT 中间件技术的研发和测试工作；松下电工负责利用 RT 中间件开发软件，并针对其日常生活应用进行测试。

2. 知识转移

知识转移包括开放 RT 中间件源代码和 RT 中间件的标准化两项主要工作。开放 RT 中间件源代码，即在 RT 中间件官网上以源代码的形式公开发布 RT 中间件的研究成果，并允许免费下载。此外，日本机器人工业会在研发期间还成立了标准化工作组，以推进 RT 中间件的标准化，促进 RT 中间件的应用推广。

3. 知识创业

基于 RT 中间件技术，日本国内机构开发出了多款机器人产品。在共同研发期间，松下电工为测试 RT 中间件的性能，利用 RT 中间件开发出了家庭服务机器人系统，从而成功地将移动机器人导入日常生活。NEDO 还实施了“2011 年度 RTM · ROS 相互连用项目”等多个项目，以促进 RT 中间件技术的海外市场推广。

4. 人才培育

一是为推广 RT 中间件的应用，以产业技术综合研究所为主在日本各地开展演讲会，供相关人才参与和学习。二是举办 RT 中间件技术比赛，供参赛人员了解 RT 中间件技术并提供实习机会。三是 NEDO 通过举办大量的学术交流活动推动人才的培育。

### （七）史太白

史太白是由德国技术转移先驱、巴登符腾堡州工业化推动者费迪南德·冯·史太白于 1868 年成立。史太白旨在促进科学与经济的结合，推动技术转移、实践落地、市场推广，其每年完成 5000 多个技术转移项目，主要集中在汽车、航空航天、能源和环境、机械制造等德国优势产业。①

史太白体系由经济促进基金会、技术转移公司及众多技术转移中心、咨询中心、研发中心、史太白大学及其他参股企业组成，形成了企业设立、教育培训、市场开拓、运营管理、技术咨询、资产管理、投资等的全产业链服务覆盖。其中：经济促进基金会作为史太白网络的中枢，为非营利性组织，主要职能为制定服务准则，指导和监督下属技术转移中心按照章程落实标准，但不干涉技术转移中心的具体工作；史太白技术转移有限公司对各专业技术转移中心负管理责任；各技术转移中心是史太白体系的基石，按照完全市场化原则自主经营、自负盈亏，在涉及经营、管理的具体事务中具有独立决策权。通过外松内紧的运营机制，一方面充分发挥各技术转移中心的积极性和自主性，另一方面又能实现基金会的宗旨和目标，最大限度地实现技术拥有者、史太白以及企业之间的多方共赢。

### （八）YOZMA 基金

YOZMA 基金诞生于 1992 年，由政府拨款 1 亿美元，由以色列风险投资之父 Yigal Erlich 负责组建，是以色列第一只政府创业引导基金。政府资金的示范和引导作用进一步推动了以色列的创业投资，以色列国

---

① 德国史太白技术转移中心介绍[EB/OL].（2019-04-04）[2020-05-06]. http://www.sohu.com/a/315459367_120057251.

内的风险投资机构也逐渐成立。自 YOZMA 基金开始，以色列的风险投资便一路高歌猛进至今。

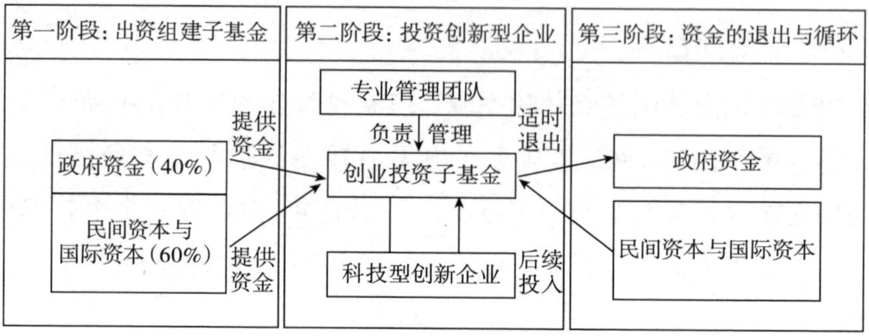


**图 2-2　YOZMA 基金运营模式**

资料来源：以色列的创新之剑——YOZMA 基金［EB/OL］.（2019-08-10）［2020-05-06］. https：//www. 51jishuzhuanyi. com/2231. html.

YOZMA 基金的设计具有以下特点：一是明确政府角色，避免政府失灵。政府资金及时进入，适时退出，提前做出退出安排，还利于民，政府不过多参与管理，仅起引导作用。二是明确投资方向，体现政策导向。YOZMA 基金对于所投资项目的行业领域与产业阶段制定了针对性的投资原则，要求将资金投资于创业早期阶段的创新企业，在目标企业的选择上，尤其强调选择市场潜力大、技术专用性强从而具有较强竞争力、不易被复制的企业。三是借助国际合作，拓展海外交流。YOZMA 基金自设立以来就积极运用政府的优惠政策吸引国外风险资本，学习借鉴海外机构的先进经验，弥补本国投资的不足，将合作伙伴的范围拓展到国际领域。四是强化引导示范，产生乘数效应。创业投资引导基金作为“母基金”，其本质作用是监管、引导和扶持，通过杠杆的放大效应，有效引导民间资本进入创业投资领域。

## （九）西门子

西门子始创于 1847 年，目前已经成为世界最大的电气公司之一。同时，西门子是全球最具创新能力的企业之一，在电气工程和电子工业领域领跑世界。西门子中央研究院作为西门子体系的创新核心，成立于

21世纪初，主要承担西门子的创新研究工作并且独立于其他业务部门。

1. 放权式管理制度

西门子中央研究院对每个研发中心实施放权管理，让一些核心技术研发可以自由经营、自负盈亏。研究项目负责人对于西门子中央研究院只需汇报预算结果和时间节点，具有完全自主决策权。这一体制机制的变革，既能及时响应企业业务部门的需求，同时加速研究成果市场化和社会化，又能够在企业化、市场化运作基础上保证经济效益最大化。

2. 内部协同创新

在西门子中央研究院、研发中心和业务部门三方的内部协同下，西门子最终创造了一种“创造未来”而非“预测未来”的“未来图景”创新体系。在具体职能上，西门子中央研究院着眼于研究规划管理，把握公司的发展方向，并且作为中间人协调研发中心与业务部门的合作；业务部门则事先拟定产品研发、生产、销售所需的核心技术、关键部件和系统支持等；之后，西门子中央研究院与业务部门共同完善双方发展规划。

| 第三章 |

# 我国混合经济协同创新发展实践

相比国际上发达国家的协同创新行动，我国起步较晚。综观世界上其他国家的协同创新，国家政策都起到了巨大鼓励和支持作用，调动了社会各界参与协同创新的积极性，加速了协同创新进程，提高了企业间资源整合的能力，形成了良好的创新氛围。我国的协同创新活动开始于20 世纪 80 年代，但真正蓬勃发展是党的十八大以来这段时期。在这段时期，中央及地方政府不断出台了各种鼓励协同创新的法律法规、政策，并取得了显著成效，为我国经济高质量发展创立了良好的创新环境，奠定了坚实的技术创新基础。

## 第一节　混合协同创新政策法规回顾[①]

### 一、党的十八大以前我国混合协同创新政策法规发展脉络

我国的混合协同创新政策最早可追溯到 1985 年国家出台的《中共中央关于科学技术体制改革的决定》，文件指出，要促进研究机构、设计机构、高等院校、企业之间的协作和联合。随后一直到 2006 年，协同创新一直处于探索阶段。这期间国家颁布了《中华人民共和国科学技术进步法》（1993）、《中共中央 国务院关于加速科学技术进步的决

① 本节所有法律法规、政策如无特殊说明均来自中国政府网（http://www.gov.cn/）。

定》（1995）、《中华人民共和国科技成果转化法》（1996）、《中共中央国务院关于加强技术创新发展高科技实现产业化的决定》（1999），不断强调协同创新的重要性，并鼓励“科研院所、高等学校的科技力量以多种形式进入企业或企业集团”。党的十五大报告中指出，“要深化科技和教育体制改革，促进科技、教育同经济的结合”，“有条件的科研机构和大专院校要以不同形式同企业合作，走产学研结合的道路”。这是协同创新活动第一次被写进党的全国代表大会工作报告。随后在党的十五届三中全会，协同创新得到进一步强调，但是直到 2006 年，都主要是在政策层面进行讨论。可以把这一时期称为协同创新的探索和准备阶段。2006 年，国务院颁布了《国家中长期科学和技术发展规划纲要（2006—2020 年）》（以下简称《纲要》），明确指出“要把建设以企业为主体、市场为导向、产学研相结合的技术创新体系作为全面推进国家创新体系建设的突破口”，并且为协同创新发展制定了时间表，这标志着协同创新真正进入全面实施阶段。

2006—2011 年，我国的协同创新基本上是按照《纲要》进度进行，但是从 2012 年党的十八大召开以来，国家对协同创新的推动呈现前所未有的高度。2012 年，国务院批转国家发展改革委《关于 2012 年深化经济体制改革重点工作意见的通知》（以下简称《通知》），《通知》第八部分第二十二条强调，要“完善科技资源优化配置和科技评价奖励机制，建立健全多元化的科技投融资体系”，并且要“加快建立以企业为主体的技术研发创新体制机制，推进产业共性技术平台建设体制改革”。据不完全统计，2012—2016 年，累计共出台了 35 项政策法规，包括一般性政策法规、人才培养、税收优惠、金融支持等多项具体措施。① 2016 年国家出台了《国家创新驱动发展战略纲要》，再次加快了协同创新步伐，协同创新呈现多部门参与、跨产业、跨地区等全方位推进的新特点和新趋势。

---

① 武学超，徐雅婷．我国政府推动产学研协同创新政策文本分析（2006—2016）——政策工具视角[J]．高教探索，2018(4)：11－18，44.

## 二、党的十八大以来促进混合协同创新法律法规梳理

在国家实施科技创新战略过程中，有两部法律和一部条例与混合协同创新直接相关并为其保驾护航：两部法律为《中华人民共和国专利法》《中华人民共和国促进科技成果转化法》，一部条例为《国家科学技术奖励条例》。

《中华人民共和国专利法》是“为了保护发明创造专利权，鼓励发明创造，有利于发明创造的推广应用，促进科学技术的发展，适应社会主义现代化的需要而制定的法律”。专利法是混合协同创高新的基本保障。到目前为止，该法已经进行了四次修正，现正在进行第五次修正。1992 年专利法进行了第一次修正，将申请人的国籍身份限制取消，由“外国人”变为“申请人”，这表明国家对技术创新活动由鼓励技术引进转为鼓励自主创新；2000 年专利法进行了第二次修正，修改内容涉及 36 条，增加 4 条，同时删减了 4 条，总条数依然是 69 条，包括明确了专利法为促进科技进步与创新服务的目的、强化专利保护力度与完善司法执法的功能、简化审批和维权程序、扩大开放、人才队伍建设等多个方面；2009 年第三次修正的专利法正式实施，修正修改了原有 25 条法条，增补 7 条法条，总法条数增加到 76 条，重点对专利法设立宗旨进行了调整，由第二次修正后的“为了保护发明创造专利权，鼓励发明创造，有利于发明创造的推广应用，促进科学技术进步和创新，适应社会主义现代化建设的需要，特制定本法”，改为“为了保护专利权人的合法权益，鼓励发明创造，推动发明创造的应用，提高创新能力，促进科学技术的进步和经济社会发展，制定本法”，同时对专利归属及相应的权利和义务、专利授权条件、外观设计、防止专利滥用、完善执法措施和深化审批程序等领域的细节问题进行了修正、补充和完善；2018 年进行了第四次修正并形成草案，此次修正内容主要体现在强化对知识产权的保护、促科技成果转

化和提高审查质量与效率等三个方面。

《中华人民共和国促进科技成果转化法》（以下简称《转化法》）是“为促进科技成果转化为现实生产力，规范科技成果转化活动，加速科学技术进步，推动经济建设和社会发展而制定的法律”。1996 年 5 月 15 日第八届全国人民代表大会常务委员会第十九次会议通过，1996 年 5 月 15 日中华人民共和国主席令第六十八号公布，自 1996 年 10 月 1 日起施行。《转化法》一共六章三十七条，内容涉及组织实施转化方案、保障措施、技术权益和相关法律责任。2015 年 8 月 29 日第十二届全国人民代表大会常务委员会第十六次会议作出了《关于修改〈中华人民共和国促进科技成果转化法〉的决定》，对《转化法》进行了修正，修正后《转化法》总计五十二条。原《转化法》第十二条内容“国家鼓励研究开发机构、高等院校等事业单位与生产企业相结合，联合实施科技成果转化；研究开发机构、高等院校等事业单位可以参与政府有关部门或者企业实施科技成果转化的招标投标活动”，修正后《转化法》将其改为“国家鼓励研究开发机构、高等院校与企业相结合，联合实施科技成果转化；研究开发机构、高等院校可以参与政府有关部门或者企业实施科技成果转化的招标投标活动”。同时新增“国家鼓励企业与研究开发机构、高等院校及其他组织采取联合建立研究开发平台、技术转移机构或者技术创新联盟等产学研合作方式，共同开展研究开发、成果应用与推广、标准研究与制定等活动；合作各方应当签订协议，依法约定合作的组织形式、任务分工、资金投入、知识产权归属、权益分配、风险分担和违约责任等事项”。

《国家科学技术奖励条例》（以下简称《条例》）于 1999 年 5 月 23 日中华人民共和国国务院令第 265 号发布。《条例》根据 2003 年 12 月 20 日《国务院关于修改〈国家科学技术奖励条例〉的决定》进行第一次修订，根据 2013 年 7 月 18 日《国务院关于废止和修改部分行政法规的决定》进行第二次修订。《条例》分总则、国家科学技术奖的设置、国家科学技术奖的评审和授予、罚则、附则，共5章25条。《条例》第二次修订并发布后，1993年6月28日国务院修订发布的《中华人民共和国自然科学奖励条例》《中华人民共和国发明奖励条例》和《中华人民共和国科学技术进步奖励条例》同时废止。第一次修改增加了关于特等奖的规定，第二次修改删除了社会力量设奖登记许可的相关条款。2017年，经国家科技体制改革和创新体系建设领导小组会议、中央全面深化改革领导小组会议审议通过，出台了《深化科技体制改革方案》（以下简称《方案》），为科技奖励改革指明了方向。《方案》要求，由科技部、国务院法制办负责修订《条例》，由科技部负责修改完善《条例》实施细则，从法规制度层面贯彻落实科技奖励制度改革精神，在维持《条例》原有章节结构的基础上，对条文内容进行了修改和调整，修订后的条文共计5章31条，其中保留4条，修改21条，新增6条，修订内容涉及完善科技奖励制度体系、提高奖励工作质量、完善推荐评审制度、强化监督惩戒机制等方面，明确了以《科学技术进步法》和《国家勋章和国家荣誉称号法》作为《条例》的上位法依据，增加了与国家功勋荣誉表彰奖励制度相衔接的规定。

## 三、党的十八大以来促进混合协同创新的相关政策

党的十八大以来，国家加大了对协同创新的支持与推动力度，先后发布了多项政策和具体举措，包括总体协同创新政策、产业协同创新政策、地方协同创新政策、区域协同创新政策、协同创新平台政策、大众协同创新政策、国有企业混合所有制改革政策等。

### （一）总体协同创新政策

可以将2015年中共中央、国务院印发的《国家创新驱动发展战略纲要》作为时间点，把党的十八大以来针对混合协同创新活动的总体政策分为两个阶段。

2012—2015 年，混合协同创新发展主要以《国家中长期科学和技术发展规划纲要（2006—2020 年）》为主线，先后发布了四项基本政策：《国务院关于印发国家重大科技基础设施建设中长期规划（2012—2030 年）》、《国务院办公厅关于强化企业技术创新主体地位全面提升企业创新能力的意见》（2013）、《国务院关于印发“十二五”国家自主创新能力建设规划的通知》（2013）、《国务院办公厅转发科技部关于加快建立国家科技报告制度指导意见的通知》（2014）。这期间的混合协同创新依然处在鼓励和摸索阶段，政策的针对性和协调性都存在很大不足，2015 年《关于深化体制机制改革加快实施创新驱动发展战略的若干意见》的发布标志着混合协同创新大发展时代即将来临。

2015 年 3 月 13 日，中共中央、国务院发布了《关于深化体制机制改革加快实施创新驱动发展战略的若干意见》（以下简称《意见》）。《意见》从制度保障、营造环境、激励创新、纳入指标、先行先试等五方面对知识产权工作进行全面、有重点的部署，体现了知识产权对创新驱动发展的重要支撑作用，其中纳入指标和先试先行两方面体现了国家对混合协同创新发展的大力支持与高度重视。在纳入指标方面，《意见》明确，完善创新驱动导向评价体系，改进和完善国内生产总值核算方法，体现创新的经济价值，研究建立科技创新、知识产权与产业发展相结合的创新驱动发展评价指标，并纳入国民经济和社会发展规划。在先行先试方面，《意见》指出，遵循创新区域高度集聚的规律，在有条件的省（自治区、直辖市）系统推进全面创新改革试验，授权开展知识产权、科研院所等改革试验，努力在重要领域和关键环节取得新突破。2016 年 5 月，根据《意见》，中共中央、国务院印发《国家创新驱动发展战略纲要》（以下简称《纲要》），《纲要》明确了混合协同创新的战略目标、战略部署、战略任务和战略保障。至今，混合协同创新的相关政策都紧紧围绕《纲要》对一系列具体的体制机制问题进行完善，这些政策包括《国务院关于印发“十三五”国家科技创新规划的通知》(2016)、《国务院关于印发北京加强全国科技创新中心建设总体方案的通知》(2016)、《国务院办公厅关于进一步支持企业技术创新的通知》(2016)、《国务院办公厅关于创新管理优化服务培育壮大经济发展新动能加快新旧动能接续转换的意见》(2017)、《国务院办公厅印发关于深化科技奖励制度改革方案的通知》(2017)、《国务院办公厅关于推广支持创新相关改革举措的通知》(2017)、《关于加强知识产权审判领域改革创新若干问题的意见》(2018)、《关于提高技术工人待遇的意见》(2018)。

### （二）产业协同创新政策

党的十八大以来，国家不仅注重整体上推动协同创新，鼓励各行各业进行积极的协同创新活动，还注重具体产业的协同创新发展问题。

（1）对重点领域投融资机制进行协同创新，鼓励民间资本参与投资。为推进经济结构战略性调整，加强薄弱环节建设，促进经济持续健康发展，迫切需要在公共服务、资源环境、生态建设、基础设施等重点领域进一步创新投融资机制，充分发挥社会资本特别是民间资本的积极作用，国务院发布了《关于创新重点领域投融资机制鼓励社会投资的指导意见》(2014)，给出生态环保等九个领域加大投融资机制创新的意见，并强调了政府引导和金融支持的作用。

（2）鼓励科技服务业通过协同创新机制加快自身发展，利用云计算技术培育信息产业新业态。2014 年，国务院首先发布了《国务院关于加快科技服务业发展的若干意见》，次年又发布了《国务院关于促进云计算创新发展培育信息产业新业态的意见》，为整个信息产业构造协同创新机制提供了政策保障。

（3）推动国防科技工业协同创新。为推动国防科技工业军民融合深度发展，国务院发布了《关于推动国防科技工业军民融合深度发展的意见》(2017)，在进一步扩大国防科技工业开放程度、加强军民资源共享和协同创新、促进军民技术相互支撑和有效转化、支持重点领域建设、推动军工服务国民经济发展、推动武器装备动员和核应急安全建设、法规体系等八个方面给出了具体意见。

（4）利用协同创新推动“三农”发展。具体举措包括利用协同创新机制促进农村基础设施投融资体制机制创新、扎实推进农村扶贫开发、加快农业现代化建设、加强农业科技成果转化、推进绿色农业发展等；具体政策主要有《国务院办公厅关于创新农村基础设施投融资体制机制的指导意见》（2012）、《国务院办公厅关于创新机制扎实推进农村扶贫开发工作的意见》（2014）、《中共中央 国务院关于加大改革创新力度加快农业现代化建设的若干意见》（2015）、《国务院关于依靠科技进步振兴农业加强农业科技成果推广工作的决定》（2017）、《关于创新体制机制推进农业绿色发展的意见》（2017）。

### （三）地方协同创新政策

对于各省市地方协同创新发展，国家也出台了相应政策。2015 年，中共中央办公厅、国务院办公厅印发《关于在部分区域系统推进全面创新改革试验的总体方案》（以下简称《方案》）。《方案》设定了总体目标：“力争通过 3 年努力，改革试验区域基本构建推进全面创新改革的长效机制，在市场公平竞争、知识产权、科技成果转化、金融创新、人才培养和激励、开放创新、科技管理体制等方面取得一批重大改革突破，每年向全国范围复制推广一批改革举措和重大政策，形成若干具有示范、带动作用的区域性改革创新平台，创新环境更加优化。”《方案》还提出了具体任务：“一些区域在率先实现创新驱动发展转型方面迈出实质性步伐，科技投入水平进一步提高，知识产权质量和效益显著提升，科技成果转化明显加快，创新能力大幅增强，产业发展总体迈向中高端，知识产权密集型产业在国民经济中的比重大幅提升，形成一批具有国际影响力、拥有知识产权的创新型企业和产业集群，培育新的增长点，发展新的增长极，形成新的增长带，经济增长更多依靠人力资本质量和科技进步，劳动生产率和资源配置效率大幅提高，发展方式逐步从规模速度型粗放增长向质量效率型集约增长转变，引领、示范和带动全国加快实现创新驱动发展，形成经济社会可持续发展新动力。”改革试验重点围绕推进落实《中共中央 国务院关于深化体制机制改革加快实施创新驱动发展战略的若干意见》和《中共中央 国务院关于深化科技体制改革加快国家创新体系建设的意见》有关部署，统筹产业链、创新链、资金链和政策链，充分授权部门和地方，从三个层面提出改革试验任务：一是已明确了具体方向、需要落地的改革举措；二是已明确了基本方向、全面推开有较大风险、需要由中央授权地方开展先行先试的改革举措；三是正在探索并取得一定经验、需要局部试验和推广的相关改革举措，以及地方在事权范围内自主提出、对其他区域有借鉴意义的相关改革举措。

### （四）区域协同创新政策

区域协同创新能够有效利用各区域优势，相互协同，弥补各自的短板，形成“1 +1 >2”的协同效用，这是国家推进协同创新举措的重要内容。“十一五”期间，国家实施了自主创新的基础能力建设，“十二五”时期，《国务院关于印发“十二五”国家自主创新能力建设规划的通知》（2013）提出了加强自主创新能力的新目标，其中在区域层面要实现区域创新能力布局不断优化，初步形成东中西部分工协作、功能互补、多层次合作的区域创新体系。2018 年，中共中央、国务院印发了《关于建立更加有效的区域协调发展新机制的意见》，再次强调了区域协同创新的重要作用，并给出了新时期加强区域协同创新的具体举措。目前已经形成了长三角、珠三角、京津冀、粤港澳大湾区等多个区域协同创新平台。

#### 1. 长三角、珠三角

长三角与珠三角都是国家级经济开发区，党十八大以来，国家对这两个区域内协同创新给出了明确的意见。2016 年国务院印发了《关于深化泛珠三角区域合作的指导意见》（以下简称《意见》），设定泛珠三角区域，包括福建、江西、湖南、广东、广西、海南、四川、贵州、云南等九省区和香港、澳门两个特别行政区。《意见》围绕深化泛珠三角区域合作，提出了八项重点任务和三项保障措施。2019 年，中共中央、国务院印发《长江三角洲区域一体化发展规划纲要》（以下简称《纲要》），《纲要》提出以混合协同创新为主要手段，到 2025 年，实现长三角一体化发展实质性进展，包括跨界区域、城市乡村等区域板块一体化发展达到较高水平，在科创产业、基础设施、生态环境、公共服务等领域基本实现一体化发展，全面建立一体化发展的体制机制。

2. 京津冀

2015 年，中共中央办公厅、国务院办公厅印发《关于在部分区域系统推进全面创新改革试验的总体方案》，随后，国务院批复了多个地区全面创新改革实验方案，其中包括京津冀。2016 年，国务院发布了《关于京津冀系统推进全面创新改革试验方案的批复》（2016），要求："全面贯彻党的十八大和十八届三中、四中、五中全会以及全国科技创新大会精神，按照'五位一体'总体布局和'四个全面'战略布局，牢固树立创新、协调、绿色、开放、共享的新发展理念，落实党中央、国务院决策部署"，"围绕促进京津冀协同发展，以促进创新资源合理配置、开放共享、高效利用为主线，以深化科技体制改革为动力，充分发挥北京全国科技创新中心的辐射带动作用，依托中关村国家自主创新示范区、北京市服务业扩大开放综合试点、天津国家自主创新示范区、中国（天津）自由贸易试验区和石（家庄）保（定）廊（坊）地区的国家级高新技术产业开发区及国家级经济技术开发区发展基础和政策先行先试经验，进一步促进京津冀三地创新链、产业链、资金链、政策链深度融合，建立健全区域创新体系，推动形成京津冀协同创新共同体，打造中国经济发展新的支撑带"。

3. 粤港澳大湾区

2019 年 2 月，中共中央、国务院印发了《粤港澳大湾区发展规划纲要》（以下简称《纲要》），为粤港澳大湾区协同创新发展提供了制度保障。《纲要》指出，打造粤港澳大湾区，具有重要意义："有利于丰富'一国两制'实践内涵，进一步密切内地与港澳交流合作，为港澳经济社会发展以及港澳同胞到内地发展提供更多机会，保持港澳长期繁荣稳定；有利于贯彻落实新发展理念，深入推进供给侧结构性改革，加快培育发展新动能、实现创新驱动发展，为我国经济创新力和竞争力不断增强提供支撑；有利于进一步深化改革、扩大开放，建立与国际接轨的开放型经济新体制，建设高水平参与国际经济合作新平台；有利于推进'一带一路'建设，通过区域双向开放，构筑丝绸之路经济带和21世纪海上丝绸之路对接融汇的重要支撑区。"

## （五）协同创新平台建设

为了促进科技创新，加快经济发展，党的十八大以来，国家先后建立了四类协同创新平台：自贸区、可持续发展议程创新示范区、国家级新区和国家级经济技术开发区。与此同时，国家还不断强化已设立和新设立的经济技术开发区的协同创新作用。

### 1. 自贸区

经国务院批准，上海市率先进行了自由贸易区试验，以简政放权、放管结合的制度创新为核心，加快政府职能转变，探索体制机制创新，在建立以负面清单管理为核心的外商投资管理制度、以贸易便利化为重点的贸易监管制度、以资本项目可兑换和金融服务业开放为目标的金融创新制度、以政府职能转变为核心的事中事后监管制度等方面，形成了一批可复制、可推广的改革创新成果。2014 年，国务院发布了《关于推广中国（上海）自由贸易试验区可复制改革试点经验的通知》，决定在全国范围推广上海试点经验。2015 年，国务院发布了《关于加快实施自由贸易区战略的若干意见》，为全国范围建立自贸区提供了具体政策建议。

### 2. 可持续发展议程创新示范区

为贯彻落实全国科技创新大会精神和《国家创新驱动发展战略纲

要》，推动落实联合国2030年可持续发展议程，充分发挥科技创新对可持续发展的支撑引领作用，国务院于2016年印发了《中国落实2030年可持续发展议程创新示范区建设方案的通知》（以下简称《通知》）。《通知》给出了四条基本原则，其中第三条基本原则突出强调了协同创新，即“健全完善政府、科研机构和大学、企业、社会等各方共同参与的体制机制，加大对社会事业领域科技创新的多元投入力度，为可持续发展创新示范营造良好环境”。此后，国家在多个地区建立起了可持续发展议程创新示范区。2018年，深圳市、太原市、桂林市可持续发展议程创新示范区落成；2019年郴州市、临沧市、承德市可持续发展议程创新示范区落成。

3. 国家级新区

国家级新区是由国务院批准设立，承担国家重大发展和改革开放战略任务的综合功能区。国家于20世纪90年代初期设立的一种新开发开放与改革的大城市区，截至2019年，全国累计设立国家级新区19个，其中，党的十八大以来设立的国家级新区达15个。2020年，国务院办公厅《关于支持国家级新区深化改革创新加快推动高质量发展的指导意见》（以下简称《意见》）。《意见》提出五个方面的举措，第一项举措就是要推进技术创新。《意见》强调要“着力提升关键领域科技创新能力；打造若干竞争力强的创新平台，瞄准国际前沿技术强化攻关；完善创新激励和成果保护机制，打造一批拥有知名品牌和核心知识产权的优势企业；积极吸纳和集聚创新要素”。

4. 国家级经济技术开发区

1984—1986年，经过国务院批准，首先设立了14个国家级经开区。商务部官网显示，截至2019年5月，全国共有国家级经济技术开发区219家。2020年1月17日，商务部发布2019年国家级经开区综合发展水平考核评价情况，排名末位的酒泉经济技术开发区成为唯一一家被予以退出国家级经开区序列的单位。因此，目前全国国家级经济技术开发区总计有218家。[①]

国家级经济技术开发区是中国对外开放地区的重要组成部分，它们大都位于各省、自治区、直辖市的省会等中心城市，在沿海开放城市和其他开放城市划定小块的区域，集中力量建设完善的基础设施，创建符合国际水准的投资环境，通过吸收利用外资，形成以高新技术产业为主的现代工业结构，成为所在城市及周围地区发展对外经济贸易的重点区域。国家级经济技术开发区有利于促进区域经济协调发展，有利于国有经济结构的进一步优化，进一步提高吸收外商投资的质量，引进更多的先进技术。[②] 为加快国家级经济开发区的发展，更好地发挥经济开发区的功能，国务院办公厅于2014年发布了《关于促进国家级经济技术开发区转型升级创新发展的若干意见》，2016年，国务院办公厅又发布了《关于完善国家级经济技术开发区考核制度促进创新驱动发展的指导意见》，2019年，国务院印发了《关于推进国家级经济技术开发区创新提升打造改革开放新高地的意见》。

### （六）大众协同创新政策

“为加快实施创新驱动发展战略，适应和引领经济发展新常态，顺应网络时代大众创业、万众创新的新趋势，加快发展众创空间等新型创业服务平台，营造良好的创新创业生态环境，激发亿万群众创造活力，打造经济发展新引擎”，国务院发布了《关于大力推进大众创业万众创新若干政策措施的意见》（2015），从实现创业便利化、强化创业扶持、实现便捷融资、支持创业起步成长、构建创业生态、增强支撑作用、发展创新型创业、实现创业带动就业、完善协同机制等九个方面提出了具体举措。此后，国务院办公厅先后两次发布了《关于建设大众创业万众创新示范基地的实施意见》（2016年、2018年），旨在为创新创业资源提供更为高效的服务。2016年，国务院办公厅发布了《关于支持返

---

①② 国家级经济技术开发区，百度百科。

乡下乡人员创业创新促进农村一二三产业融合发展的意见》，旨在“鼓励农民工、中高等院校毕业生、退役士兵和科技人员等返乡下乡人员到农村创业创新”。同年，根据国家创新驱动发展纲要，国务院发布了《关于强化实施创新驱动发展战略进一步推进大众创业万众创新深入发展的意见》，旨在进一步系统性优化创新创业生态环境，强化政策供给，突破发展瓶颈，充分释放全社会创新创业潜能，在更大范围、更高层次、更深程度推进大众创业、万众创新。2017 年，国务院办公厅《关于县域创新驱动发展的若干意见》，旨在以建设创新型县（市）和创新型乡镇为抓手，深入推动大众创业、万众创新，整合优化县域创新创业资源，构建多层次、多元化县域创新创业格局，推动形成县域创新创业新热潮，以创业带动就业，培育新动能、发展新经济，促进实现县域创新驱动发展。2018 年，国务院发布了《关于推动创新创业高质量发展打造“双创”升级版的意见》，旨在深入实施创新驱动发展战略，进一步激发市场活力和社会创造力，推动创新创业高质量发展、打造“双创”升级版。

### （七）国有企业混合所有制改革政策

技术创新与体制机制创新是国家创新驱动战略的“两个轮子”，混合所有制改革本质上属于体制机制创新。国有企业经过不断改革，适应市场能力不断加强，企业经济效益和社会效益不断好转，但国有企业仍然存在一些亟待解决的突出矛盾和问题，而这些问题的根源在于国有企业发展受到体制机制的严重束缚。为进一步切实破除国有企业发展的体制机制障碍，2015 年，中共中央、国务院发布了《关于深化国有企业改革的指导意见》，为国有企业混合所有制改革提供了政策导向。根据上述《文件》，国务院同年又发布了《关于国有企业发展混合所有制经济的意见》（2015），提出了分类分层推进混合所有制改革、鼓励各类资本参与国有企业混合所有制改革、建立健全混合所有制企业治理机制、建立依法合规的操作规则、营造国有企业混合所有制改革的良好环境和组织措施等多项举措。通过混合所有制改革，充分发挥各类资本主体的能动作用，提升了“混改”企业的创新能力，不仅实现了聚焦主业、健全激励约束机制和公司治理结构的企业发展目的，同时也实现了传统产业转型升级。

## 第二节　混合协同创新主体发育状况及其生态

### 一、混合协同创新合作企业基本状况①

#### （一）混合协同创新发展总体状况

根据《全国企业创新调查年鉴 2019》，2018 年，全国参与合作创新企业总计 142003 个，占全社会企业总数量的 18.8%。按照企业规模标准划分，在全部参与合作创新的企业中，大型企业参与合作创新数量占同规模企业比例最高，达到 49%。大、中、小、微型企业参与合作创新数量占同类型企业比例呈依次降低状态，表明大型企业参与合作创新的能动性更高，愿望更为强烈。按照行业划分，制造业参与合作创新总量最高，达到 101209 个，占同行业比重达 28.7%，其次是批发零售业。信息传输、软件和信息技术服务业、科学研究和技术服务业虽然总量较低，但是参与合作创新企业数量占同行业企业数量比重却很高，特别是信息传输、软件和信息技术服务业，占比达到了 39.4%（见表 3－1）。

① 本部分数据来源：国家统计局社会科技和文化产业统计司．全国企业创新调查年鉴 2019［M］．北京：中国统计出版社，2019．本部分所指企业均为规模以上企业，即规模以上工业企业包括年主营业务收入 2000 万元及以上的工业企业法人；限额以上批发和零售业企业包括年主营业务收入 2000 万元及以上的批发业、年主营业务收入 500 万元及以上的零售业企业法人；规模以上服务业企业包括年营业收入 1000 万元及以上，或年末从业人员 50 人及以上的重点服务业企业法人；高技术产业仅包含高技术制造业。国民经济行业分类采用 GB/T 4754—2017 标准。根据《全国企业创新调查年鉴 2019》附录 1 的说明，规模以上企业调查样本容量为 75.5 万个。

表3-1　按规模和行业划分全国开展创新合作企业基本情况

| 项　　目 | 开展创新合作的企业数/个 | 创新合作企业占全部企业的比重/% |
|---|---|---|
| 总　计 | 142003 | 18.8 |
| 一、按规模分 | | |
| 大型企业 | 10396 | 49.0 |
| 中型企业 | 31655 | 23.6 |
| 小型企业 | 86490 | 18.6 |
| 微型企业 | 13462 | 10.1 |
| …… | | |
| 三、按行业分 | | |
| 采矿业 | 1046 | 10.2 |
| 制造业 | 101209 | 28.7 |
| 电力、热力、燃气及水生产和供应业 | 1401 | 11.8 |
| 建筑业 | 5163 | 10.9 |
| 批发和零售业 | 13964 | 6.6 |
| 交通运输、仓储和邮政业 | 2477 | 6.0 |
| 信息传输、软件和信息技术服务业 | 8324 | 39.4 |
| 租赁和商务服务业 | 2887 | 8.6 |
| 科学研究和技术服务业 | 4834 | 23.9 |
| 水利、环境和公共设施管理业 | 698 | 11.7 |

## （二）以产学研为主要创新方式的协同创新情况

产学研是协同创新的典型方式，在国家政策的鼓励和指导下，越来越多的企业开始通过产学研的方式进行自主创新。根据《全国企业创新调查年鉴2019》，2018年，全国进行产学研创新的企业数量达到52465个，占创新合作企业36.9%（见表3-2）。

从数量上看：中小型企业实施产学研最多，分别为12226个和29966个，但从占同规模创新合作企业比例上看，依然是大型企业占比较高，占比为55.5%，中小微型企业占同规模创新合作企业比例基本一致。

从行业上看：制造业进行产学研创新活动极为活跃，企业总数为

39801个，占同行业创新合作企业数量比达39.3%；除批发零售业、交通运输、仓储和邮政业、租赁和商务服务业外，其余产业参与产学研创新能力的占比也较为突出，其中采矿业、科学研究及技术服务业产学研占比均超过50%。

**表3－2　按规模和行业划分产学研企业在参与合作企业中占比情况**

| 项　目 | 开展产学研合作的企业数/个 | 在创新合作企业中产学研合作企业占比/% |
|---|---|---|
| 总　计 | 52465 | 36.9 |
| 一、按规模分 | | |
| 大型企业 | 5774 | 55.5 |
| 中型企业 | 12226 | 38.6 |
| 小型企业 | 29966 | 34.6 |
| 微型企业 | 4499 | 33.4 |
| …… | | |
| 三、按行业分 | | |
| 采矿业 | 539 | 51.5 |
| 制造业 | 39801 | 39.3 |
| 电力、热力、燃气及水生产和供应业 | 573 | 40.9 |
| 建筑业 | 2250 | 43.6 |
| 批发和零售业 | 2521 | 18.1 |
| 交通运输、仓储和邮政业 | 410 | 16.6 |
| 信息传输、软件和信息技术服务业 | 2940 | 35.3 |
| 租赁和商务服务业 | 650 | 22.5 |
| 科学研究和技术服务业 | 2527 | 52.3 |
| 水利、环境和公共设施管理业 | 254 | 36.4 |

从总量上看：以共同完成方式为实施产学研创新主要方式的企业占比为66.8%；聘用高等学校或研究机构人员到企业兼职的企业占比为31.2%；在企业建立研究机构的企业占比为26.3%；在高等学校或研究机构设立研发机构的企业占比为10.4%。表3－3中各种比重相加大于1，表明对于某一具体合作创新企业有多于一种产学研合作方式。无

论从规模上看还是从行业分布上看，均与总量分布具有高度一致性。需要指出的是采取其他形式进行产学研创新的企业所占的比重较大，表明企业的产学研合作创新方式灵活多样，并且在不同行业内部均占有较高比重，特别是在批发和零售业、交通运输、仓储和邮政业、租赁和商务服务业灵活的产学研合作方式更为突出。

**表3－3　以不同合作形式为主的产学研合作企业占比情况**

| 项　目 | 在产学研合作企业中，以下列为主要合作形式的企业占比/% | | | | |
|---|---|---|---|---|---|
| | 共同完成科研项目 | 在企业建立研发机构 | 在高等学校或研究机构中设立研发机构 | 聘用高等学校或研究机构人员到企业兼职 | 其他形式 |
| 总　计 | 66.8 | 26.3 | 10.4 | 31.2 | 28.0 |
| 一、按规模分 | | | | | |
| 大型企业 | 81.7 | 29.5 | 10.2 | 27.6 | 23.6 |
| 中型企业 | 70.5 | 26.8 | 10.0 | 30.4 | 26.5 |
| 小型企业 | 63.2 | 25.8 | 10.5 | 32.0 | 29.0 |
| 微型企业 | 61.0 | 24.9 | 11.4 | 32.1 | 31.0 |
| …… | | | | | |
| 三、按行业分 | | | | | |
| 采矿业 | 77.0 | 21.7 | 8.0 | 19.5 | 26.3 |
| 制造业 | 66.3 | 26.1 | 9.6 | 30.8 | 26.6 |
| 电力、热力、燃气及水生产和供应业 | 75.4 | 19.9 | 8.6 | 13.3 | 26.4 |
| 建筑业 | 73.2 | 31.2 | 12.0 | 32.7 | 31.1 |
| 批发和零售业 | 58.5 | 29.5 | 19.2 | 34.4 | 37.3 |
| 交通运输、仓储和邮政业 | 63.2 | 29.3 | 20.5 | 23.9 | 38.3 |
| 信息传输、软件和信息技术服务业 | 66.5 | 23.3 | 12.0 | 36.3 | 31.4 |
| 租赁和商务服务业 | 57.7 | 26.8 | 12.9 | 36.3 | 40.5 |
| 科学研究和技术服务业 | 75.3 | 27.6 | 10.2 | 32.6 | 29.0 |
| 水利、环境和公共设施管理业 | 65.7 | 29.9 | 12.6 | 31.1 | 30.7 |

## 二、协同创新主体合作情况

从总量上看：创新合作企业与客户合作完成创新最多，占比达43.4%；其次是与供应商合作，占比为37.3%；位居第三的是与高等学校合作，占比为30.1%；位居第四的是与集团内部企业合作，占比为28.6%。相比之下，与研究机构、中介服务机构、金融机构合作占比较小。这也反映出我国一些产学研主体参与协同创新积极性欠缺和参与过程脱节问题。表3－4中各种比重相加大于1，表明对于某一具体合作创新企业有多于一个合作伙伴参与。

从规模上看：大型企业更加注重与内部企业、高等学校、研究机构、供应商、客户的协同创新；中型企业更加注重与客户、内部企业、高等院校、供应商、行业协会的协同创新；小型和微型企业则更加注重与注重客户、供应商、高等学校、内部企业、行业协会的协同创新。不难看出，中小微型企业更加注重满足市场需求的协同创新活动，大型企业则更倾向于从事长期和基础性协同创新活动。

从行业上看：各行业合作创新企业，均与内部企业、供应商和客户合作较多；除批发和零售业、交通运输、仓储和邮政业、租赁和商务服务业以外的其他行业与高等学校合作较多；信息传输、软件和信息技术服务业、租赁和商务服务业、科学研究和技术服务业、水利、环境和公共设施管理业与政府部门合作较多；除采矿业、制造业、电力、热力、燃气及水生产和供应以外的其他行业与行业协会合作较多；批发和零售业、信息传输、软件和信息技术服务业、租赁和商务服务业与竞争对手或同行业企业合作较多；租赁和商务服务业、水利、环境和公共设施管理业与市场咨询机构较多；风险投资机构与各行业企业合作均较少。

**表3-4　按规模和行业划分与合作伙伴合作的企业占比情况**

| 项　目 | 在创新合作企业中，与下列伙伴开展合作的企业占比/% | | | | | | | | | | |
|---|---|---|---|---|---|---|---|---|---|---|---|
| | 集团内其他企业 | 高等学校 | 研究机构 | 政府部门 | 行业协会 | 供应商 | 客户 | 竞争对手或同行业企业 | 市场咨询机构 | 风险投资机构 | 其他合作对象 |
| 总　计 | 28.6 | 30.0 | 17.6 | 10.9 | 20.2 | 37.3 | 43.4 | 15.9 | 12.1 | 1.0 | 16.9 |
| 一、按规模分 | | | | | | | | | | | |
| 大型企业 | 58.3 | 47.9 | 31.8 | 13.6 | 20.7 | 35.2 | 30.5 | 12.9 | 13.5 | 0.8 | 11.9 |
| 中型企业 | 38.3 | 31.9 | 18.7 | 11.4 | 20.0 | 36.0 | 39.3 | 15.0 | 13.1 | 1.0 | 15.6 |
| 小型企业 | 22.5 | 27.7 | 15.7 | 10.2 | 20.1 | 38.3 | 46.3 | 16.5 | 11.9 | 1.0 | 17.6 |
| 微型企业 | 22.1 | 26.1 | 16.3 | 12.3 | 20.4 | 35.6 | 44.3 | 16.1 | 10.3 | 1.2 | 19.3 |
| …… | | | | | | | | | | | |
| 三、按行业分 | | | | | | | | | | | |
| 采矿业 | 36.0 | 38.7 | 34.5 | 11.6 | 15.9 | 36.3 | 17.9 | 9.8 | 7.6 | 1.6 | 15.5 |
| 制造业 | 25.4 | 31.5 | 18.6 | 8.6 | 18.9 | 38.9 | 44.9 | 14.6 | 11.1 | 0.6 | 14.4 |
| 电力、热力、燃气及水生产和供应业 | 49.8 | 28.2 | 26.5 | 11.7 | 12.7 | 47.5 | 9.1 | 8.1 | 9.1 | 0.5 | 14.4 |
| 建筑业 | 38.4 | 38.0 | 20.4 | 16.9 | 33.2 | 39.9 | 24.5 | 16.9 | 14.7 | 0.9 | 21.3 |
| 批发和零售业 | 32.0 | 14.4 | 9.1 | 12.0 | 20.5 | 37.3 | 49.0 | 20.5 | 15.0 | 1.8 | 26.4 |
| 交通运输、仓储和邮政业 | 38.8 | 13.0 | 8.6 | 16.5 | 21.8 | 34.0 | 35.5 | 17.4 | 13.0 | 2.0 | 26.6 |
| 信息传输、软件和信息技术服务业 | 38.3 | 30.9 | 13.9 | 21.0 | 20.5 | 26.2 | 45.6 | 22.2 | 13.7 | 2.6 | 21.9 |
| 租赁和商务服务业 | 38.1 | 19.1 | 10.7 | 21.2 | 27.0 | 25.9 | 43.6 | 20.8 | 20.7 | 2.8 | 27.0 |
| 科学研究和技术服务业 | 39.5 | 45.4 | 27.4 | 21.1 | 27.7 | 26.7 | 33.2 | 16.7 | 15.1 | 1.8 | 16.9 |
| 水利、环境和公共设施管理业 | 34.4 | 30.2 | 19.5 | 25.2 | 23.9 | 28.7 | 30.5 | 13.5 | 19.2 | 1.3 | 23.9 |

## 三、各类合作单位参与企业协同创新产生价值情况

从总量上看：进行合作创新的企业产生的价值更多地依赖于市场。合作创新企业中有39.9%与客户合作产生更大价值，31.5%与供应商

合作产生更大价值，24.3%与高等学校合作产生更大价值，23.5%与内部企业合作产生更大价值。表3－5中各种比重相加大于1，表明对于某一具体合作创新企业有多于一个合作伙伴产生较大价值。

从规模上看：合作单位对合作创新企业的价值创造影响随着规模的增加对市场的依赖逐渐降低，而长期和基础研发逐渐加强。其中需要特别注意的是与风险投资机构合作产生价值非常小，这表明尽管风险投资机构参与的投资企业数量较多，但所投金额较小，难以产生较大预期效果。

从行业上看：集团内企业和供应商对各行业合作创新企业作用普遍较大；高等学校对除批发零售业、交通运输、仓储和邮政业、租赁和商务服务业以外其他行业作用较大；研究机构对采矿业、电力、热力、燃气及水生产和供应业、科学研究和技术服务业的作用较大；政府部门对水利、环境和公共设施管理业的作用较大；行业协会对建筑业、租赁和商务服务业、科学研究和技术服务业、水利、环境和公共设施管理业的作用较大；客户对除电力、热力、燃气及水生产和供应业以外的其他行业作用较大；其他部门对各行业企业合作创新的作用相对较小。

**表3－5　合作单位在创新中产生较大价值的企业占比情况**

| 项　目 | 在创新合作企业中，下列合作伙伴对企业创新有较大价值的企业占比/% | | | | | | | | | | |
|---|---|---|---|---|---|---|---|---|---|---|---|
| | 集团内其他企业 | 高等学校 | 研究机构 | 政府部门 | 行业协会 | 供应商 | 客户 | 竞争对手或同行业企业 | 市场咨询机构 | 风险投资机构 | 其他合作对象 |
| 总　计 | 23.5 | 24.3 | 13.9 | 8.5 | 15.7 | 31.5 | 39.9 | 12.9 | 9.1 | 0.4 | 12.2 |
| 一、按规模分 | | | | | | | | | | | |
| 大型企业 | 47.1 | 38.1 | 24.7 | 9.6 | 14.0 | 27.6 | 27.0 | 9.5 | 9.5 | 0.3 | 7.6 |
| 中型企业 | 31.8 | 25.7 | 14.8 | 8.8 | 15.4 | 30.2 | 36.2 | 12.1 | 10.0 | 0.5 | 11.2 |
| 小型企业 | 18.5 | 22.6 | 12.4 | 8.0 | 15.9 | 32.7 | 42.7 | 13.5 | 9.0 | 0.4 | 12.8 |
| 微型企业 | 17.9 | 20.8 | 12.6 | 9.5 | 16.6 | 30.2 | 40.2 | 13.0 | 7.7 | 0.6 | 14.5 |
| …… | | | | | | | | | | | |

续表

| 项　　目 | 在创新合作企业中，下列合作伙伴对企业创新有较大价值的企业占比/% | | | | | | | | | | |
|---|---|---|---|---|---|---|---|---|---|---|---|
| | 集团内其他企业 | 高等学校 | 研究机构 | 政府部门 | 行业协会 | 供应商 | 客户 | 竞争对手或同行业企业 | 市场咨询机构 | 风险投资机构 | 其他合作对象 |
| 三、按行业分 | | | | | | | | | | | |
| 采矿业 | 27.7 | 33.1 | 29.5 | 9.3 | 12.4 | 29.2 | 15.5 | 7.7 | 5.5 | 1.2 | 11.5 |
| 制造业 | 21.0 | 25.8 | 15.0 | 6.4 | 14.9 | 33.1 | 41.6 | 12.0 | 8.4 | 0.3 | 10.3 |
| 电力、热力、燃气及水生产和供应业 | 42.8 | 22.8 | 23.1 | 9.4 | 9.8 | 41.0 | 7.5 | 6.1 | 6.9 | 0.2 | 11.4 |
| 建筑业 | 30.6 | 30.9 | 14.6 | 14.0 | 27.4 | 33.1 | 20.3 | 13.2 | 10.9 | 0.4 | 15.7 |
| 批发和零售业 | 26.0 | 10.0 | 6.2 | 9.6 | 15.7 | 32.0 | 44.3 | 16.2 | 11.3 | 0.9 | 19.9 |
| 交通运输、仓储和邮政业 | 32.5 | 9.5 | 5.9 | 14.1 | 17.6 | 29.4 | 32.6 | 14.3 | 9.8 | 0.8 | 20.4 |
| 信息传输、软件和信息技术服务业 | 32.1 | 24.3 | 9.5 | 17.1 | 14.3 | 21.1 | 42.4 | 18.4 | 10.0 | 1.1 | 15.8 |
| 租赁和商务服务业 | 30.8 | 13.3 | 6.9 | 17.5 | 21.2 | 20.9 | 38.7 | 16.6 | 15.9 | 1.1 | 20.3 |
| 科学研究和技术服务业 | 31.3 | 38.0 | 20.9 | 16.7 | 20.3 | 20.2 | 29.1 | 12.7 | 11.1 | 0.7 | 11.5 |
| 水利、环境和公共设施管理业 | 27.7 | 24.8 | 15.3 | 22.9 | 18.1 | 23.4 | 26.2 | 10.5 | 14.9 | 0.1 | 16.8 |

## 四、混合协同创新主体生态系统

协同创新本质上是一种开放的创新方式，由于其涉及多个创新主体，并且需要各主体间基于某种共同利益机制而相互协调。协同创新主体从最初的企业、高校、研究机构到现在的政府、企业、高校、研究机构、金融及中介服务等多个部门，越来越开放，协同作用越来越凸显。其中，企业依然是创新主体，其余参与者主要对企业创新活动起到辅助作用，通过各主体间的资源深度整合，产生创新共鸣，使得创新成果呈非线性增长状态。当前，多种所有制经济成分、多元化创新主体协同已然成为我国实现创新发展的潜在推动力，市场空间、经营机制、金融资本以及生产要素等合理有序的互动成为不可逆转的经济大势。创新是企业获取竞争力的重要渠道，经济全球化时代，企业的创新活动面临着严峻的市场竞争。这种以企业为主体的混合协同创新有利于实现企业内外部资源的高效整合和内外部商业化不断拓展和融合。但随着经济和科技的发展，越来越多的企业开始从外部获得创新信息，并与高校、其他企业、科研机构等外部主体开展合作研发。

在协同创新的各个参与者中，企业的主体性质不仅体现在参与上，还体现在利益分享、成果转换等方面，企业需要把成果经过市场化运作转换成货币，相对于其他参与者，企业所起的作用要相对大一些。企业本身对技术的需求要大于其他各个参与者，同时经济效益也是企业得以有效运行的基本保障，企业常常通过获取互补性技术成果、进入新技术领域、开发新产品等方式，实现预期最大化收益。因此，相对于其他参与主体，企业拥有两个最大优势：一是市场。包括对市场需求和供给的精准测算，对外在需求的精准预期，同时企业自身对市场的开发和营销能力也要显著强于其他主体。二是资本。企业不仅拥有充足的货币资本，同时还拥有创新所需的必要物质资本，例如实验室、设备；不仅如此，企业还拥有能够为创新提供更多方便条件的人力资源，例如劳动力等等。但是企业作为创新主体同时也需要承担很大的创新风险，通过协同创新方式，企业能够将一部分风险由自我承担方式转变为共同承担方式，参与技术创新的积极性大大提高。此外，中国的企业类型比较特殊，除了民营企业，还拥有具中国特色的国有企业，二者融合发展，相互利用资源，实现优势互补，协同创新是最好的融合方式。

高等院校和科研机构的主要活动是科研，在协同创新中，它们扮演着技术供给者角色。高校和科研机构由于在科研领域长期坚持某些方向的研究，具备雄厚的基础研究能力，例如大量的高科技人才、先进的实验设备、前沿的理论和方法等等，但是相关技术成果并不是按照市场需求而产生，尽管具有一定的前瞻性和深度，但是不利于市场吸收和消化，市场主体也很难做到“为我所用”。因此，在协同创新这一前提下，参与协同创新的高校和科研机构既要坚持不懈地进行基础研究，同时还要与相关企业对接，更多地进行满足市场需求的技术创新。但是，应该指出的是，高校和科研机构在协同创新框架下绝不是技术创新的唯一供给者，只是部分地、高效地扮演供给者角色。因此，在协同创新过程中，一定要处理好高校自身的发展利益和企业需求利益之间的关系。

政府在协同创新过程中应该扮演好“领航员、服务员和裁判员”的角色。首先，政府要当好“领航员”。技术创新单纯依靠市场机制也能实现，但是过程可能比较漫长，同时技术创新的内容可能也仅是为了迎合市场，缺少国家战略因素，因此，政府有必要对协同创新的发展方向进行总体规划，通过制定出台和完善相应法律法规、规划、政策等方式，加强社会上各类资源的流动，减轻协同创新主体的运行负担，指引各方参与者沿着有利于国家整体实力提升的方向开展协同创新活动。其次，政府要当好“服务员”。社会各个参与主体在具体实施协同创新过程中会遇到各种障碍，政府应该本着有利于创新发展的出发点，积极协同、组织和配合各方参与者，努力促成各类协同创新。应该指出的是，政府在充当服务员时，还应该充当好“裁判员”这一角色，适时监督参与者资质和协同创新行为，防止那些以牺牲人民利益为目的的假协同创新行为发生。

科技中介平台的参与是近年来协同创新发展的又一重大亮点，这表明社会对协同创新已经达到了高度认可的程度。科技中介平台本身就存储了大量的科技信息，对于参与各方的沟通、信息共享都会起到重要的联结作用，对于创新资源整合、科技成果转化都将起到重要的推动作用，对于节省创新时间成本也具有非常关键的意义。现在社会上的典型科技中介机构有科技产权交易中心、高新技术企业孵化器、科技创业产业园区、生产力促进中心等等，可以预见，随着协同创新的不断推进，更多新型的科技中介服务机构将层出不穷。

此外，各类金融机构，如银行、投资公司和保险公司等，虽然不直接参与创新活动，但它们为创新主体提供融资支持、风险投资和科技保险等，利用自身优势，促进协同创新顺利进行。协同创新所需货币资金如果单纯依靠企业主体，那么，出于对投资风险的考虑，企业将会倾向于那些容易获得收益的创新活动，很难与国家创新战略一致。金融支持能够显著降低企业承担的创新投资风险，金融资本的监督机制也能提高企业创新活动质量。

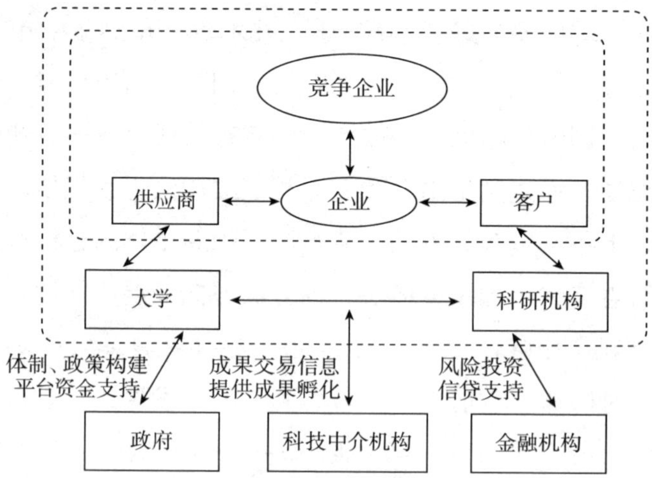


**图 3－1　混合协同创新生态系统**

## 第三节　混合协同创新机制与混合发展实践

### 一、创新主体的协同运行机制、利益分配机制及风险

混合协同创新是发生在不同类型的创新主体之间、基于创新资源交换而推动创新结果产生的一种创新模式。在社会经济中各种类型创新主体之间通过相互协作所开展的创新活动都可视为混合协同创新。从协同创新发展的一般过程来看，能够有效推动科技创新协同发展的混合协同

创新模式主要有四种：技术寻求型跨国并购模式、开放平台型模式、研发国际化模式、科研机构衍生企业模式。在中国经济发展的大环境下，还存在另外一种特殊的混合协同创新模式，即国有企业混合所有制改革。

### （一）技术寻求型跨国并购模式

技术寻求型跨国并购模式是企业以寻求技术为目的，通过兼并与收购的方式（公司合并、资产收购、股权收购）获得目标公司的经营控制权和创造性资产，进而实现技术追赶的创新模式。技术寻求型跨国并购模式所获取的技术与本企业产品具有高度关联性和互补性，并且拥有并购企业所不具备的行业中的领先技术。并购企业在并购中以顾客及市场为导向，通过整合品牌、人力资源、专利研发、供应链等创造性资产实现全方位协同创新。被并购企业拥有并购企业创新发展中所不具备的创造性资产，在协同创新活动中承担着创新资源提供者的重担，并需要接受并购企业在组织战略、组织架构、管理制度、业务流程、企业文化等方面的整合管理。

1. 运行机制

实施技术寻求型跨国并购的企业，主要通过技术模仿、技术追赶和技术超越三个阶段实现公司核心关键技术的迭代升级。技术模仿阶段的企业通过建立相应的技术研发系统，完成知识体系的整合。围绕核心技术定期召开系列讲座，将在雇佣中和自主研发中学到的先进技术知识和学习经验进行分享、推广与深化。此阶段主要是以线性学习模式为主导范式的技术模仿阶段。技术追赶阶段的企业能够消化吸收被兼并企业的核心技术，进而实现技术落地量产。此阶段的企业既遵循原有技术轨迹的线性学习模式，又在合作研发基础上获取被并购企业的核心技术知识的非线性学习模式。技术超越阶段的企业全面系统学习被并购企业的工厂体系、IT 体系、技术研发体系等，建立全球研发中心，开展高精尖人才团队建设，在非线性学习基础上实现技术超越。

2. 利益分配机制

技术寻求型协同创新模式的利益相关者包括并购企业和被并购企业两方面。在利益分配方面涉及并购新增价值的分配和原有企业存量价值的再分配。

被并购企业利益分配：①被并购企业股东：是并购的直接获益者，能够获得累积超额收益。②被并购企业管理层：通常情况下，被并购企业管理层利益会受到损害。对他们来说，被并购意味着失去企业的控制权、职位和其他收益。因此并购企业股东为减少目标企业管理层的阻挠，会给予其一笔不菲的离职补偿。③被并购企业债权人：一般来说，并购后，目标企业债权人的利益是有保障的，债权人在被并购后依然能够依据债务合约保护自己的权益。④被并购企业一般职工的利益：并购过程中企业重新进行资源配置，员工的就业量、收益待遇都会发生变化。

并购企业利益分配：①并购企业股东：短期主要以成本和损失为主，包括支付过高溢价和因收购目标企业所导致的公司治理结构扩容所产生的代理成本。②并购企业管理层：管理层的收益将按照既定分配原则保持不变。③并购企业一般职工：职工在并购中将获得更多的提升机会。④并购企业债权人：对于收购企业原有的债权人而言，可能面临风险转嫁问题，而不会涉及利益问题，但是那些向收购企业提供收购资金的新的债权人则需要获得因收购而产生的杠杆收益。

3. 存在的风险

技术寻求型协同创新主要是通过并购的形式实现企业间的协同创新，其存在的主要风险包括：第一，管理能力适应性问题。并购企业向目标企业实施并购行为后，要对企业的管理人员进行协调、整合、匹配，为目标企业寻找合适的管理方法，否则，并购企业在管理上就很难适应技术创新的要求。第二，能否实现规模经济问题。并购行为的一个最主要变化就是，企业的规模扩大了，那么，在并购之后，企业规模经济效应是否依然存在，能否降低企业产品的平均成本，这是并购企业必须要考虑的另外一个重要方面。第三，并购双方企业文化冲突。并购完成后，除了要实现内部资源的整合外，更要实现企业文化的整合，否则并购双方在以后的磨合中一定会矛盾重重，严重影响企业的协同创新效率。第四，人力资源流失问题。主要体现在被并购企业的员工身上。被并购企业受到裁员、职位及待遇的影响，会出现部分人才流失现象，这也会影响协同创新进程。

### （二）开放平台型创新模式

开放平台型协同创新模式是企业将传统的封闭式创新模式开放，吸引外部创新主体（领先用户、设计师、科研人员、创业公司、科研机构、大型公司、政府部门）组成研发伙伴关系，与互补伙伴一起对已有技术进行改进或者共同合作开发新技术和商业化的过程。开放平台型协同创新模式下，企业的技术创新具有新颖性、颠覆性的特征，技术创新过程具有并行化的特点。

1. 运行机制

该模式主要由管理团队、创新资源供给方、创新资源需求方和第三方机构等四部分组成。首先，管理团队由企业具备平台运营管理能力的员工组成或者由外部团队成立单独的开放平台公司。运营团队负责平台内容维护和创新合作伙伴管理，平台功能对接，网站平台宣传推广等职能。创新资源供给方主要包括企业、高校、科研机构和个人，例如大学里的实验室、科研院所、知识产权机构、大学里的科研人员、大学生、客户等任何掌握创新资源的主体，都可以通过平台提交创新方案或创新成果。需求方通过平台寻求技术解决方案等服务，可进一步分为对内和对外两类创新服务。所谓对内创新服务是指个人或机构对企业新产品提出某些改进要求，需求方可以参与产品孵化项目。所谓对外创新服务是企业利用自身的创新能力为外部机构或个人提供服务。第三方机构包括大数据、云计算提供商、征信机构、政府部门等，其主要职能在于为平台提高运转效率，构建供需双方信任关系，形成监督与反馈或者互惠互利、稳定有效的协同创新系统。

2. 利益分配机制

开放平台型协同创新模式涉及众多利益主体，平台通常采用的利益分配方式是并联对赌、用户付薪和动态优化，以海尔 HOPE 和华为最为典型。传统的研发是串联机制，相关人员分阶段完成任务获取报酬，而现在报酬统统来自市场的分享收入，所有参与者均是同一目标、统一薪源。为了能够及时止损，平台企业在每一阶段都增加了对赌业绩点，提前对风险作出判断，并找到补救方案，动态优化资源。除了通过用户付薪给予产品创新参与者一部分经济收益以外，平台也会设置积分制度，成员依据参与项目的贡献程度获取一定积分。用户可将积分兑换用于发布需求、召开研讨会和企业对接会等更高的权益。

3. 存在的风险

虽然开放平台型协同创新模式有助于企业最大限度地获取外部创新资源，但是同时也会带来风险。第一个主要风险就是外部技术资源与内部技术资源之间的冲突。过度引进外部资源，会对内部资源造成挤出效应，不利于企业自身研发机构的良性发展。第二个主要风险表现在自主创新意识上。长期借助外部技术创新资源会降低内部管理者及研发人员的积极性，弱化自主创新意识。第三个主要风险表现在额外的成本上。这种额外的成本主要是因为分工所产生的沟通协调等交易成本。应该明确的是，协同创新不同于社会分工，并不是完全将某一领域的事情交由其他部门来完成，几个创新主体间具有主次关系，但是相互之间沟通和协调的确会产生类似于分工的交易成本，从而有可能降低协同创新效率。

### （三）研发国际化模式

研发国际化模式，即研究机构“走出去”，是指企业的人力、资本、知识、新技术等研发资源在不同国家之间的跨境配置[①]。在"走出去"、"一带一路"、自主创新等基本国策的引导下，越来越多中国企业开始在技术研发领域进行全球布局，以研发国际化战略为核心，积极探索和设立海外研究机构[②]，并逐步形成有中国特色的企业研发国际化模式。

1. 运行机制

研发国际化的创新主体包括本土企业、国外企业、海外研究机构及大学等。本土企业以国有企业、民营企业为主，是研发国际化的实施主体，承担对国外先进技术和知识的监测、追踪、学习、转移等职能，进而提升自身的研发实力和市场竞争力，将科技创新成果直接推向市场的有效载体功能。当企业的国际化程度和技术水平低时，研发国际化对于本国企业进军海外市场具有重要作用；当企业国际化程度低、技术水平中等时，研发国际化将提升本国企业技术创新能力；当国际化程度和技术水平中等时，本国企业将通过输出技术和利用海外信息创新资源相结合的方式实现海外市场扩张；当企业国际化程度和技术水平较高时，本国企业通过专业分工能够高效整合全球创新资源，发挥其对前沿技术和全球市场的引领作用。研发国际化常见的模式有三种，分别是海外建立研发机构、共建研发联盟和并购东道国研发机构（见表3－6）。

**表3－6　技术依赖程度、国际化经验、研发模式的关系**

| | | |
|---|---|---|
| 企业技术依赖程度高 | 国际化经验丰富 | 并购、组建海外研发联盟 |
| 企业技术依赖程度高 | 国际化经验缺乏 | 组建海外研发联盟 |
| 企业技术依赖程度低 | 国际化经验丰富 | 设立海外研发机构 |
| 企业技术依赖程度低 | 国际化经验缺乏 | 研发外包 |

① CANTWELL J. From the early internationalization of corporate technology to global technology sourcing [J]. *Transnational corporations*, 1999, 8(2): 71－92

② 吴剑峰，乔璐，杨震宁．新兴市场企业的国际化水平、研发管理与技术创新绩效的关系研究[J]．国际商务：对外经济贸易大学学报，2016(4)：140－151.

2. 利益分配机制

海外研发机构是以企业对外直接投资的形式建立的，机构员工的薪酬体系通常参照当地同行业企业的标准设定具有竞争力的薪资结构，力求做到薪资水平本土化。海外机构是独立的经济实体，内部组织结构具有高度的紧密性，不同于联盟，研发机构内部成员需要通过绩效考核实现自身利益，而联盟则是通过评定投入、产出及承担的风险进行综合考评①。

3. 存在的风险

政治风险：研发国际化战略所在国政治因素的变动有可能使跨国并购企业蒙受难以预料的损失。例如，东道国政府出于对企业并购可能会危害国家安全的担心以及可能带来的政治利益的冲突，会利用政府的管理权限，阻碍某一研发国际化战略，从而产生了政治风险。

经济风险：当前最大的经济风险是全球化背景下的逆全球化行为频发，这种行为会阻碍海外研发机构的设立，已经设立的研发机构有可能遭到清除。

法律文化风险：设立海外研发机构首先要遵守当地法律，这需要我们企业具备一定的精通当地法律的专业人才。另外，还需要注意各个国家间在国际合作中的一些特别条款，以免遭受不必要的损失。

### （四）科研机构衍生企业模式

该种模式有两种表现形式：一种是由高校或大型科研院所自主创办；另一种是由高校或大型科研院所与企业联合创办。无论是哪种模式，其目的都是实现产学研一体化，加速科技成果由高校及科研院所向社会转化。根据两种模式的构成可以看出，它们具有一个共同特征，即需要依托高校或大院大所，利用它们的人才优势、技术优势，组建企

① 魏修建．供应链利益分配研究——资源与贡献率的分配思路与框架[J]．南开管理评论，2005(2):79-84.

业，或者利用自身研发的技术成果作为资本入股，吸引民间资本投资。因此，这种模式的协同创新往往具有自主知识产权和高新技术产品，其创新活力也因此而持久，例如清华控股、北大方正、复旦复华、南大科技实业等。

1. 运行机制

科研衍生企业模式包含了高校、技术发明人、职业经理人、金融机构、科技中介等创新主体。高校作为大学衍生企业的重要主体，是科技资源的直接提供者。高校向衍生企业提供丰富的软硬件科技资源，如，科技成果，基础研究实验室、科研仪器设备、国家重点实验室等硬件设施，文献资料、理论数据等科技信息资源，前沿领域专家学者等科技人才资源，有效促进科技成果的转化。技术发明人是大学衍生企业的创始人，具备学者和创业者的双重身份。科学技术的产业化离不开技术发明人的推动，因此技术发明人在大学衍生企业成立和发展中起主体性作用。技术发明人的创业意向、创业经验、性格特征决定了创业的成败。职业经理人是大学衍生企业的管理者，拥有丰富的企业组织管理经验，对于行业技术的特点和发展趋势、潜在市场机会的识别等具有一定优势。特别是在引进创业投资后，大学衍生企业会倾向于选择职业经理人管理企业，创始人则作为技术顾问为企业在技术创新过程中面临的难题提供解决方案。金融机构和科技中介是大学衍生企业的重要参与者，赋予衍生企业创新活力。

根据大学参与的不同形式可划分为两种类型：一是大学凭借自身力量有意识、有计划地孵化和创办的企业；二是大学内的个人或团队在创业意识的驱动下自主建立的科技企业。其主要特点表现在三个方面：首先，企业的创始人出身于大学；其次，维系企业发展的关键技术来自大学的最新科研成果，其技术的迭代依赖于高校重点学科或特色学科领域的高校科研人员，因此表现出较强的创新能力；最后，大学衍生企业进行科技创新的目的不纯粹是营利，还有不断提高自身的知识生产和应用能力，同时兼顾学科发展以及人才培养的需要，当企业实现经济价值后，相关收入将反哺学科建设和发展，形成产学研合作的良性循环。

2. 利益分配机制

科研机构衍生企业的高级管理人员薪酬通常为固定工资加浮动薪酬，即基本年薪+业绩工资+奖励基金，其中奖励基金与企业的分红、利润和净资产的增加密切关联；高校和技术发明团队通过技术成果交易、转让、投资入股（“技术股”+“现金股”）等方式，将技术转移给科研机构衍生企业；核心参与主体采取股权分配的方式解决权益分配问题。

3. 存在的风险

衍生企业创始人缺乏管理经验和商业经验，容易导致创业失败；大学技术转移过程中，因利益分配不均易导致合作关系破裂；大学和企业的文化冲突，导致追求学术价值和市场需求的冲突。

### （五）国有企业混合所有制改革模式

混合所有制改革是国有企业改革的重要突破口。党的十八届三中全会将发展混合所有制经济上升到基本经济制度重要实现形式的高度，党的十九大又进一步指出“深化国有企业改革，发展混合所有制经济，培育具有全球竞争力的世界一流企业”。其中，“深化国有企业改革”是方向，“发展混合所有制经济”是途径，“培育具有全球竞争力的世界一流企业”是目标，从中可见中央对发展混合所有制经济的重视和厚望。

1. 运行机制

混合所有制改革，即“国有资本、集体资本、非公有资本等交叉持股、相互融合”。混合所有制改革，不是单纯地实现不同所有制成分在社会层面或股权层面的混合，而是要求各类所有制资本充分发挥主观能动性，完善企业市场化经营体制机制，增强创新力和竞争力，从而实现取长补短、相互促进、共同发展。

我国国有企业按照“完善治理、强化激励、突出主业、提高效率”的要求，灵活运用改制上市、股权转让、增资扩股、合资新设、市场化重组以及基金投资等多种方式，分类、分层、多模式、多路径积极推进混合所有制改革。随着我国国有企业全面步入公司制时代，混合所有制改革配套政策和市场平台逐步完善，民营企业、外资企业、股权投资基金等非公资本以投资入股、收购股权、参与国企上市重组等各种方式积极参与国有企业“混改”；国有企业围绕聚焦主业探索社会资本合作方式，积极引入非公资本或投资入股非国有企业，“双向混改”有力地推动了国有资本和其他各类所有制资本融合发展，呈现出步伐加快、层级提升、领域拓宽、深度增加的良好态势。

2. *利益分配机制*

混合所有制企业主要按照股权进行分配，主要涉及的利益主体有国有资本所有者、非国有资本所有者、员工、技术资本所有者等等。国有资本所有者对利益的诉求具有多元性，要求在获得相应回报的同时要保证资本的保值增值；非国有资本所有者、技术资本所有者及员工则主要对企业利润更为关切。

3. *存在的风险*

混合所有制改革存在两个基本风险：一是改革过程中存在的风险。当前的混合所有制企业改革主要是从国有企业展开的。如果是外部注资，会涉及注资形式及其价值评估问题；如果是定向增发，会涉及定增股票定价问题；如果是资产转让，会涉及国有资产定价交易问题。二是混合所有制企业运行过程中的风险。混合的目的是要发挥各方利益主体的能动性，提高公司治理效率，激发企业潜能，但是国有资本的强势地位，使得非国有资本所有者可能无法真正发挥所有者的作用，从而产生“搭便车”问题。针对上述两种风险，《中央企业混合所有制改革操作指引》都已经给出了明确的防范措施。

## 二、混合协同技术创新经典案例分析

### （一）技术寻求型跨国并购模式典型案例——吉利集团的跨国并购案例

1. 吉利集团简介

吉利集团发迹于电冰箱、装潢材料和摩托车，这些领域让吉利集团获得了宝贵的原始资本，直到1996年，吉利集团才以“有限公司”的形式正式设立，也揭开了大规模发展的篇章。得益于早期在摩托车领域进行的探索，吉利集团于1997年成功进军汽车整车领域。[①] 经过6年的不懈努力和技术创新，吉利集团不仅成功地制造了属于自己的整车，而且还于2003年实现了吉利集团轿车出口的零突破，首批吉利轿车出口叙利亚和埃及。而后，又经过3年的技术积累，于2006年开始自己的技术寻求型并购之路。先是参股了英国锰铜；然后于2009年又收购了澳大利亚DSI，进一步提升了整体研发能力；2010年，吉利集团更是大手笔全资收购了沃尔沃，在技术上成功实现超越。

表3－7　吉利集团概况

| 企业名称 | 浙江吉利控股集团 |
|---|---|
| 成立年份 | 始建于1986年，1997年进入企业行业 |
| 2019年员工总数 | 124846人 |
| 2018年营业收入 | 32852088万元 |
| 2019年汽车销售总量 | 217.8万辆 |
| 2019年新能源汽车销售总量 | 11.31万辆 |
| 旗下拥有品牌 | 吉利汽车、领克汽车、沃尔沃汽车、Polestar、宝腾汽车、路特斯汽车、伦敦电动汽车、远程新能源商用车、太力飞行汽车、曹操专车、荷马、盛宝银行、铭泰等众多国际知名品牌 |

① 资料来源：浙江吉利控股集团有限公司，百度百科。

续表

| | |
|---|---|
| 整车和动力总成制造基地 | 临海、宁波、路桥、湘潭、兰州、上海、成都、济南 |
| 研究院 | 宁波、杭州、慈溪 |
| 造型设计中心 | 瑞典哥德堡、西班牙巴塞罗那、美国加利福尼亚、上海 |
| 海外工厂 | 英国、白俄罗斯、埃及、印尼、乌拉圭、埃塞俄比亚、斯里兰卡 |
| 海外研发中心 | 欧洲研发中心、英国前沿研发中心 |
| 营销网络 | 拥有各类销售网点超过 4000 家，产品销售及服务网络遍布世界各地 |

资料来源：浙江吉利控股集团有限公司，百度百科。

2. 吉利集团的三次跨国并购

第一次并购：通过“先参后购”并购了英国锰铜控股有限公司(MBH)。2006 年，吉利集团通过英国股票市场认购了伦敦出租车国际公司（英国锰铜控股有限公司下属公司）的 570 万新股，该股票总数约占该公司全部股本的 23.2%，吉利集团一跃成为英国锰铜控股有限公司最大股东。随后，伦敦出租车国际公司在中国湖南湘潭建立了一家合资生产基地，主要生产 TX4 系列车型。与伦敦出租车国际公司经营境况不同，英国锰铜控股有限公司自身经营出现困难，加上金融危机和欧债危机的系统性因素，英国锰铜控股有限公司最终宣布破产，吉利集团通过下属子公司——吉利英国集团有限公司以极低的价格收购了其业务与核心资产。

第二次并购：全资收购了澳大利亚 DSI。2009 年，吉利集团斥资 4000 万美元收购了当时全球第二大自动变速器公司澳大利亚 DSI 的全部资产。DSI 技术领先，产品品种齐全，包括四速和六速两种前后驱动、全驱动大扭矩自动变速器，为美国和韩国等汽车巨头提供相关配套服务。吉利集团此次收购成功之后，充分利用和挖掘了中国的成本优势，不断提升 DSI 原有产品的竞争力，加上自身整车业务需求旺盛，保证了 DSI 产品销售与运营的稳定性与持续性。

第三次并购：全资并购并购沃尔沃。沃尔沃是瑞典著名汽车品牌，其核心技术更是世界领先。2010 年，吉利集团成功收购了沃尔沃，并由此成为中国第一家汽车跨国公司。通过此次收购，吉利集团有八个收获：①买断沃尔沃商标的所有权益；②涵盖了轿车、SUV、MPV 和跑车等车型的十个产品平台及其相应技术工艺；③SPA 平台；④位于瑞典总部的生产能力；⑤核心技术产品到配件的生产能力；⑥超过 3000 名研发人员及世界顶级道路试车场地；⑦分布在 100 多个国家的 2325 个营销网点、服务体系和国外分期付款的金融体系；⑧获得了超过 1 万项专利和专用知识产权，包括发动机技术、整车平台技术、模具安全技术、电动技术。

3. 成功经验总结

吉利集团通过并购活动，在技术创新方面成功实现弯道超车，属于典型的技术寻求型跨国并购案例。吉利集团的第一次收购有很大收获，但是并没有获得英国锰铜有限公司的核心技术，只是取得了一些低端技术。但是，在完成对澳大利亚 DSI 收购后，吉利集团成功实现了技术追赶，再加上后来对瑞典沃尔沃公司的整体收购，不仅获得汽车生产的关键技术，同时还拥有了两家公司的技术创新能力，直接弥补自身的技术创新短板。

首先，吉利集团在实施并购策略之前，在汽车研发方面并非一张白纸，而是拥有一定技术研发能力、汽车生产的企业和一定的市场空间，因此，在完成并购后，并购双方能够实现充分融合，发挥良好的协同效应。实际的情况印证了上述结论。吉利集团通过三次并购，其市场销量不断增长，市场占有率不断上升，品牌价值不断提高，与此同时，吉利集团利用被并购企业的国际资源，迅速形成了国际竞争能力。

其次，吉利集团通过跨国并购获得被并购企业的研发资源，包括技术设备、实验室、科研团队，特别是科研团队中的关键技术人员得到了很好的保留，这对吉利集团实现其战略目标起到至关重要的作用。核心技术人员掌握大量的隐性知识，如技术诀窍，吉利集团并购后继续保留被并购企业的研发团队和关键核心技术人员，有效保障企业组织学习能力的提升和企业创新发展的稳定性。

最后，组织的制度环境合法性为吉利集团技术学习提供了保障。吉利集团在完成并购后得到被并购企业所在国相关利益者的充分支持和有利于企业发展的重要技术资源，同时，吉利集团很好地保持并购双方在研发合作与技术知识方面信息传递的效率，这有利于吉利集团在合作研发中通过深度非线性学习实现技术追赶。①

### （二）开放平台式典型案例——海尔 HOPE 平台

1. 海尔 HOPE 平台简介

HOPE 的英文全称是 Haier Open Partnership Ecosystem，这是一个开放式创新平台，成立于 2009 年 10 月，经过几次更新升级，现已发展成 HOPE 3.0 版本。海尔依托这个 HOPE 开放式创新平台，建立了两个研发团队，一个是用来研究开发升级换代当前产品的团队，另一个是研究外来投放市场具有市场前瞻性产品的研发团队。这两个团队借助平台充分发挥自身优势，研发出许多极具竞争力的产品，例如控氧保鲜冰箱等，海尔集团创新能力也发生明显转变。“截至 2017 年底，海尔全球累计专利数超 3.4 万项，其中发明超 2.1 万项，发明占比 61.8%。海外专利 9000 余项，覆盖 25 个国家和地区，是中国在海外专利布局最多的家电企业，同时发明专利占比、海外专利数量、PCT 申请量均居行业第一。”②“2018 年 7 月，由海尔主导的《智慧家庭体系框架和总体要求》《衣联网通用要求和互操作规范》两项国际标准正式通过电气与电子工

① 杜健，丁飒飒，吴晓波．基于二次创新理论的吉利跨国并购案例研究［J］．科研管理，2019，40(6)：130－143.

② 李倩．海尔的全球专利数也已经超过了 3.4 万项，专利能力有了“四六级”认证［EB/OL］．(2018－05－07)［2020－05－06］．http://www.elecfans.com/d/673471.html.

程师学会（IEEE）评审并成功立项。”① “截至2018年，海尔在全球累计专利申请4.3万项，海外发明专利数1万余项。”② “2019年全球智慧家庭发明专利排行榜显示，海尔又新增1243件发明专利，新增数位于国内家电企业第一位。”③

2. HOPE平台的运行机制与发展演变

HOPE平台主要是根据海尔集团所有事业部的需求，在全世界范围内探寻外部的技术和解决方案。这种模式就是开放式创新所倡导的“创新前端”，通过和外部的优秀人才合作，共同加速研究的进展。随后，在HOPE 2.0版中，平台增加了新闻模块和创新社区。在新闻模块方面，平台提供技术突破相关的新闻信息和行业信息；而在创新社区，技术供需求方可以自行发布自身的实际需求，供给方则根据相关需求提供满足需求的技术方案，在平台上可以无障碍地实现信息沟通和达成交易。2015年8月HOPE推动3.0版本，提出A－gent（创新合伙人）计划。相比2.0版，3.0版的HOPE平台涵盖内容更加全面、资源共享更加充分，无论是开放模式和流程还是平台内部各模块运行的组织机制和分享机制，都得到全面提升。最为值得一提的是，海尔集团在3.0版HOPE平台上推出专家咨询模块，在这个模块下，相关专家既可以为相关用户提供技术咨询，也可以申请一些虚拟课题，甚至可以召开专题会议。这不仅调动了专家参与技术创新活动的积极性，同时也体现了专家的个人价值。通过HOPE平台，海尔对外创新服务对象不断增加，涉及汽车、新能源、健康、食品养生、新材料和电子等多个行业，服务内容涵盖开放创新模式转型、新兴科技资源寻源等多种创新服务，通过

---

① 海尔主导2项智慧家庭国际标准获IEEE批准立项[EB/OL].（2018－07－05）[2020－05－06]. https://www.sohu.com/a/239425305_100123169.

② 海尔集团以品牌价值1021.68亿元，2019年中国价值百强榜排第31名[EB/OL].（2019－10－22）[2020－05－06]. http://www.bvrcn.com/home/news/index/id/16044.html.

③ 2019年全球智慧家庭发明专利排行榜（TOP100）[EB/OL].（2019－12－05）[2020－05－06]. https://new.qq.com/omn/20191205/20191205A0NK8P00.html.

HOPE 3.0 平台，海尔解决了大量的创新课题，支撑众多新产品上市，产生几十亿元的创新增值、数百万的创新网络节点数，全部创新网络覆盖的技术领域超过 100 个。

为了保持海尔持续的拓展能力，使得创新资源不断加入，海尔 HOPE 团队与海尔全球研发中心搭建了"10 + N"创新支持网络，其中："10"指海尔全球 10 大研发体系，每个研发中心承担一定研发任务的同时，也作为海尔在全球的创新大使，不断拓展当地的创新活动和专家学者；"N"是指海尔在全球设立的创新中心以及创新合作人社群。创新中心和创新合伙人社群都可以通过海尔 HOPE 平台接收各类创新课题，并通过各种形式参与和提供服务。

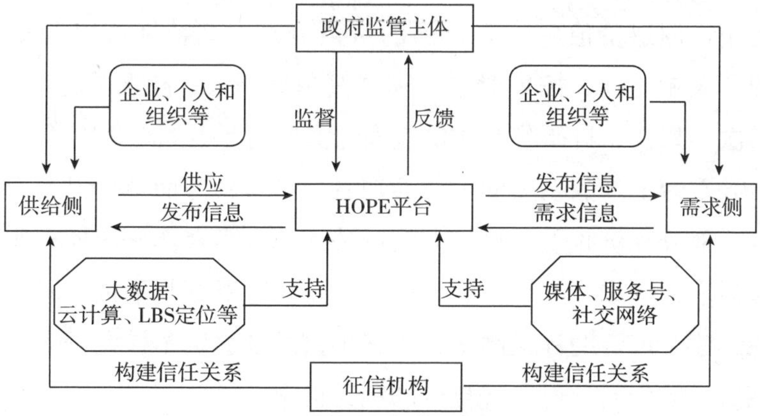


**图 3－2　HOPE 平台结构及运行机制**

HOPE 平台由运营团队、创新资源的供给方、需求方以及第三方机构组成（见图 3－2）。①任何企业、组织或者个人，只要能够提供与海尔产品相关并且能够促进海尔产品改善的创新方案都可以在 HOPE 官网上提交，海尔的专业技术评估团队根据需求方提出的要求，判断某一方案是否可行，只有具有可行性的方案才会由评估团队报送至需求方。②需要方来自两个方面：内部需求和外部需求。外部需求表现在海尔集团内部的个体或者企业有技术改进或者创新需求，经过评估团队的评估后发给研发团队；外部需求是海尔技术创新业务延伸的表现，通过收取服务费的方式向企业外部团队或个人提供技术咨询、开发等服务。③三方机构泛指供需双方以外的机构，例如大数据、云计算、LBS（定位服务）、征信机构等。HOPE 创新平台是一个多边平台系统，既能与第三方形成监督机制和反馈机制，又能实现互惠互利，能够帮助海尔提高研发效率。从形式上看，尽管海尔的 HOPE 平台同其他平台相比依然比较初级，但是它却始终走在开放创新活动的最前沿，能够为中国企业增强创新能力提供宝贵经验。

3. 利益分配机制

首先，海尔集团采用“人单合一”的模式激励员工参与创新。“人单合一”的基本含义是，每个员工都应直接面对用户，创造用户价值，并在为用户创造价值中实现自己的价值分享，其特征可以概括为两句话，即“竞单上岗、按单聚散”和“高单聚高人、高人树高单”。

其次，高校、科研院所、供应商、竞争对手、科学家等众多主体都是 HOPE 平台上产品创新的主要参与者。平台一方面会支付给产品创新参与者一部分经济收益，另一方面也关注到众多合作伙伴拥有非经济性的利益诉求，例如，高校科研人员、公益研究所参与平台上研发项目的目的在于建立广泛的社交网络、积累丰富的社会资本，此类人群也可通过海尔发布的创新社群实现自己的利益诉求。

### （三）研发国际化模式典型案例——华为的研发国际化案例

1. 华为简介

华为技术有限公司（以下简称“华为”）是一家世界 500 强企业。2018 年，华为销售收入为 7212 亿元，首次突破千亿美元大关，同比增长 19.5%；净利润为 593 亿元，同比增长 25.1%。2018 年，华为研发费用达 1015 亿元，占销售收入的 14.1%，位列欧盟发布的 2018 年工业投资排名第五位；联合国下属的世界知识产权组织 WIPO 公布数据称，2018 年度，华为向该机构提交了 5405 份专利申请，在全球所有企业中排名第一。[①] 华为的人才结构以研发人员为重点，2018 年研发人员有 8 万多名，占公司总人数的 45%，服务员工占比为 20.2%，销售人员仅占 6.4%，管理人员占 9.2%。[②] 华为的研发中心和联合创新中心遍布全球，到目前为止，华为已经在全球设立数十个研发中心和联合创新中心。这种在海外建立研发中心和创新中心的模式是华为技术研发能力得以不断提升的重要方式之一，华为依靠良好的研发习惯一跃成为全球顶级通信技术供应商，并且凭借其先进的 5G 技术成为通信技术的领跑者。

2. 华为研发国际化模式概述

华为研发国际化主要采用三种进入方式：

一是设立海外研发机构。研发机构独立运行，但对当地人才实行开放式政策，因此，华为成功地从研发机构设立国引进众多高精尖人才。例如，华为公司在莫斯科建立的华为莫斯科研究院就成功地吸引到当地非常有能力的数学家（见表 3－8）。

二是开展跨国研发合作。华为不仅在国外设立研发中心和创新中心，同时与当地的电信运营商也开展积极合作，建立联合创新中心，并且，与国外运营商开展多种合作。例如，2011 年，华为在加拿大与贝尔公司联合设立创新中心，主要开发无线网络技术及产品；同年，华为与 TELUS 联合成另外一家创新中心，主要开发宽带技术。华为公司与东道国政府也有合作，例如 2016 年，华为在印尼首都雅加达建立一所 ICT 创新中心，该中心是华为与印尼的通信部门联合组建的，对印尼而言，其主要目的是帮助印尼开展创新研究，以及提供相关的技术咨询，并推动和完善印尼的行业法规。此外，华为与东道国高校也有合作，例如，华为与英国的萨里大学（University of Surry）等几所高校共同设立一个 5G 空口测试外场，并对重要器件的行为模型进行设计开发。

①② 华为有限公司 2018 年年报[R/OL]. [2020－05－06]. https://www.huawei.com/cn/press－events/annual－report/2018.

表3-8　华为公司部分海外研发机构分布情况

| 设立时间（年） | 研发中心 | 所在地 |
| --- | --- | --- |
| 1999 | 华为俄罗斯研究院 | 莫斯科 |
| 2000 | 华为瑞典研究院 | 斯德哥尔摩 |
| 2001 | 华为欧洲研究院 | 慕尼黑 |
| 2001 | 华为美国研究院 | 硅谷、达拉斯 |
| 2006 | 沃达丰华为（联合）移动创新中心 | 马德里 |
| 2007 | 沃达丰华为（联合）应用创新中心 | 马德里 |
| 2008 | 沃达丰华为（联合）核心网络创新中心 | 马德里 |
| 2009 | 华为瑞典二研究中心 | 哥德堡 |
| 2010 | 华为土耳其研究所 | 伊斯坦布尔 |
| | 华为日本研究所 | 横滨 |
| | 华为加拿大研究院 | 渥太华、多伦多等 |
| | 固定移动融合创新中心 | 马德里 |
| 2014 | 意大利电信与华为（联合）创新中心 | 意大利 |
| | 华为与LG移动（联合）创新中心 | 首尔 |
| 2015 | 悉尼国家级培训和（联合）创新中心 | 悉尼 |
| | 华为与印度（联合）创新中心 | 班加罗尔 |
| | 华为印度研究院 | 班加罗尔 |
| 2016 | 华为南非（联合）创新中心 | 约翰内斯堡 |
| | 华为与马耳他（联合）创新中心 | 马耳他 |
| | 华为法国研究所 | 布洛涅市 |
| | 华为泰国（联合）创新中心 | 泰国 |

资料来源：华为技术有限公司，百度百科。

三是跨国并购。据相关资料统计，从2002年至2017年初，华为先后收购了光通信厂商OPt1might、网络处理器厂商Cognigine、港湾网络、华为赛门铁克科技有限公司、CIP Technologies、Caliopa、Caliopa NV、Fastwire PTYLimited、Amartus、Hexa Tier和Toga Networks（见表3-9）。①

① 柳卸林，吴晟，朱丽．华为的海外研发活动发展及全球研发网络分析[J]．科学学研究，2017(6)：37-44,65.

表 3－9　华为公司跨国并购情况

| 并购时间（年） | 被并购公司 | 主要业务 |
|---|---|---|
| 2002 | OPt1might | 光通信 |
| 2003 | Cognigine | 网络处理器 |
| 2006 | 港湾网络 | 网络处理器 |
| 2011 | 华为赛门铁克科技有限公司 | 网络安全与存储 |
| 2012 | CIP Technologies | 集成光子研究 |
| 2013 | Caliopa | 数据通信 |
| 2013 | Fastwire | 硅光子技术 |
| 2015 | Amartus | 运营支撑系统研发 |
| 2017 | HexaTier | 软件定义网络（SDN）软件 |
| 2017 | Toga Networks | 系统设计和芯片设计 |

3. 经验总结

第一，实施“本土化战略”。通过合理满足东道国的技术需求，华为公司技术创新活动成功实现“本土化战略”，不仅拓展了华为公司的整体研发能力，而且还提升了华为公司的全球品牌效应。

第二，重视知识产权保护。华为公司通过申请专利的方式，保护自身的研发成果。国家知识产权局网站显示，“截至 2018 年，华为向世界知识产权组织（WIPO）提交的专利申请数为 5404 份，在全球企业中排名第一，创造了企业申请专利数的最高水平”①。

第三，制定成功的国际化研发战略。实践证明，华为的国际化战略是成功的。一方面，华为通过在海外研究中心和联合创新中心，建立国际化的海外基地，另一方面，华为不断地向海外派遣技术人才以应对不断扩大的国际市场，同时也迎合东道国培养人才、增加就业机会的需求。

第四，建立先进的国际化管理体系。华为拥有完整的激励约束机制，拥有高效的反腐败薪酬体系；聘请世界著名会计师事务所作为财务

① 数据来源：国家知识产权局，http://www.sipo.gov.cn/xglj/gwzyzscqwz/。

顾问；直接授予一线员工决策权，企业领导层则负责对一线员工提供各方面支持和资源。

### （四）科研机构衍生模式典型案例——清华控股案例①

1. 公司简介

清华控股于2003年9月由原清华大学企业集团改制成立，注册资本25亿元人民币。在改革开放的大潮中，为响应政府号召，清华大学及所属教学科研机构，在20世纪80年代中后期开始创办企业。清华控股是清华大学在整合清华创办的各类企业的基础上，经国务院批准，出资设立的国有独资企业和国有资产授权经营单位。清华控股与大批清华所属企业建立了以资本为纽带的母子公司关系。“作为母公司，清华控股充分发挥股东作用，在清华大学产业的结构调整、资源整合、利益协调等方面发挥着主导作用，是清华大学产业投融资、科技开发、成果转化、高新技术企业孵化、对外贸易及经济技术合作交流等重大经营活动的决策和管理中心。”②

作为清华大学服务社会的重要平台，清华控股积极推动清华大学科技成果转化和产业化，助力社会创新发展，累计转化56项国家级重大科技成果，实现了62项重大技术突破，推动实施3项国家科技重大专项的项目转化，取得了一批具有国际影响力的标志性成就：全球首座模块式高温气冷堆商用核电站示范工程、全球市场份额第一的大型集装箱检测系统、中国首个拥有完整独立自主知识产权的公共安全应急系统、中国首台12英寸化学机械抛光机、全球首张遗传性耳聋基因检测芯片，经营着全球最大的大学科技园和中国首个创业大街，等等。

清华的大学衍生企业模式经历了如下四个阶段：

---

① 本部分引用数据均来自：清华经管学院案例——清华控股的战略变革与发展[EB/OL].(2018－12－25)[2020－05－06]. http://www.igi.tsinghua.edu.cn/web/fruit_info.php?id=91.

② 清华经管学院案例——清华控股的战略变革与发展[EB/OL].(2018－12－25)[2020－05－06]. http://www.igi.tsinghua.edu.cn/web/fruit_info.php?id=91.

第一阶段：清华产业起步与自发性发展（20 世纪 80 年代初—1993 年）。清华大学在 1980 年成立清华技术服务公司，1988 年 7 月，又成立清华大学科技开发总公司。

第二阶段：清华产业的品牌化、规模化发展（1993—2003 年）。1993 年 7 月，清华大学科技开发公司更名为清华大学紫光（集团）总公司；1994 年 8 月，清华科技园发展中心成立；1995 年 8 月，清华大学又成立了清华大学企业集团；1996 年，清华大学以多个院系创办的企业为基础组建了同方股份有限公司；1999 年，紫光集团以优质资产组成紫光股份有限公司，并于当年在深交所上市；之后，由同方作为大股东组建的诚志股份有限公司于 2000 年在深交所上市。

第三阶段：清华控股的组建与初步发展（2003—2012 年）。随着市场逐步趋于规范化，市场竞争开始走向激烈。2001 年，国务院办公厅下发了《关于北京大学清华大学规范校办企业管理体制试点问题的通知》，同年，国务院体改办和教育部发布了《关于北京大学清华大学规范校办企业管理体制试点指导意见》，校办企业的管理问题开始引起关注。在此背景下，清华大学开始启动规范校办企业管理体制的试点工作。2003 年，清华控股在清华大学企业集团基础上改制成立，功能定位是负责全校产业布局和清华经营性资产的保值和增值。制度设计的基本思路是：作为清华大学的独资公司，清华控股在学校与经营企业之间建起了一道“防火墙”，学校投资形成的所有企业，包括各院系的企业，如紫光、同方、诚志等，都在统一核查和经过关停并转、治理整顿等处理后划归清华控股作为母公司管理。

第四阶段：清华控股的新发展（2012 年至今）。自 2012 年 5 月以来，在新的管理团队推动下，清华大学赋予清华控股以更大的授权，清华控股将高科技与现代金融相结合，借助自我积累、并购、孵化等多种方式，展开了战略性变革。主要措施包括：2012 年 9 月，清控资产管理有限公司成立，清华控股着手打造产融结合的金融平台；2013 年 1

月，清华控股发布新的战略规划；2013 年，紫光集团收购展讯与锐迪科；2014 年，华控技术转移有限公司和荷塘投资有限公司成立，清华控股加速科技成果转化；2015 年，紫光集团与惠普公司合作；2017 年，清华控股着力推出的“基石计划 - 太平洋创新走廊”（TIE），等等。

2. 清华控股模式

清华控股的发展模式概括为“三链融合”与“五条路径”：

第一，“三链融合”，即创新链、产业链、资本链的协同融合。

在这一生态系统中，清华控股依托清华大学在科研和人才上的独有优势，“三大链”形成了高效的闭环，“以创新链为中心部署产业链，以产业链为轴线发展资本链，再以资本链为动力推动创新链发展，进而实现人才、技术和资源的交互迭代，产业、资本和市场的融合推进，孵化、投资、运营的协调发展，各群组板块在有机协同中快速发展”①。

“创新链”是在科技成果产业化全过程中全方位推动科技创新，例如设立华控技术转移公司、建立科技成果转化基金——荷塘投资等等。“产业链”是指通过积极培育创新创业生态系统，大力发展关系国计民生、国家战略安全和有重大社会意义的产业，例如依托国家生物芯片工程研究中心、建立博奥生物等等。“资本链”是指运用资本培育创新创业系统，例如建立基金业务、互联网金融业务等等。②

第二，“五条路径”，即创新迭代、竞合发展、产融互动、跨界融合、聚合孵化。

创新迭代：根据市场发展趋势，在技术、体制机制和连接方式等方面不断创新。在体制机制创新方面，清华控股不仅在混合所有制、决策机制、干部聘任机制、考核激励机制与监督机制方面各有创新，释放了企业活力；在业务层面，重技术型的清华产业更是在“先进制造、集

① 清华经管学院案例——清华控股的战略变革与发展[EB/OL].（2018 - 12 - 25）[2020 - 05 - 06]. http://www.igi.tsinghua.edu.cn/web/fruit_info.php? id=91.

② 三链融合，打造创新创业生态系统[N]. 人民日报，2014 - 12 - 08.

成电路、能源环保、生命健康等方面不断创新，打造了多家行业领军企业”[①]。

竞合发展：清华控股引进英特尔注资展锐科技，与西班牙电信、中国联通共建创业空间，与惠普联手打造新华三集团，做强紫光股份，与国家开发银行合作做大集成电路产业等，都充分体现竞合思路。

产融互动：社会化大生产和资源有效配置要求产业资本与金融资本融合，需要以融助产，以产促融。例如：紫光集团收购展讯通信、锐迪科等企业，以强化集成电路产业布局；清华控股、启迪控股并购桑德环境，布局能源环保；紫光股份收购华三科技；等等。

跨界融合：将传统产业与新兴产业相互融合，通过互联网与传统的教育、金融、分销行业融合，推出在线教育、互联网金融与供应链金融；运用技术创新激发新兴市场潜力，将能源、制造与软件领域与技术创新相结合，分别开发出第四代核电、高端装备与公共应急系统；运用人文关怀构筑跨界新生态，将设计咨询、文物保护、出版传媒与人文关怀结合，分别开创出人居建筑、文化遗产的数字再现与数字出版。

聚合孵化：清华控股通过聚合空间、资本与服务三要素，搭建创新创业协同体系，打造辐射全球的创新网络，运营全球最大的大学科技园、中国首个创业街区，在北美、南美、亚洲和欧洲等国家和地区建立创新基地。

3. 经验总结

第一，把握高科技和国家政策风口。近年来清华控股旗下最大的企业紫光集团以“自主创新 + 国际合作”为手段加速发展，押注移动端的长期发展趋势与需求，选择芯片行业进行并购。同时积极响应国家“自主创新，安全可控”的集成电路发展战略，确定“芯 – 云 – 网 – 端”战略布局，与国家提出的构建“芯片 – 软件 – 整机 – 系统 – 信息

① 三链融合，打造创新创业生态系统[N]. 人民日报，2014 – 12 – 08.

服务”产业链不谋而合。

第二，抓住金融自由化浪潮，积极开展投资并购。清华控股的投资战略极具前瞻性，它选择具有典型的技术代表性的行业，利用证券市场中企业上市机制，以先将自身拥有的优质资产出售然后重新购入的方式成功实现上市，创新引领行业开展外部并购，占据了行业发展的制高点。

第三，大力发扬企业家精神，推动企业创新发展。清华控股的企业家精神可归纳总结如下：拥有家国情怀，具有强烈的使命感和责任感；及时了解和掌握新技术发展动向；具备商业思维；具有良好的社会声誉。

## 三、混合协同体制机制创新经典案例

### （一）中国联通混合所有制改革完善公司治理结构、聚焦核心产业

1. 公司概况

中国联合网络通信集团有限公司（以下简称“中国联通”）的前身是中国网通和原中国联通两家电信公司，2009 年两家公司正式合并为一家公司，相应的两家公司的业务也都划归到新中国联通，集团注册资本为 1064.7 亿元人民币。合并后，中国联通业务遍及全国，在境外也有多个分支机构，先后在上海、香港和纽约成功上市。①

2016 年 12 月，中国联通被列入第一批混合所有制改革试点企业名单，这标志着中国联通混合所有制改革正式启动，总体思路是，“通过整体设计，积极引入境内投资者，降低国有股权比例，将部分公司股权释放给其他国有资本和非国有资本，实质性地推进混合所有制改革，以市场化为导向健全企业制度和公司治理机制，聚焦公司主业、创新商业模式，规模发展基础业务和创新业务，全面提高企业效率和竞争能力，实现公司战略目标，为国民经济和社会信息化、供给侧结构性改革、新

① 资料来源：中国联合网络通信集团有限公司，百度百科。

旧动能转换做出积极贡献”[①]。

2. 股权结构

根据中国联通公布的混合所有制改革方案，中国联通以非公开发行、转让和授予方式分别向百度等 14 家战略投资者、国务院国资委的结构调整基金、核心员工出售股票。按照“公开透明、规范有序、市场定价原则，通过定向增发扩股和转让旧股的方式对中国联通股权结构进行调整，联通集团持有中国联通股权由 62.74% 减至 36%”；此后，“中国联通又进行了内部股权交易，使得国有资本在联通红筹公司中的持股比例为 60% 左右（其中联通集团持股 51.05%）”[②]。此举使得中国联通的股权结构发生重大变化（见图 3－3）：“混改”前，“联通集团持有中国联通 62.74% 股权，北京联通兴业有限公司、联通进出口有限公司（两家均为联通集团子公司）持有 0.01% 股权，公众持股 37.25%”[③]；“混改”后，“联通 A 股公司股权结构为联通集团公司持有联通 A 股公司 36.7% 的股权，战略投资者占比 35.2%，员工股权激励占 2.7%，公众股东占 25.4%”[④]。

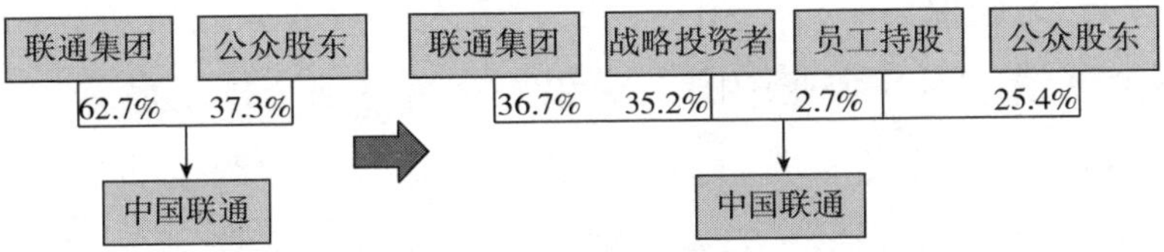


**图 3－3　中国联通“混改”前后股权结构**

① 中国联通发布混合所有制改革总体方案[EB/OL].（2017－08－16）[2020－05－06]. http://www.sasac.gov.cn/n2588025/n2588164/n4437258/c7703047/content.html.

② 中国联通“混改”方案或将发布 “混改”主题有望再站风口[EB/OL].（2017－04－05）[2020－05－06]. https://www.sohu.com/a/132165044_352263.

③ 曹山石. 中国联通停牌后的“混改”构想[EB/OL].（2017－04－05）[2020－05－06]. https://tech.sina.com.cn/t/2017－04－05/doc－ifycwymx3874239.shtml.

④ 联通“混改”后的“三变”与“三不变”[EB/OL].（2017－10－18）[2020－05－06]. https://m.sohu.com/a/165639602_468726.

3. 经验总结

第一，聚焦主业的“混改”战略清晰，目的明确。中国联通“混改”前，已经具有清晰的“混改”战略，包括企业战略定位、战略目标、战略发展路径、企业发展方面的资源优势与不足、具体的“混改”方案等，也能够让投资者看到企业可预期的战略增长和投资回报，对中国联通产生兴趣，让员工对中国联通未来发展有信心，愿意与企业形成利益共同体。

第二，战略指导，明确自身不足，引入优势互补的投资者。此次“混改”，中国联通在战略投资者的选择上，选择的对象都是实力雄厚的大型企业，能够与中国联通优势互补，产生协同效应。一方面，“混改”为中国联通注入大量资本；另一方面，“混改”后的国资民资优势互补。

第三，依据战略发展规划，合理设计股权比例，保护国有相对控股。首先，提升分散度与制衡度，激发国企活力。其次，坚持国有资本为主导，避免股权与控制权之争。

第四，为确保国有资本相对控股，引入国资背景投资者。在 14 家战略投资者中，国有企业中国人寿和结构调整基金持股最多，分别为 10.3% 和 6.1%。于是，联通集团、中国人寿和结构调整基金三家国有企业合计持有中国联通约 53% 的股份，确保国有股份占比超过 51%，在面临重要决策时很大程度上可以做到步调一致。

## （二）天津建材集团混合所有制改革实现产业升级

1. 公司概况

天津市建筑材料集团（控股）有限公司的前身是天津市建筑材料工业管理局，成立于 1958 年，于 2001 年改制为天津市建筑材料集团（控股）有限公司（以下简称“天津建材集团”）。天津建材集团涵盖建筑材料研发及生产、建材及相关产品贸易与物流、房地产开发与经营三大主业，是多元化经营业态共同发展的综合性大型国有资本控股公司。[①]

2. 股权结构

“混改”前，天津建材集团为天津津诚国有资本投资运营有限公司的全资子公司，是国有全资企业。资料显示（见图3－4），“2018年，天津建材集团通过在天津产权交易中心公开挂牌的方式进行增资扩股，北京金隅集团股份有限公司以40.18亿元受让55%股权，天津建材集团净资产由34亿元增值到73.06亿元”[②]。“混改”后，金隅集团持股55%成为控股股东，津诚资本持股45%成为参股股东。

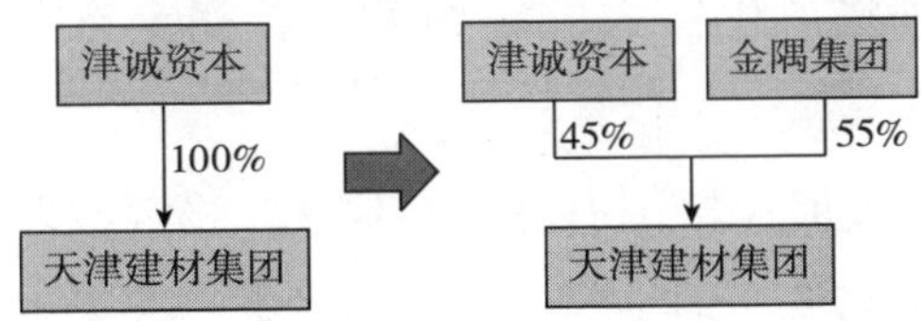


**图3－4　天津建材集团“混改”前后股权结构**

3. 经验总结

第一，集团层面，更大程度激发企业发展动能。天津建材集团是天津第一家试水集团“混改”的企业，其考虑到集团的长远发展，选择集团层面进行“混改”，而放弃对下属子公司分别进行“混改”。相关数据显示，尽管实施混合所有制改革的企业中国有企业所占比例比较高，但大多是其下属各级子公司实施“混改”，而集团母公司多以国有独资形式存在。因此，天津建材推动集团层面“混改”具有一定的突破性。

第二，引入产业链上下游股东，完善企业产业链，实现产业升级。“混改”前，天津建材集团下属企业主营业务领域具有典型的资源型和

① 天津市建筑材料集团（控股）有限公司[EB/OL].[2020－05－06].http://www.ctbmg.com/about.php?cid=32.

② 天津国资加速转向“管资本”[EB/OL].(2019－01－11)[2020－05－06].https://baijiahao.baidu.com/s?id=1622335735299607762&wfr=spider&for=pc.

高能耗型特征，“混改”将使集团公司下属企业面临转型压力，既需要开发绿色产品、淘汰落后产能，又需要理顺自身价值循环，实现可持续发展。集团所处行业的特点决定其不仅需要大量的长期资金投入，还需要成熟的行业经验和管理经验的注入。北京金隅集团股份有限公司作为上市公司，一方面，拥有充足的资本，能够为天津建材集团发展持续注入运营资金，另一方面，与天津建材集团之间具有高度的战略协同性、企业经营业务互补性；此外，北京金隅集团股份有限公司与冀东水泥成功进行资产重组。因此，此次“混改”对于天津建材集团和参与“混改”的企业而言都将产生巨大的正面效果，完全有条件在后续的经营发展方面实现互利共赢。

第三，国有参股但保持国有资本控制力。“混改”后，金隅集团持股 55%，成为控股股东，津诚资本持股 45%，成为参股股东。津诚资本由 100% 持股转为参股股东，发生较大变化。天津建材集团股权结构的股权制衡度大幅提升，由国有全资变为两大股东相互制衡，治理结构得到优化。“混改”后，津诚资本虽然变成参股股东，但并没有失去对企业的控制力。北京金隅集团股份有限公司虽为上市企业，但还是国有企业，是国有控股的混合所有制企业。

# | 第四章 |

# 世界一流企业协同创新发展能力解析

“培育具有全球竞争力的世界一流企业”是党的十九大对我国企业提出的一个明确的发展目标，也是新时代我国企业要努力达成的发展方向。为了落实这个宏伟目标，2019 年 1 月 25 日，国务院国资委专门召开了“中央企业创建世界一流示范企业座谈会”，多家代表性企业负责人参加了这次会议并做了主题发言，会议也提出力争在 3 年左右时间内争取能够在一些关键领域取得突破性进展。在中央企业层面开展创建世界一流示范企业工作具有十分重要的意义：一方面，这一工作既是落实党的十九大精神的一项重要举措，又是推动中央企业实现高质量发展的一个有效路径；另一方面，这既是进一步深化国有企业改革的一个重要抓手，也是实现人民美好生活的重要保障。由此可见，培育具有全球竞争力的世界一流企业已经成为新时代强国富民的重要基础，也是我国一项具有长期性、战略性并极具挑战性的发展任务。那么，什么是世界一流企业？世界一流企业具有哪些具体的特征？关于这个问题当前学术界并没有统一的标准。但可以确定的是，任何版本的认定标准中都一定少不了创新能力这一核心指标。当今世界，创新能力早已经成为企业最为核心的竞争优势，世界一流企业也一定是“创新一流企业”，而在开放式创新模式成为创新主导模式的今天，企业的创新能力往往又体现在其协同创新能力上，“闭门造车”的“封闭式创新”模式早已无法适应新时代对创新速度的苛刻要求，因此，世界一流企业也一定是那些具有超强协同创新能力的企业。本章我们将对世界一流企业的协同创新能力展开分析。

## 第一节　世界一流企业协同创新发展的共性特征

### 一、世界一流企业的内涵

提到“世界一流企业”，即使不用给出任何具体定义，人们心目中也立刻会呈现出一批大家公认的世界一流企业，它们往往是某个领域的开创性企业，或者一直引领这个领域发展方向的企业，如苹果、谷歌、西门子等举世闻名的跨国大企业。虽然每个人心中都有着关于世界一流企业的一些具体标杆，但关于“世界一流企业”在学术界并没有给出具体的、统一的定义，而往往与“卓越企业”“优秀企业”“世界级企业”等概念混同使用。然而，世界一流企业实际上还是有其本质特征的，一个比较典型的特征是，世界一流企业一定是在其所属行业内处于领导地位的企业。

实际上，在管理学相关理论概念中，“世界一流”并不是一个学术概念，而是一个偏口语化的表达方式，它是一个集应用性与企业经营管理实践于一体的研究课题。一般来说，对“世界一流企业”的通俗理解就是指一个能够引领行业发展方向，并被其他同行企业效仿、当作标杆的企业。而在学术文献中，与这一定义比较接近的是“卓越企业”（excellence enterprises）这一概念，而关于卓越企业的相关文献还是比较丰富的，很多学者分别从各自的角度对卓越企业进行了界定。其中，Drucker（1985）[①] 从创造需求的角度定义了卓越企业，认为只有那些能够真正从客户需求角度出发来创造价值的企业才称得上是卓越企业，因

① DRUCKER F P. *Innovation and Entrepreneurship*[M]. New York：Harper & Row，1985.

为“创造客户才是企业的唯一目的”。Porter（1985）[①] 基于竞争优势的角度进行了定义，指出卓越企业的典型特征是能够对内部价值链进行优化和调整，进而在市场竞争中处于领先地位。Newman 和 Chen（1999）[②] 认为，卓越企业同时也是世界级企业（the world class enterprises），并具有如下特征：规模适中，产品优质，竞争力强，管理国际化，具有核心专长，遵循全球运营规则和标准。此外，还有一些学者并不是从理论出发，而是通过对企业实践进行观察总结，进而提炼出卓越企业的基本特征。例如，Peters 和 Waterman（1982）[③] 通过对 IBM、GE、P&G 等公司的细致观察，提炼了卓越企业的 8 个基本特征：崇尚行动、贴近客户、自主创新、以人助产、价值驱动、专注主业、结构简单和宽严并济。Collis（1994）[④] 通过对全球典型卓越企业发展历史进行考察，进而得出，企业之所以能够成为卓越企业，其核心在于其所有行动以及改革都是围绕其“价值理念”以及“使命、愿景”展开的。

## 二、世界一流企业的评价标准和维度

如何评价企业是否是世界一流企业，目前并没有统一的评价标准，但很多机构从不同角度对企业进行的评级可以提供一些参考。如：《财富》杂志的“世界 500 强榜单”“世界品牌排行榜”“全球最受尊敬企业”等具有国际公信力的榜单；《哈佛商业评论》发布的“世界级企业应遵守的准则”（见表 4－1）；戴明质量奖、波多里奇国家质量奖和欧

---

① PORTER M E. *Competitive Advantage: Creating and Sustaining Superior Performance*[M]. New York: Free Press, 1985.

② NEWMAN W H, CHEN M J. World－Class Enterprises: Resource Conversion and Balanced Integration, Challenges for Global Enterprise in the 21st Century[R]. Academy of Management National Meetings, 1999.

③ PETERS T J, WATERMAN R H. *In Search of Excellence: Lessons from America's Best－Run Companies*[M]. New York: Harper & Row, 1982.

④ COLLIS D J. Research Note: How Valuable are Organizational Capabilities [J]. *Strategic Management Journal*, 1994, Vol. 15(1): 143－152.

洲质量奖等世界三大质量奖的获得者。此外，全球最著名的管理咨询公司麦肯锡也从三个特征对世界一流企业进行界定：第一个特征是“大”，也就是说，世界一流企业首先要具备一定的规模，这种规模使其在所处行业中甚至在全球经济中都具备十分重要的影响；第二个特征是“强”，即具有超强的竞争能力，从而使其在所属行业中长期处于领导地位；第三个特征是“基业长青”，是指企业在复杂多变的国际市场环境下能够永续经营，在各种经济危机以及金融风暴中仍能屹立不倒，处于不败地位，从而在国际上具有很高的声望和地位。德勤华永会计师事务所（2013）对世界一流企业设定了“九要素”评价体系，具体包括：战略决策、领导力建设、公司治理、运营与控制、国际化、人才管理、品牌与客户、创新管理以及经营绩效。波士顿咨询公司（2017）也提出，世界一流企业需要具备三个基本特征：资本丰裕、跨行业信息获取能力、人才储备与品牌价值。

**表 4－1　世界级企业行为标准**

| 道德准则 | 商业标准 |
|---|---|
| 信用原则 | 以勤奋和敬业方式提高公司的合法利润和更好的投入回报 |
| 财务原则 | 保护公司的财产权，也尊重竞争对手的财产权，包括知识产权 |
| 可靠性原则 | 尊重承诺和协议，及时完成明确的以及隐含的义务 |
| 透明原则 | 在所有事物中诚实并且尊重事实，清晰记录，及时披露相关信息 |
| 尊严原则 | 尊重个人尊严和其他人权，以及国际惯例和当地文化，保护人类健康和安全 |
| 公正原则 | 与各方进行公平交易和竞争，实践无歧视性和平等的就业环境 |
| 公民原则 | 遵守当地法律，与权力机构合作但不卷入政治，承担公民责任 |
| 反映性原则 | 关注投资者、消费者、员工意见，消除腐败，支持民主制度、多样化社会 |

由此可见，成为世界一流企业是需要符合多方面标准的，而且这些标准往往和人们本能想到的标准并不一致，仅仅具有较大企业规模、产值规模或者较大市场占有率的企业不能被认定为一流企业，或者是单单具备某一技术或产品优势的企业也不能被认定为世界一流企业，更不能仅仅从经济利益角度来认定世界一流企业。作为世界一流企业，要有高

远的使命、清晰的愿景；不仅能够立足本土，更要面向全球，在企业家精神的引领下，能够持续创新，带领本领域的相关企业不断实现技术跃升，并能够可持续地创造经济价值。同时，世界一流企业一定是具有使命感的企业，这种使命感不仅体现为促进本国经济和社会的发展，还包括推动全球包容性发展，并关注解决全球面临的各种难题。

这里，我们从自然维度、经济维度、时代维度和行业维度等四个基本属性对世界一流企业进行界定。各维度的具体含义如下：

1. 自然维度

企业是经济运行中的基本单位，是以利润最大化为追求目标的经济组织。培育世界一流企业，一定要按照经济规律办事，特别要尊重市场经济的发展规律，其中也包含了企业自身的成长规律。企业成长规律中最为重要的一点是，企业是独立的、人格化的、自主的市场经济主体，而所谓的自然维度，恰恰是对企业作为市场经济主体这一地位的直接体现。自然维度还有其具体的评价指标，从学理上，自然维度可以通过清晰的战略使命、完善的公司治理、科学的组织架构、显著的核心能力、系统的管理机制、特色的企业文化等六个具体方面进行评析。

2. 经济维度

企业是社会经济运行的基本单位和实施主体，整个社会的生产和消费都是靠企业将两者连接到一起的。一方面，企业能够通过组织生产来满足整个社会对产品与服务的需求；另一方面，企业还可以为员工、为股东乃至整个社会创造财富和价值。与其他维度指标相比，经济维度指标更加直观和容易量化，从而成为界定世界一流企业的一项重要评价维度。从经济维度出发，可以从盈利能力、偿债能力、运营能力、股东回报和发展能力等五个具体方面进行分析评价。其中：盈利能力可以选择净资产收益率、销售毛利润率、净利润率、盈余现金保障倍数等指标；偿债能力可以选择资产负债率、流动比率、速动比率、已获利息倍数等指标；运营能力可以选择总资产周转率、流动资产周转率、固定资产周转率、存货周转率等指标；股东回报可以选择归属于母公司所有者的净利润、资产收益率、国有资本保值增值率等指标；发展能力可以选择营业收入增长率、净利润增长率、总资产增长率等指标。

3. 时代维度

企业在发展过程中一定是不断面临时代更迭的，每家企业在发展过程中都不可避免地被打上时代的烙印。因此，企业是离不开它所处的发展时代的，其与所处的时代是相互影响的，对于企业来说，一方面，必须要回应时代的发展要求，完成所处时代赋予的神圣使命，另一方面，更要利用自身的创造力，不断引领时代的发展。企业只有把自己深深嵌入所处的时代背景中，才能立足当下，展望未来。而对于时代维度的评价，可以从三个方面进行评估。第一，社会责任。特别是对于我国国有企业来说，社会责任更是其在迈向世界一流企业过程中必不可少的核心指标之一。而对于社会责任的考量，可以分别从就业提供、税收上缴、扶贫贡献以及慈善公益等方面衡量。第二，发展质量。世界一流企业所体现出来的绝不仅仅是发展规模这样的数量指标，更为重要的是其发展质量。对于发展质量，可以从研发创新、转型升级、产业链位置等指标进行衡量。第三，国际能力。“世界一流企业”这个名词本身就意味着这样的企业是国际化的，具有重要国际影响力的。今天的时代，是全球化高度深入发展的时代，世界一流企业一定是一个在国际范围内获得广泛认可的企业。时代维度可以从企业的国际化经营战略、国际化经营能力、国际业务所占比重、国际市场份额等方面进行衡量。

4. 行业维度

所谓行业是指经营相似产品的企业集合。企业处于某一行业当中，不同行业的企业具有不同的发展特征，因此，只有在同一行业内部对企业进行评价才更加具有可比性。当然，很多国际知名企业往往是多元化发展，即便如此，引入行业维度，在评价企业时仍会更加客观以及更加具有针对性和可操作性。

## 三、协同创新是世界一流企业发展的关键支撑

世界一流企业一定是能够引领时代并不断创新的企业，通过超强的协同创新能力，组建自己的创新网络，能够使得企业实现创新资源的优势互补，获取可持续的创新能力，这也是企业基业长青的根本所在。创新所包括的含义是比较广泛的，不仅仅指的是技术创新，在技术之外的其他领域的创新对企业的发展来说同样至关重要，例如，全新的商业模式以及市场开拓途径也是可以对企业带来重大影响的创新，甚至一些管理方面的创新，其重要性都要大过技术创新、流程创新乃至商业模式创新。加里·哈默在《管理大未来》一书中将创新分成四个层次，分别是营运创新、技术创新、战略与商业模式创新、管理创新。而不同的国际知名大企业，往往有着自身独特的创新模式。如：西门子、3M、华为等企业采取的是以科技创新为核心的全面创新；宝洁公司、海尔集团采取的是突破组织边界、内外协同的开放式创新；亚马逊、吉利汽车、富士胶卷等企业采取的是探索性研发和新市场开辟的非连续性创新；谷歌、中国中车等采取的是产学研合作的协同创新等。而具体企业在实施创新的过程中，也往往有着自己独特的做法。例如，谷歌公司鼓励员工将“自己的想法放大 10 倍”，其实质是谷歌公司不希望只获得渐进的、增量的创新，而希望获得颠覆式的创新。谷歌的企业核心价值观总共有十条，最重要的就是第一条：“一切以用户为中心，其他一切纷至沓来。”也就是说，与其他企业在采取任何行动时首先考虑成本收益不同，谷歌鼓励研发人员完全不受盈利模式的影响，一切以用户体验为中心，将创意发挥到极致，当员工能很好地满足用户需求时，利润自然就来了。谷歌的这一伟大创举使得每个员工的积极性都被充分调动，从而能够敏锐捕捉到用户尚未被开发的潜在需求，永远走在创新领域的最前沿。

随着近年来创新驱动战略的不断推进和开展，中国在创新领域取得

了巨大进步，专利申请数量不断增加，很多企业探索出了适合自身发展的、卓有成效的创新模式。例如，海尔集团近年来在组织构架上发生了重大变革，鼓励集团内部员工全员创新，并将集团公司变成创客孵化平台，打造共创共赢的生态圈系统，在组织结构方面采取“小微”和“企业平台化”的模式，打破企业内外边界，使得人才和资本能够灵活出入，从而使得企业内外部资源能够有效互动与合作，并取得了很好的创新效果。海尔的管理案例三次进入哈佛讲堂证明了海尔管理创新的世界级影响力。而中国另外一个极具影响力的企业华为，则采取了全球合作创新的模式。华为在全球各地共组建了 36 个创新中心，充分利用全球创新人才资源，并积极与用户互动，从用户反馈的信息中不断寻找提升空间，完善产品质量，通过实施一系列创新性的想法满足客户需求。此外，华为还连续十几年坚持将 10% 的销售收入用于研发，并采取股权激励等方式吸引和留住人才。

可持续创新能力是企业核心竞争力的根本。这种创新能力不仅指技术创新，也包括管理创新。管理方面的创新也可以造就一个伟大的企业，例如，全球零售业巨头沃尔玛一直以来就是依赖管理创新最终成为全世界最大的零售业企业的。无论是技术创新还是管理创新，都会使得企业能够不断实现自我超越，不断获得更强的盈利能力，从而获得发展壮大的原动力。总而言之，一个世界级的企业一定是能够引领时代的企业，也一定是能够不断推动时代向前发展的企业。企业是国家创新体系的核心，国家创新体系的构建是围绕企业来构建的，因此，一个世界级的企业在国家内部，一定要成为科技创新的“领头羊”。近年来，随着我国政府对创新活动的日益重视和持续推进，我国科技创新迅速发展，企业创新能力不断提升，目前，我国已经成为在全球颇具影响力的创新大国。即便如此，我们在创新领域仍然存在很多不足，虽然一些标志性企业在某些领域已经在创新方面走在了全球前列，但从整体来看，我国企业创新水平还有很大的提升空间，我国企业在全球价值链中的地位仍然亟待提高。特别是在当今全球范围内配置创新资源的大背景下，我国企业更要提高自身的协同创新能力，通过构建全球创新网络，为可持续创新提供有力支撑。

2008 年全球金融危机以来，很多研究将危机的根本原因归结为创新不足引致金融危机。因此，危机发生后，全世界的一流企业也都把目光更多地投放在能够引领未来的颠覆性创新上，期待通过创新将全球经济带入下一个繁荣时期。由此可见，真正的世界一流企业归根到底还是要依靠创新来体现自己的特殊价值，这种价值是其他企业无法替代的，一旦一流企业消失了，那么它留下的将是一个无法填补的空缺。

总之，世界一流企业的可持续创新发展能力可以从以下五个方面进行概括：第一，掌握具有自主知识产权的核心关键技术。很多企业都能实现创新，但创新是分为不同层次的，而世界一流企业所实现的创新往往都是核心创新，即该创新成为突破行业瓶颈的有效利器，能够带领整个行业向前发展。第二，高效的创新转化能力。获得专利并不代表创新的实现，实际上，创新的真正含义代表着技术发明在市场中获得成功。即使再伟大的专利，如果不能在市场中获得成功，也是没有任何意义的。因此，世界一流企业一定是能够有效实现技术成果商业化的企业，将技术发明进行成功的商业开发才能真正提升企业价值。第三，具有完善的混合创新管理能力和相关管理机制，能够实现多维度创新。当今时代，不同行业之间的交叉越来越明显，而伟大的创新往往都是来自行业交叉领域，因此，世界一流企业要具有高超的创新管理能力，并在体制上建立与之相匹配的管理机制，从而增强企业在全球创新中的竞争地位。第四，具有一定的数字运营管理能力，能够将日常运营和数字化技术有效融合，从而增加企业的经营管理效率。第五，具有柔性的企业运作模式。对新技术具有更高的敏感性和接受度，从而可以更快地把新技术转化为企业自身生产力。

由此可见，产业之间的竞争、国家之间的竞争某种程度上也是企业之间创新的竞争，从人类进入工业社会以来200多年的历史来看，创新是国家之间差异不断拉大的根本原因。因此，培育世界一流企业，也就是为国家培育一批能够引领本国创新能力不断向前发展的企业，从而使得国家在长期的全球竞争中立于不败之地。

## 第二节　世界一流企业的协同创新发展体制机制

### 一、世界一流企业的开放式创新

20世纪90年代以来，伴随着全球化速度的加剧、企业经营环境的巨变，企业的创新模式由"封闭式创新"向"开放式创新"转变，并逐渐成为趋势。开放式创新迅速兴起的原因主要包括三个方面：

（1）人才流动的加速。伴随人才在企业间的流动，保存于人脑的隐性知识也随着人才的流动而发生转移。因此，企业引进人才，不仅可以满足对人才本身的需求，同时可以获得人才带来的隐性知识。

（2）新技术的变革。为了开发新技术，企业投入大量的资金、时间与精力。随着新技术的变革，技术日趋呈现高不确定性和高复杂性的特点，使企业依靠自身的实力较难应对高昂的研发成本和不断增加的研发风险。因此，企业会尝试通过与其他企业的合作，合作研发新技术，共同承担研发风险，以应对不断上涨的研发成本。

（3）知识的溢出和扩散。知识流动包括知识溢出和知识扩散两层含义，二者的区别在于知识拥有方的意愿是主动还是被动。企业的全球化、人才的流动、信息技术的发展加快了知识的流动，导致传统的封闭式创新不断暴露出各种弊端，促使企业尝试运用开放式的创新模式克服现有模式的缺点。

"开放式创新"（open innovation）是由哈佛商学院的Chesbrough教授在《开放式创新：从技术中获利的新策略》中首次提出。开放式创新是通过扩大企业的创新途径，促进知识的流动，将有价值的外部创意带到企业内部，使企业可以均衡内外部两种创新资源，以期提高企业创新能力的一种新的创新方式。开放式创新不再将创新焦点局限于产品研发，而是开始尝试商业模式的创新，努力从企业外部寻求合作者，以期实现技术的共享与风险的共担。开放式创新的发展，使企业的研发系统不再只是一个内部的闭环系统，而变成一个知识、技术可以自由流动的开放的创新系统；开放式创新的推进，使企业的创新理念也发生了根本性改变：企业不再过分强调创新来源于何处、将应用到何处，而是更加关注如何通过最小的投入获得最大的收益。因此，开放式创新的发展，使企业超越了组织边界的限制，使内外部资源交换更加便捷，并使知识的流入和流出更加自由。

与封闭式创新相比，开放式创新更强调创新主体间的协作关系，更重视知识的流动性。具体表现为以下四个方面：①公司理念方面。主张封闭式创新的企业，强调创意来源于内部组织，且坚信内部组织可以创造出最好的创意；主张开放式创新的企业，相信最好的创意也可能出自外部。②资源利用方面。主张封闭式创新的企业，重视企业内部资源；而开放式创新的企业重视资源整合，通过寻求整合全球资源实现创新。③研发的功能和运作方面。主张封闭式创新的企业强调依靠组织内部资源和力量，独立地实现产品开发、生产、销售等环节；反之，重视开放式创新的企业在不断提高自身的创新能力、积攒创新资源的同时，擅长利用外部资源，将组织内部和外部的资源进行整合优化，获得新的创意或技术支持，不断提高企业绩效。④对知识产权的态度。封闭式创新的企业依靠组织内部能力获得知识产权，并对知识产权进行严格的管控；主张开放式创新的企业在获得知识产权的方式上，不仅包括组织内部，还通过购买他人知识产权等外部方式获得知识产权。①

主张开放式创新的企业，组织呈现内部与外部之间界限模糊的特

① 陈钰芬，陈劲．开放式创新：机理与模式[M]．北京：科学出版社，2008：45.

征，内部资源与外部资源更容易整合。开放式创新的本质特征表现为创新主体间的合作与创新过程的嵌入性。开放式创新应积极利用市场渠道为创新活动提供服务，并通过整合内外部资源来实现创新思想的产生。因此，开放式创新离不开组织内部和外部各创新要素间的协同，只是利用内部创新要素而忽视外部创新要素重要性的创新并不是真正意义上的开放式创新；反之，如果创新过多依赖于外部要素，而忽视内部要素的重要性，则企业难以形成具有自主知识产权的产品，继而陷入“引进—落后—引进”的恶性循环，沦为其他企业的附庸。此外，开放式创新以产业链的需求传递为基础，创新过程中呈现定制化特征。开放式创新的实质是创新主体间合作利益的分配方式。在创新过程中，各创新主体将关注点聚焦于组织资源是否积极参与其中、组织与组织之间采用何种沟通形式、组织与组织之间是否形成信任机制等要素，并致力于提高各创新环节以及组织与组织之间的有机结合。节点、要素、链接、边界和环境共同构成了开放式创新的结构。其中，节点有多种表现形式，一般情况下，开放式创新的节点是指企业、大学或科研院所、政府以及中介服务机构等。

## 二、世界一流企业的创新网络构建

“创新网络”一词最早是由 Freeman（1991）正式提出，并将其定义为“为了应对系统性创新的一种基本制度安排，是企业间的正式和非正式的创新合作关系的总和”。企业、高校及科研院所和政府构成创新网络主体，各创新网络主体通过整合资源、交换信息进行协同创新。首先，高校和科研院所具有知识创造和人才培养的功能，对技术创新的发展起着重要作用。其次，政府通过为创新主体提供政策支持、制定相关法律法规来保障创新主体的合法权益、为创新主体间的合作搭建平台等方式，降低创新主体间合作过程中的不确定性；政府通过为创新主体提供资金支持为创新网络发展提供保障。最后，金融和中介机构为创新主体提供资金支持。

企业创新网络是企业开展创新活动过程中形成的网络。企业创新网络是为了提高创新成果的市场转换效率，基于对各合作主体间的了解与信任，各创新主体共同建立起来的正式与非正式合作关系的系统总和。创新网络中的各节点之间可以进行资源、信息、技术等要素的传递。创新网络本质上是社会网络的一种表现形式，是基于组织与组织之间的合作关系建立的网络，具有社会网络的共性特征，即网络节点多样化、网络结构复杂性等，因此，学者们普遍利用社会网络的相关测度指标对创新网络进行测量及研究。根据社会网络理论，创新网络的组成要素包括网络成员与网络结构。首先，网络成员。企业、高校和科研院所、政府以及中介机构等是创新网络的重要成员，构成完整的创新网络。网络成员之间的互动程度与网络密度成正比例关系，即网络密度越高，网络成员之间的沟通越频繁，越有利于提高网络成员之间的信任度，促进资源的获取与整合，降低交易的成本和风险。其次，网络结构。网络结构是指网络节点与网络节点在创新网络中所存在的关系模式，通过关系强度的大小、网络密度的稀疏以及网络规模的大小来测量网络结构。

苹果公司是架构创新的企业典范。仅仅从研发强度看，苹果的技术研发强度并不突出。苹果公司的平均研发强度仅为2.8%，远远低于微观、Google、三星电子等其他世界一流企业，但苹果的技术创新能力和市场竞争力却不亚于其他世界一流企业。一个重要的原因就是，苹果虽然没有在核心零部件领域进行大规模的研发投入，但它通过系统优化和架构创新有效地集成了创新生态中的各种前沿技术，从而保持强大的创新能力和市场竞争力。例如，苹果公司于2007年首次推出iPhone手机。根据消费者的反馈，苹果手机无论是通话质量、续航时间、网络性能还是输入功能都不及黑莓手机，但是苹果手机重新定义手机后，围绕iPhone发展了App Store等在线消费模式，改变了手机在创新生态中的功能。

## 三、世界一流企业的创新合作联盟

随着社会分工化和专业化程度的加深，企业通过与其他企业建立正式或非正式形式的合作，实现内部、外部资源的有效整合，以促进开放式创新的发展。驱动企业采取与其他企业以合作的方式提高技术发展水平的因素主要包括以下几个方面：企业缺乏足够的内部资源进行研发；企业的技术能力在短时间内无法得到突破性提高；企业无法承担高昂的研发成本和研发风险，需要寻找合作伙伴共同分担；等等。此外，影响企业依靠内部组织的自主学习方式吸收外部资源的因素主要包括三个方面：首先，受资源分布状况限制。以资料为例，资料存在数量不足、内容不全、信息错误等风险，而且搜寻资料需要耗费大量的人力、财力和物力。因此仅仅依靠企业内部自身的力量实现资料的搜集、整理与汇总等工作，很难高效率地完成组织的预期目标。其次，知识有显性知识和隐性知识两种，显性知识又称“形式知”，通过语言、文字等形式实现流动，而隐性知识又称“暗默知”，无法通过语音、文字等形式实现知识流动。隐性知识的不易流动的特性，影响了企业依靠自主学习方式吸收外部资源的效果。最后，企业自身的学习能力影响组织内部学习吸收外部资源的效果。如果该企业的组织内部学习能力较强，对相关知识有一定积累，那么，吸收外部资源时就会更容易些；反之，如果该企业的组织内部学习能力较差，对相关知识又不了解，则组织内部吸收外部资源的效果将会受到严重影响。此外，合作双方吸收能力方面的差异与合作效果呈负相关关系，即合作双方的吸收能力差别越大，知识被吸收与利用的可能性就会下降，继而影响合作效果；反之，合作双方的吸收能力差别越小，越有利于知识的吸收与利用，对合作效果也会起积极作用。开放式协同创新模式是开放式创新发展的必然产物，是企业现有创新能力与企业的创新意愿博弈后的最终结果。

企业的创新合作联盟是指企业基于内部的创新资源与创新能力，为从外部获取更多的资源，与其他企业共同建立的组织联盟。在这个联盟里，各联盟成员可以共享彼此的创新资源，共同承担创新风险。创新合作联盟的形式既包括横向创新合作联盟，也包括纵向创新合作联盟。规模相当、创新水平与能力差别不大的企业与企业，常常通过结成横向创新合作联盟共同抵御行业内更强对手的竞争压力；技术和能力差异较大并且可以形成互补的企业也会考虑结成横向创新合作联盟，以期获得协同效果。而处于价值链上下游的企业会通过结成纵向创新合作联盟来降低成本、提高竞争力。此外，人员的流动会带动知识的流动。例如，知识创造方的企业员工流向知识需求方的企业时，知识也会随同人的流动方向发生知识外溢。这种情况下的知识流动对于知识创造方的企业来讲，是一种被动的、不可控制的流动，会对知识创造方的企业造成损失。与此相对，开放式创新的合作模式避免了知识的被动流出，是一种主动的知识流动，是在合作双方或多方达成共识后发生的知识共享，更容易实现多方共赢的局面。无论是处于横向创新合作联盟还是纵向创新合作联盟，知识的流动方向都不是固定不变的，知识可以从一方流向另一方，也可以是双方之间的互相流动，还可以贯穿于整个创新网络。

开放式创新包括合作形式的开放式创新和非合作形式的开放式创新，与非合作形式的开放式创新相比，合作形式的开放式创新更具特色。一个组织选择加入开放式创新合作联盟时，往往其自身对未来创新方向、未来合作需求已经具有非常明确的目标。通过签订合作协议，内部成员明晰合作机制、合作目的、合作制度以及创新收益分配制度，以保证执行效率，提高合作默契。例如，企业的知识产权方面，任何企业都不会选择也不愿意让内部知识无偿溢出和流动，而基于信任关系和契约约束方式的合作模式成为合理、周全的选择，其实质是将企业内部的知识转移变为一项有特定目的的交易活动。知识传播方可通过购买方式获得经济效益、通过非货币性资产交换的方式获取新知识互补自身创新活动，可在一定程度上规避不正当手段造成的知识泄露风险。因此，开放式创新的参与者与参与者之间的知识流动是主动的，是在双方同意的前提下进行的。

参与创新合作联盟的企业与联盟中的其他企业建立长期稳定的合作关系，联盟中的参与者因为共同的目标而结成联盟，通过资源共享、协同创新，不断提高企业的核心竞争力。联盟中的参与者有着明确的权利和义务，在合作过程中，当权益受到损害时，可以受到联盟的保护，得到合理的补偿；同时，每个参与者在合作过程中都要履行相应的义务。联盟中的参与者只有共同履行义务，建立信任机制，整个联盟的发展才能得以持续和深化。

企业研发新技术需要投入大量的人力、财力以及物力，高科技企业想要持续进行技术创新、维持核心技术竞争力更需要各种资源予以保障。面对日趋复杂的技术，企业越来越难以依靠自身的力量来单独完成技术创新，而不得不积极寻求其他合作伙伴结成联盟共同发展。联盟中的各参与者不仅可以实现知识、技术、信息等无形资源的共享，还可以实现厂房、设备仪器、实验室等有形资源的共享。创新合作联盟的建立，可以帮助那些有创新诉求却缺乏创新能力的企业实现创新的规划、运行及控制。

一个完整的创新项目涉及诸多环节，需要投入大量的创新资源，既要承担失败的风险，又要承担机会成本，可以说，任何一个环节的失误都可能导致整个创新项目的失败。而合作形式的开放式创新可以很好地解决上述问题。在合作形式的开放性创新中，有的是以共同的目标为前提而结成联盟，在联盟里，参与者通过合理的分工与高效率的合作产生协同效应，实现预期目标。有的是因为缺少某种技术或某项资源，而通过外包、并购等方式，将不擅长的业务交由拥有该技术或资源的其他企业，将更多的资源与精力投入企业擅长的领域。

企业技术创新联盟是企业技术合作发展的高级阶段，与一般的企业技术联盟相比，企业技术创新联盟具有目标导向性、合作长期性、任务艰巨性、管理复杂性以及合作紧密性等特征。第一，目标的导向性是指企业技术创新联盟的目标具有明确性，对技术创新联盟的建立及发展具有明确的指导性。为了确保技术创新联盟的预设目标得以实现，联盟的一切活动都要以目标为指向，紧密地围绕目标内容开展合作，以实现合作方的共赢。第二，合作的长期性包括合作时间的长期性和对企业影响的长期性两个层面的含义。企业技术联盟是基于战略的高度以及目标的长远性而建立的联盟，因此，联盟时间的设置较长，一般为 5 ~ 10 年，甚至有长达几十年的合作时间。此外，企业技术创新联盟是基于战略高度而建立的，因此，联盟的成功与否将会对参与联盟的企业产生深远的影响。第三，任务的艰巨性是由技术的复杂性决定的。通常，重大技术创新难以依靠单个企业的力量完成，需要多个企业通过共同合作、资源共享以及风险共担才能攻克技术难关。第四，管理的复杂性是由技术创新联盟参与者的不同和联盟组织形式的不同而导致的。企业规模、企业制度以及企业文化等不同，导致了企业与企业之间存在差异性。而参与技术创新联盟的成员情况不同，且成员之间关系的紧密程度存在差异性，导致各技术创新联盟的管理形式也不同。第五，合作的紧密性表现为联盟组织的紧密性。企业技术创新联盟的建立，突破了企业与企业之间的地理界限，技术创新联盟的参与者在联盟里实现知识流动、资源整合，将外部有用的创意或者技术引入企业内部。

## 四、世界一流企业的模块化创新

进入 21 世纪，在信息化技术高速发展的背景下，数字化经济及人工智能对企业的创新行为和创新模式产生了深远的影响。相比过去，企业的创新行为及创新模式表现出明显的模块化的特征。以往企业的创新活动仅仅发生在企业内部，企业之间的创新行为不存在关联性，企业之间创新活动影响的规模性难以发挥出来。企业的模块化创新，不仅使得企业自身的创新产出具有多样性、高效性，还使得不同企业之间创新活动具有了广泛的联系，极大地增强了企业创新影响的规模性特征。相比企业内部自身的创新，不同企业之间的创新联系，就是企业模块化创新最突出的表现。在经典的企业创新理论中，企业自身的创新行为具有正向的外部性特征，但是这种外部性特征的发挥具有很大的局限性，或者说企业创新成果发挥其正向的外部性存在较长的时间滞后效应，甚至由于市场中企业之间的竞争性行为的影响，企业之间很难相互共享到创新所带来的规模效应。企业的模块化创新可以最大限度地降低企业之间由于相互竞争在创新方面所产生的负面影响，增强企业创新的规模经济性和协作性。在共同的企业创新模块之中，不同企业之间具有标准的信息交流方式，使得不同企业在创新活动中具有高度透明的信息共享度。同时，创新活动的协调性不断增强，创新资源的共享性和兼容性也大幅度提高。在模块化创新的影响下，企业创新活动的绩效和成功率都显著提升。需要注意的是，对世界一流企业的模块化创新，并不能简单地理解为不同企业之间的联合创新，实际上，不同企业在协同创新过程中，以构建共同的创新网络为基础，但同时也非常注重不同企业自身的“隐性资源”（recessive resources），保持企业自身的优势。所以，世界一流企业的模块化创新并不在于外表所呈现的模块化组织的构建形式，其关键还在于共同创新价值理念下的核心制度设计。

世界一流企业的模块化创新能够有效提升企业协同创新能力的发挥，其原因有两点。第一就是世界一流企业往往通过模块化创新有效地整合用户需求侧和企业供给侧。企业创新产出的最终目的是更好地满足产品消费者的需求，这也是企业在市场经济竞争中得以存在的原因。企业的模块化创新往往能够以满足消费者需求为创新活动的行动目标，不同企业之间在模块化创新运行模式之下，配置功能独立、互换性强的模块，最终形成满足消费者需求而且具有高度个性化的创新产品。从这个角度来说，模块化创新为世界一流企业在生产经营活动中如何更好地解决用户需求侧和企业供给侧的不匹配问题，提供了全新的视角。在传统的企业创新中，由于不同企业之间在行政管理权限上的障碍，所以不同企业之间很难进行统一、协调的创新产品开发，所以又将企业的模块化创新形象地称为“透明的设计规则”。王海军和张悦（2018）[①] 指出，企业模块化创新的本质意义在于企业可以更好地将创新产品用户的需求映射到企业研发产品的过程之中，也就是将创新产品用户的需求与新产品的技术设计参数和技术解决方法完美地结合到了一起。第二就是世界一流企业的模块化创新使得企业在创新过程中更好地实现了网络化创新资源的耦合对接。从协同创新网络理论的视角来看，可以将不同企业视为在整个创新网络上的一个个组织的节点，这些节点为了有效完成整个网络的创新活动，需要保持一种有序的协作状态。但是由于在创新网络组织中，或者说在企业模块化功能的实现之中，又不断需要不同模块功能之间具有一定的独立性特征，所以发挥模块化创新的强大功能，是需要在模块化创新的网络组织中，将组织单元的协调性与模块单元的独立性之间很好地协调起来，这样才能最大限度地发挥企业模块化创新的耦合效应。世界一流企业的模块化创新往往能作为企业与网络化资源协同创新的载体，发挥出上承用户需求、下接网络化资源的中转站作用。在世界一流企业的模块化创新实践中，非常强调模块接口的标准化交流。这种模块接口标准化交流带来的最大好处在于可以使得不同企业之间通过企业发布的接口标准获得大量不同的创新信息资源，提交相应的技术创新解决方案。在传统的创新协作工作中，不同企业之间不具备模块接口的标准化交流，使得其各自的创新产品具有不同的、错综复杂的功能，同时缺乏创新网络化资源的协调性，导致企业在开展协同创新的同时要花大量时间进行创新产品技术优化和外部资源关系协调，这极大地降低了协同创新的有效性。

---

① 王海军，张悦．企业模块化协同创新及网络化资源管理：基于海尔的探索性研究[J]．科技进步与对策，2018(21).

## 五、世界一流企业协同创新能力评价指标体系

### （一）指标选定的原则

在当前的理论研究和实践探讨中，关于什么是世界一流企业的成果已经得到了广泛的关注，其中也有诸多世界一流企业的评价标准，既有来自定性的指标，也有来自定量的指标。可以说，不同学者、研究机构、单位提出的指标体系各有千秋，且都具有典型的代表性。例如，国务院国资委提出的“13 个要素”属于定性指标，而《财富》500 强则是基于定量指标来确定世界一流企业。结合世界一流企业可持续协同创新管理机制，基于我国实际情况，我们依据以下原则建议构建评价世界一流企业的协同创新能力。

系统性原则：指标库完善，参考世界一流企业协同创新促进创新能力增长的最佳实践，全面、系统、精简的设计指标体系。

可采集性原则：指标体系的构建是一个重要的实践工具，指标体系中各个指标的相关统计数据的采集要可靠、方便和科学。统计数据的获得过程具有一定的成本，并且数据本身往往具有一定的测量误差。所以在指标的选择上，要求数据采集过程尽可能简洁，同时数据的测量误差要尽可能小。

可比性原则：选用指标时必须注重指标统计口径的一致性，保证可以对不同行业、不同发展阶段、不同所有制性质的世界一流企业进行科学比较，同时在指标选取上注重把不可比要素转化成可比要素。

价值导向原则：围绕建设“三个领军”“三个领先”“三个典范”世界一流示范企业的要求，适应不同行业的特殊性，围绕价值创造，不仅考察协同创新下企业的技术创新能力，还考察企业在管理创新和组织创新上的表现。

指标应能实现横纵结合：世界一流企业一般都处于当前时期其他企

业难以超越的领先状态，通常也在未来相当一段时期具有可持续的竞争优势，因而，指标的选定需要考虑能够影响企业发展的多方面复杂性因素，以及能够针对世界一流企业的发展全过程进行解析的时间动态性。鉴于此，世界一流企业的度量指标必然在横向的空间上与纵向的时间上兼具同一性和多样性。

### （二）企业协同创新能力的评价指标体系构建

协同创新是世界一流企业的内在发展动力。唯有不断提升企业赖以生存的核心能力，不断寻找创新增长点和动态环境的结合点，企业才能够始终保持竞争力。随着新时期、新背景的到来，创新发展的大趋势会不断出现新的规制，企业的创新发展能力也需要进行持续的变动。可以从管理创新、组织创新和技术创新这三个维度去考察世界一流企业的协同创新能力。

管理创新是企业得以基业长青的重要能力，传统意义上的创新主要指研发中心给技术带来的提高，例如，OECD 在《技术创新调查手册》中将其界定为工业技术创新，包括新产品、新工艺和相关变化。现代的创新则加入了企业制度对内部及外部创新的开放性提升，使更为广义的管理创新也被纳入其中。广义的管理创新设计建立健全内部控制制度，战略规划、股权管理、财务管理、资本运作和风险管理，以及明确管理界限和业务交易规模，提出风险控制措施等。狭义的管理创新包括管理层的意识、管理活动的提升、员工的质疑试验和外部人才的联系等诸多方面的内容。管理创新活动的主要内容包括：建立、健全各项管理制度，设计好管理的流程，做到有章可循，并为此搭建一个能够实现管理信息在不同管理主体之间安全、及时、充分地流动的信息系统等。管理创新与各部分的管理改革均有关联，涉及部分内部专业化程度，部门间协作与竞争的平台设立和权衡，企业对行业环境和市场变化的适应性和反应速度，组织结构扁平化程度与弹性，内部结构调整速度，学习模仿速度，以及对管理创新本身的重视程度等。此外，还需要创新后模式与企业动态匹配，因此应着重衡量其变革前后企业绩效的促进程度。

与一般企业相比，世界一流企业往往资产规模庞大，业务结构复杂，如何将这些多元的资产和业务组织化，形成高效率的组织结构，同时如何在集团与众多下属企业之间构建一个科学的管控体系，在保持下属企业经营活力的同时，确保其在发展战略、投资决策、利润分配等方面不出现偏差，是这些企业一直面临的独特而极其重要的任务。在组织创新活动中，企业可以通过耦合的方式获得持续的成长助力，不仅体现在技术创新上，更体现在制度创新等诸多方面。

技术创新包括专利与软件著作权数量，据此生产的新产品种类数、原有产品发生重大改进的数量，科技论文、提案、文档等相关文件的绝对与相对数量。在企业创立阶段，发展企业的技术创新需要较强的初始能力，即企业通过自身的经验积累或对其他企业产品的模仿，来掌握产品创新的规则和方法，开发出新的产品来满足市场需求。对于再创能力的培育和提升也是世界一流企业之所以获得竞争力的重要体系。随着企业的初步发展，需要进一步培养再创能力，即企业对创新知识进行有效的调整、配置和不断迭代的动态能力。再创能力使创新由原来大规模、一次性转变为可循环的、分阶段的“龙卷风式持续创新”，这种创新更加符合互联网、制造外包、开放源代码运动等企业外部环境的变化，且创新成本相对较低，开发新产品的速度更快，也更能及时对客户需求进行反映，是实现技术赶超的有力途径。

针对上述的分析，我们可以构建如下的指标体系，考察世界一流企业协同创新能力（见表4－2）。

表 4-2 企业协同创新能力评价指标汇总

| 一级 | 二级 | 三级 | 指标解读 |
|---|---|---|---|
| 企业协同创新能力 | 管理创新 | 管理变革 | 设立新的业务单元、引入新的管理技术方法 |
| | | 制度完善 | 建立健全的管理制度体系，运作良好的规章制度 |
| | | 业务流程 | 通畅的价值创造流程，安全、及时、充分沟通的信息系统等 |
| | | 动态匹配 | 创新前后的商业模式协调、效益对比等 |
| | 组织创新 | 组织变革 | 重组的创新要素供给，组织结构变革频率和幅度等 |
| | | 集团管控 | 有效的层级控制，母子公司关系协调、监督管控机制等 |
| | 技术创新探索能力 | 投入能力 | 技术开发人员占比、研发投入结构 |
| | | 发明能力 | 自主研发的专利数量、主导制定的行业标准、对创新机会的重视程度 |
| | | 吸收能力 | 外部技术获取的性质、外部获取的专利数量 |
| | 技术创新保持能力 | 信息交流能力 | 机构与制度保障、信息系统的应用 |
| | | 合作能力 | 合作研发机构数量、合作研发项目数量、合作研发同步性 |
| | 技术创新开发能力 | 产出能力 | 创新项目或企业获得国际、国家级权威奖项或者认证数量、创新项目收入结构、商业模式创新 |
| | | 新创能力 | 产品/服务新创战略、新产品/服务模块化水平、新产品/服务技术集成水平、试验/试制能力 |
| | | 转化能力 | 新产品/服务的技术构成、技术的授权/转让 |

## 第三节 中国领先企业协同创新发展实践与案例

自改革开放以来，中国企业实现了快速与高效的发展。根据 2019 年 7 月 22 日美国《财富》杂志（*Fortune Magazine*）的评选结果，129 家中国企业（其中包含台湾地区的 10 家企业）进入世界 500 强企业的榜单之中。2019 年一共有 25 家企业新进入世界 500 强企业，其中中国占 60% 以上。从 2019 年世界 500 强企业数量的国家分布来看，排名最高的前 10 个国家分别是：中国（25.8%）、美国（24.2%）、日本

（10.4%）、法国（6.2%）、德国（5.8%）、英国（3.5%）、韩国（3.2%）、瑞士（2.8%）、加拿大（2.6%）、荷兰（2.3%）。而且2019年中国世界500强企业数量首次超过美国（121家）。位列世界500强的企业，每家都各有特色，虽然这并不意味着所有上榜企业都是世界一流企业，但很多中国企业依然能立足自身实践情况，形成不同的发展模式，在迈向世界一流企业的成长道路上，稳步前行。

## 一、中国航空工业集团有限公司利用模块化创新构建高效协同创新体系

“十三五”期间，中国在高端装备制造行业重点发展的行业分别是①：现代农机装备制造业、先进轨道交通装备制造业、海洋工程装备及高技术船舶制造业、高档数控机床制造业、先进化工成套装备制造业、机器人装备制造业、高性能医疗机械制造业、航空航天装备制造业。雷宗友（2014）在总结世界发达国家高端装备制造行业的发展规律中指出：“中航空航天装备制造业是整个高端装备制造行业的龙头行业，甚至可以说一个国家航空航天装备制造业的生产能力和技术水平是整个国家制造业综合实力的体现之一。”② 从整个行业的生产过程来看，航空航天装备制造业包括了动力设备、航电设备、机身设备及其相关配套零部件的生产。航空航天装备制造业作为下游行业，其发展过程中，可以有效地带动下游行业（如电子仪器仪表业、冶金及材料制造业、机械零件加工行业、高端装备和新材料制造业）的发展。所以，对于整个中国制造业的转型发展来说，航空航天装备制造业的创新发展是其中重要的组成部分和成功保证。航空航天装备制造业的产品往往是复杂产品，例如，依照飞机制造的生产流程，可以将飞机的具体生产分解为

① 吴敬琏，厉以宁，林毅夫．读懂十三五［M］．北京：中信出版社，2016.
② 雷宗友．高端装备制造产业［M］．上海：上海科学技术文献出版社，2014.

动力装置、通信设备、机载设备、起落装置、机体设备（机身、机翼、尾翼）。所以对于航空航天装备制造业来说，市场需求是其创新战略安排的重要导向之一。

中国航空工业集团有限公司（以下简称“航空工业”）是国家出资设立，由国务院国资委代表国务院履行出资人职责的国有独资公司，是由中央管理的国有特大型企业，也是国家授权投资的机构，于2008年11月6日由原中国航空工业第一集团公司和中国航空工业第二集团公司重组整合成立。航空工业设有航空武器装备、军用运输类飞机、直升机、机载系统与汽车零部件、通用航空、航空研究、飞行试验、航空供应链与军贸、资产管理、金融、工程建设、汽车等产业，下辖100余家成员单位、近27家上市公司，员工约45万人。在《财富》发布的2019世界500强中，航空工业位列151位。另外，航空工业在“2019中国战略性新兴产业领军企业100强”中排名第4位；在“2019中国制造业企业500强”中排名第11位；在2019‘一带一路’中国企业100强”中排名第59位。在全球化速度加剧、企业经营环境巨变的宏观经济背景下，显然传统的“封闭式创新”模式不可能有效提高航空工业利用不断创新谋求企业进一步发展的战略目标。如何在创新的同时，增强企业在整个全球市场中获得竞争力，是航空工业在考虑创新模式改变的同时需要思考的问题。航空工业最终选择利用“开放式创新”中的模块化创新模式，利用源源不断的客户个性化需求的大数据信息引领其技术创新的进一步方向。

在具体的模块化创新实践中，航空工业旗下的中国商用飞机有限责任公司（以下简称“商飞”）、成都飞机工业（集团）有限责任公司（以下简称“成飞”）、西安飞机工业（集团）有限责任公司（以下简称“西飞”）作为航空工业模块化创新系统中的重要节点承担起整个创新模块组织共同交流标准的制定者。商飞、成飞、西飞的共同标准为创新模块中其他节点共享不同的创新资源、用户需求信息、内源性知识、外源性知识奠定了坚实的基础。同时，在航空工业的模块化创新实践中，模块创新组织的各个节点之间除了统一的协同共享的特征，还具有一定的相互竞争的特征。这种协同共享和相互竞争成为不断提升各个节点组织创新能力的双重动力。以飞行设备相关产品的制造为例，为了提高技术创新的有效性，航空工业将飞行设备相关产品个性化的需求信息作为产品生产协同创新的依据，将整个飞行设备的生产过程划分为飞行器动力装置设计和制造、飞行器信息交流装置设计和制造、飞行器载体设备装置设计和制造、飞行器升降装置设计和制造、飞行器外观装置设计和制造这五大模块，将五大模块分包给模块供应商。分包给模块供应商的举措，使得在飞行设备相关产品制造过程中，管理费用有效降低，飞行器动力装置、飞行器外观装置、飞行器载体设备装置、飞行器升降装置、飞行器外观装置的供货更加及时和高效，模块供应商的数量减少，而且其产品更加符合用户的个性化需求。航空工业在发展过程中始终以创新发展为基本战略目标，依照用户的需求指导技术创新的发展方向，以模块化思维制定产品的开发规划。同时，航空工业非常注重为模块化创新中的各个产品供应企业提供统一协调的技术创新交流平台和网络，实现创新资源的共享性。在模块化创新中的企业能够及时了解到其他企业最新的创新信息和创新资源。在模块化创新中的节点有效地了解到用户对相关产品的不同个性化需求的信息之后，创新行为就具有了共同的方向性，可以将不同个性化需求转化为各个详细的技术创新目标，这样便形成了具有用户需求特征的航空工业的技术创新联盟。航空工业在模块化创新实践中创造性地发现在利用模块化创新提高整个系统的协同创新能力时，应该注意到关键性模型对整个创新系统的稳定性具有较大的影响，其变动是使得整个创新系统产生系统性变动的原因。所以，可以通过对关键性模块的不断进化升级，完成对整个模块化创新系统的转型升级。以飞行设备相关产品制造为例，在飞行器动力装置设计和制造、飞行器信息交流装置设计和制造、飞行器载体设备装置设计和制造、飞行器升降装置设计和制造、飞行器外观装置设计和制造这五大模块中，飞行器动力装置设计和制造模块是整个飞行设备相关产品生产的关键性模块，航空工业充分认识到飞行器动力装置设计和制造模块对于整个模块化创新的重要作用，利用飞行器动力装置设计和制造模块的核心地位，构建起了高效的协同创新体系。

## 二、美的集团基于开放式创新集结全球范围内的创新、创意和创客

在数字化经济和经济全球化的共同影响下，企业的创新行为也在发生明显的变化。相比以往，企业创新行为变化最突出的特征就是企业创新活动的组织边界逐渐消失，取而代之的是创新行为的网络化和平台化，协作创新成为企业创新的常见模式。美的集团在致力于创新发展的过程中，将开放式创新作为把握商业机会、降低研发风险的有效模式，成功地完成了战略转型的重要任务。

2015 年 4 月，美的集团与浙江大学管理学院成立了专门的项目小组，从开放式创新平台的理论与背景、建设方案、推进与实施、外部对标风险与对策等方面进行了深入的研究。在该项目小组多位专家和业界精英的努力下，初步制定了美的开放式创新平台规划方案。2015 年 9 月，美的集团投资 11 亿元建立美的开放式创新平台（Midea Open Innovation Platform，以下简称“美创平台”）① 正式上线发布，吸引全球范围内的创新、创意和创客在智慧家居、智能家电、健康管理、人工智能、机器人等领域进行协同创新（见表 4 – 3）。

截至 2020 年，美创平台合作单位还包括浙江大学创新基地、清华大学经济管理学院、华中科技大学、中国科学院自动化研究所、中国科学院电子学研究所等单位。美创平台具体包括众创平台、需求与解决方案、

① 详见 http://open.midea.com。

表 4-3 美创平台建设大事记

| 时间 | 标志性事件 |
|---|---|
| 2015 年 4 月 | 美创平台规划方案的制定（美的集团和浙大管理学院） |
| 2015 年 6 月 | 美的集团与浙江大学共建开放式创新联合实验室 |
| 2015 年 7 月 | 举办第一届“星火杯”创意竞赛 |
| 2015 年 7 月 | 举办第一次创新创业路演评审 |
| 2015 年 9 月 | 美创平台正式上线发布（http：//open. midea. com） |
| 2015 年 11 月 | 第一个孵化产品上市（M2 净水器） |
| 2015 年 11 月 | 与浙江大学合作开展美的内部创客培训营 |
| 2016 年 3 月 | 在中国家电及消费电子博览会（AWE）上展示数款美创平台孵化成果 |
| 2016 年 6 月 | 智能洗衣产品创意大赛 |
| 2016 年 7 月 | 参与 Plug&Play 硅谷项目路演评审 |
| 2016 年 7 月 | 平台定位升级——从创客个体驱动向集团创新驱动转型 |
| 2016 年 8 月 | 平台功能升级——融入全球技术情报体系 |
| 2016 年 9 月 | 联合美的集团冰箱事业部推出“冰鲜杯”保鲜冰箱创新大赛 |
| 2016 年 11 月 | 与江南大学、广东工业大学共同举办未来家居创意设计大赛 |
| 2017 年 4 月 | 2017 洗衣产品创意大赛 |
| 2017 年 5 月 | 美的家用空调 2017 年度创意大赛——“百万创意 智汇美的好空气” |
| 2017 年 8 月 | 美的厨房电器 2017 创新大赛 |
| 2017 年 10 月 | 2017“创业顺德”暨“美的杯”全球智能硬件创新大赛 |
| 2018 年 6 月 | “美的杯”全球创新大赛 |
| 2018 年 12 月 | 美的 & 浙大“定义未来”创新大赛 |

资料来源：张忠耀．基于美创平台的全球开放式创新体系［J］．清华管理评论，2019（4）.

项目孵化、最新资讯等板块。众创平台又细分为创意分类（智能硬件、智能电器、健康营养、机器人、云服务、环境与能源）、众筹与试用、孵化成果三个子板块。通过众创平台的创意分类子板块，全球范围内的创客可以通过网络平台发布自己最新的创意，参与创新过程的设计互动和产品体验。同时，创客们还可以借助众筹与试用、孵化成果子板块促进创意项目转化落地，有效解决用户端和研发端脱离的问题，分享创新成果。需求与解决方案板块细分为技术需求和技术方案两个子板块。利用技术需求子板块，需求方可以方便而快速地发布自己的技术需求和亟待解决的技术难题。针对技术需求，技术方案的供给方可以提出有效的技术解决方案，实现创新资源的快速匹配。而且美创平台还提供了有效的线上线下对接功能。项目孵化板块可以实现在全球范围内征集孵化项目（技术类项目、平台类项目、产品类项目）有序而快捷地完成初步筛选、项目对接、项目路演、决策导入、项目运营等工作，利用美创平台提供的在线资源，可以加速项目产出和落地。通过最新资讯板块提供的在线资源，可以方便地了解到有关热点话题、项目动态、产品信息的最近进展。

美创平台借助多维度协同创新模式，成功地集结了全世界的创新、创意和创客，借助产业链、跨界伙伴乃至全社会的创新活力、实现多方合作共赢。截至 2019 年底，美的开放式创新平台接入的战略合作机构超过了 110 家，其中包括美国麻省理工学院、斯坦福大学、伊利诺伊大学、清华大学、中国科学技术大学、浙江大学、中国科学院相关院所的全世界知名的 90 多家高校和科研机构以及 20 多家优质孵化器。对接成功项目数达 32 个，其中已有 15 个项目进入孵化、4 个项目成功上市（喜悦家、静净 M2 净水仪、M－SHE 女性及婴幼儿健康辅助洗护设备）、2 个项目实现盈利。

## 三、协同创新助力徐工集团打造世界级企业

陈春花（2018）① 在对世界上多个工程机械企业的对比研究中发现，中国的徐工集团自 1989 年成立之后，始终不断将技术创新作为企业生存的第一要素，经过 30 多年的发展，逐步成为中国乃至具有世界影响的优秀工程机械企业。根据 2019 年著名的英国《国际建设》杂志（*International Constriction*）给出的世界工程机械企业的排名可以看到，徐工集团全球销售额为 88.98 亿美元，全球市场份额占有率为 4.8%，

① 陈春花．经营的本质[M]．北京：机械工业出版社，2018.

位居工程机械企业的世界前6强（美国Caterpillar全球销售额为232.30亿美元，全球市场份额占有率为12.6%；日本Komatsu全球销售额为220.10亿美元，全球市场份额占有率为11.9%；美国John Deere全球销售额为101.60亿美元，全球市场份额占有率为5.5%；日本Hitachi Construction Machinery全球销售额为101.32亿美元，全球市场份额占有率为5.4%；瑞典Volvo Construction Equipment全球销售额为96.27亿美元，全球市场份额占有率为5.2%）。徐工集团作为中国规模最大的工程机械企业，其产品品种可以划分为14大类（工程起重机械、矿业机械、挖掘机械、铲土运输机械、道路机械、重卡、桩工机械、非挖掘机械、混凝土机械、专用机械、高空作业机械、环保机械、消防安全机械、铁路建设机械）70大品系，同时，徐工集团也是中国最具竞争力和影响力的大型企业集团。通过构建基于核心技术的企业创新系统，徐工集团形成了企业的独特技术优势。

徐工集团在世界工程机械行业的激烈竞争中，取得如此不凡的业绩，其主要原因之一就是其创新业绩使得产品的可信度和满意度得到了全世界消费者的认可。从创新成果来看，截至2019年底，徐工集团在工程机械制造领域取得了7112项有效授权专利和243项核心技术。在比较不同国家企业在创新领域的深度和广度时，PCT（Patent Cooperation Treaty，专利合作条约）专利申请数量是一个重要的指标，反映了企业创新质量高低。世界知识产权组织（WIPO）的数据表明，中国、美国、日本、德国是世界上PCT专利申请数量最多的四个国家。截至2019年底，徐工集团的PCT专利申请数量高达32件。陈劲等（2019）指出："徐工集团的技术创新和制度创新是其创新产出的'双核'动力。也正是技术创新和制度创新的协同发展，成就了徐工集团向世界级企业的战略目标的实现。"①

---

① 陈劲，王民，赵闯，等．双"核"驱动，助力徐工集团锻造世界级企业[J]．清华管理评论，2018(1).

在国内外协同创新的引领下，徐工集团全方位布局全球。为了提高在本行业技术创新方向的前瞻性，徐工集团在世界工程机械领域研究处于领先地位的国家——美国、德国、巴西、印度建立了国际研究中心。例如，在美国国际研究中心，徐工集团与美国密西根大学、美国乔治亚理工学院、美国德州农工大学密切合作，积极探索工程机械未来在智能制造等相关领域的创新发展。截至 2019 年底，徐工集团拥有 40 个海外代表处、30 个海外分子公司、15 个海外制造基地和 KD 工厂、40 个大型备件中心、300 多家海外经销商，形成了全球创新网络体系，有效地提升了协同创新能力，向着世界级企业的宏伟目标更进一步。

| 第五章 |

# 中国企业科技创新能力总体概况

本章以我国科技创新能力和国际主要发达国家科技创新能力在科研投入强度、科研侧重领域和科研产出情况的对比为切入点，引申出在国家创新体系下中外企业所发挥作用的对比分析，描述出我国企业在国家创新体系中的若干特点，从而深入分析在我国科技创新体系中起到核心作用的国有企业控股上市公司相关科技创新指标，最终提出我国国有控股上市公司在科技创新中面临的机遇和挑战。

## 第一节　科技创新总体概况及其国际比较

### 一、我国科技创新总体概况

#### （一）科研投入力度不断加大

研发投入水平（R&D）投入是衡量一个国家科技发展水平的重要指标，近年来，我国 R&D 投入呈现稳步上升趋势。根据《中华人民共和国 2019 年国民经济和社会发展统计公报》，2019 年我国研究与试验发展（R&D）经费支出 21737 亿元，占 GDP 比重为 2.19%，与 2015 年相比年均增长 10%（见图 5－1），其中基础研究经费 1209 亿元。同时，在 2000—2018 年的 19 年间，中国 GDP 与中国 R&D 投入同比增长，呈正相关趋势（见图 5－2）。2019 年国家科技重大专项共安排 234 个课题，国家自然科学基金共资助 45192 个项目。截至 2019 年底，正在运行的国家重点实验室 515 个，累计建设国家工程研究中心 133 个，国家工程实验室 217 个，国家企业技术中心 1540 家。国家科技成果转化引导基金累计设立 21 只子基金，资金总规模 313 亿元。国家级科技企业孵化器 1177 家，国家备案众创空间 1888 家。

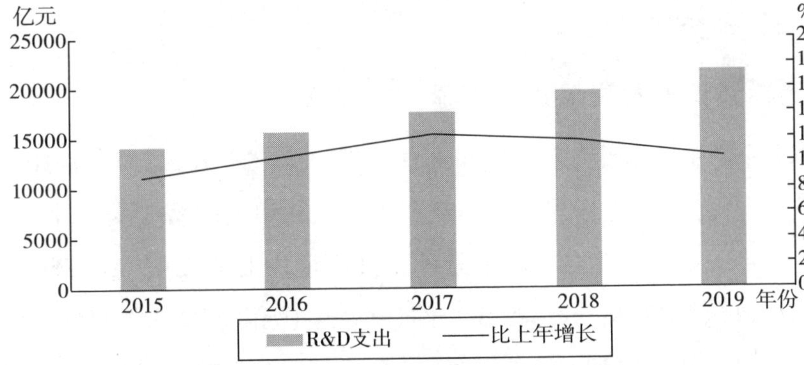


**图 5－1　2015—2019 年 R&D 支出及增速**

资料来源：国家统计局。

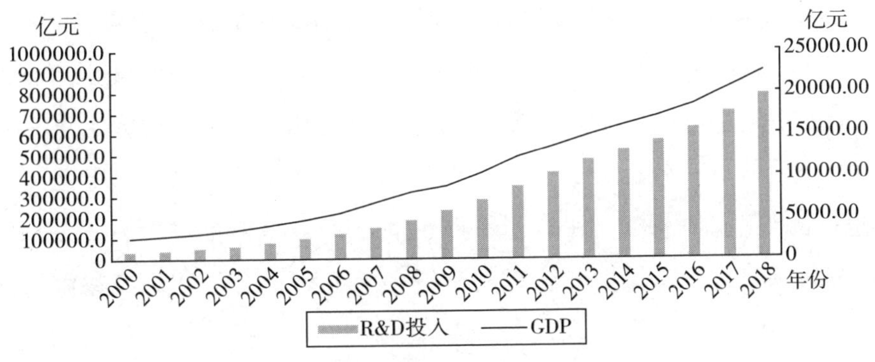


**图 5－2　我国 R&D 投入与 GDP 增长对比**

资料来源：国家统计局。

## （二）科技研发队伍不断壮大

国家统计年鉴数据显示，我国参与 R&D 人员全时当量从 2013 年的 353.3 万人/年增长到 2017 年的 403.4 万人/年，增长了 14.2%。其中，基础研究 R&D 人员全时当量从 2013 年的 22.3 万人/年增长到 2017 年的 29.0 万人/年，增长了 30.0%；应用研究 R&D 人员全时当量从 2013 年的 39.6 万人/年增长到 2017 年的 49.0 万人/年，增长了 23.7%；试验发展 R&D 人员全时当量从 2013 年的 291.4 万人/年增长到 2017 年的 325.4 万人/年，增长了 11.7%。越来越多的优秀人才投身中国的科技创新事业，形成一支规模庞大、力量强大、智慧驱动的研发队伍，科技人才数量大幅攀升。

### （三）知识产权发展进步明显

2019 年全年境内外专利申请 438.0 万件，比上年增长 1.3%；授予专利权 259.2 万件，比上年增长 5.9%；PCT 专利申请受理量为 6.1 万件。截至 2019 年底，有效专利 972.2 万件，其中境内有效发明专利 186.2 万件，每万人口发明专利拥有量 13.3 件。全年商标申请 783.7 万件，比上年增长 6.3%；商标注册 640.6 万件，比上年增长 27.9%。全年共签订技术合同 48.4 万项，技术合同成交金额 22398 亿元，比上年增长 26.6%。从国际比较来看，我国知识产权综合发展指数在 40 个主要国家中排名从第 13 位上升至第 8 位，实现了发展水平的较大提升。相较于知识产权创作、保护和环境，我国知识产权运用进步更为显著。运用规模上进一步扩大、运用效益有效提升，知识产权运用与经济生活联系日益紧密，并通过采取政策机制提升、平台进一步完善、产业综合推进等方式，在知识产权创造、运用、保护和管理的全链条上显著提升了知识产权综合运用水平。

## 二、国际主要发达国家科技创新总体概况

现阶段，科技创新是实施可持续发展战略的核心举措，是驱动国民经济发展的加速器，是提高核心竞争力的根本源泉。各国政府纷纷采取相应政策，引导和促进本国的科技创新。近年来，国际主要发达国家科技创新呈现以下趋势：

### （一）始终保持较高 R&D 占比和增速

OECD 数据库资料显示，从表 5－1 中可看出国际主要发达国家十分重视科研投入，R&D 投入平均占 GDP 比例均为 2% 左右，部分国家如日本和瑞典 R&D 占比长期维持在 3% 以上，而韩国通过 10 年来的发展，目前 R&D 占比已增至 4.23%，位列全球第一。同时发达国家 R&D 增速始终保持了较高的增长率，大部分都超过了同期 GDP 的增速，即使在金融危机期间部分国家在 GDP 负增长的同时依然保持了 R&D 投入的高增速。

**表 5－1　世界主要国家 2006—2016 年 R&D 增速与 GDP 增速对比**　　（%）

| 国家 | 项目 | 2006年 | 2007年 | 2008年 | 2009年 | 2010年 | 2011年 | 2012年 | 2013年 | 2014年 | 2015年 | 2016年 |
|---|---|---|---|---|---|---|---|---|---|---|---|---|
| 中国 | R&D 占比 | 1.37 | 1.37 | 1.44 | 1.66 | 1.71 | 1.78 | 1.91 | 1.99 | 2.02 | 2.06 | 2.11 |
| | GDP 增速 | 12.70 | 14.20 | 9.70 | 9.40 | 10.60 | 9.50 | 7.90 | 7.80 | 7.30 | 6.90 | 6.70 |
| | R&D 增速 | 18.41 | 19.06 | 19.63 | 20.44 | 17.85 | 18.69 | 15.64 | 13.08 | 8.98 | 8.14 | 9.61 |
| 美国 | R&D 占比 | 2.55 | 2.63 | 2.77 | 2.82 | 2.74 | 2.77 | 2.71 | 2.74 | 2.76 | 2.74 | 2.74 |
| | GDP 增速 | 2.67 | 1.78 | －0.29 | －2.78 | 2.53 | 1.60 | 2.22 | 1.68 | 2.57 | 2.86 | 1.49 |
| | R&D 增速 | 7.13 | 7.10 | 6.61 | －0.20 | 0.90 | 4.58 | 1.67 | 4.48 | 4.55 | 3.46 | 2.84 |
| 日本 | R&D 占比 | 3.41 | 3.46 | 3.47 | 3.36 | 3.25 | 3.38 | 3.34 | 3.48 | 3.59 | 3.28 | 3.14 |
| | GDP 增速 | 1.42 | 1.65 | －1.09 | －5.42 | 4.19 | －0.12 | 1.50 | 2.00 | 0.37 | 1.35 | 0.94 |
| | R&D 增速 | 3.48 | 2.72 | －2.18 | －9.86 | －0.77 | 1.56 | －0.39 | 4.78 | 4.54 | －0.21 | －3.10 |
| 英国 | R&D 占比 | 1.59 | 1.63 | 1.64 | 1.70 | 1.68 | 1.68 | 1.61 | 1.66 | 1.68 | 1.67 | 1.69 |
| | GDP 增速 | 2.46 | 2.36 | －0.47 | －4.19 | 1.69 | 1.45 | 1.48 | 2.05 | 3.05 | 2.35 | 1.94 |
| | R&D 增速 | 6.47 | 7.20 | 2.34 | 1.16 | 1.89 | 3.65 | －1.48 | 6.57 | 5.56 | 3.16 | 4.82 |
| 法国 | R&D 占比 | 2.05 | 2.02 | 2.06 | 2.21 | 2.18 | 2.19 | 2.23 | 2.24 | 2.24 | 2.27 | 2.25 |
| | GDP 增速 | 2.37 | 2.36 | 0.20 | －2.94 | 1.97 | 2.08 | 0.18 | 0.58 | 0.95 | 1.07 | 1.19 |
| | R&D 增速 | 4.49 | 3.56 | 4.38 | 3.97 | 1.61 | 3.55 | 3.01 | 1.90 | 1.04 | 3.82 | 0.60 |
| 德国 | R&D 增速 | 2.46 | 2.45 | 2.60 | 2.73 | 2.71 | 2.80 | 2.87 | 2.82 | 2.89 | 2.92 | 2.93 |
| | GDP 增速 | 3.70 | 3.26 | 1.08 | －5.62 | 4.08 | 3.66 | 0.49 | 0.49 | 1.93 | 1.74 | 1.94 |
| | R&D 增速 | 5.27 | 4.39 | 7.52 | 0.89 | 4.14 | 7.41 | 4.42 | 0.75 | 5.68 | 4.84 | 3.69 |

续表

| 国家 | 项目 | 2006年 | 2007年 | 2008年 | 2009年 | 2010年 | 2011年 | 2012年 | 2013年 | 2014年 | 2015年 | 2016年 |
|---|---|---|---|---|---|---|---|---|---|---|---|---|
| 加拿大 | R&D 占比 | 1.95 | 1.91 | 1.86 | 1.92 | 1.84 | 1.80 | 1.79 | 1.68 | 1.60 | 1.65 | 1.60 |
| | GDP 增速 | 2.62 | 2.06 | 1.00 | -2.95 | 3.08 | 3.14 | 1.75 | 2.48 | 2.86 | 1.00 | 0.41 |
| | R&D 增速 | 3.78 | 3.00 | 2.60 | -2.33 | 1.63 | 3.77 | 2.75 | -2.19 | -0.63 | 3.34 | -0.61 |
| 意大利 | R&D 占比 | 1.09 | 1.13 | 1.16 | 1.22 | 1.22 | 1.21 | 1.27 | 1.31 | 1.38 | 1.34 | 1.29 |
| | GDP 增速 | 2.01 | 1.47 | -1.05 | -5.48 | 1.69 | 0.58 | -2.82 | -1.73 | 0.11 | 0.95 | 0.86 |
| | R&D 增速 | 7.14 | 7.69 | 4.21 | 1.04 | 2.04 | 1.01 | 3.41 | 2.38 | 5.83 | -0.45 | -2.78 |
| 瑞典 | R&D 占比 | 3.50 | 3.26 | 3.50 | 3.45 | 3.22 | 3.25 | 3.28 | 3.31 | 3.15 | 3.27 | 3.25 |
| | GDP 增速 | 4.69 | 3.40 | -0.56 | -5.18 | 5.99 | 2.66 | -0.29 | 1.24 | 2.60 | 4.52 | 3.23 |
| | R&D 增速 | 9.22 | -1.02 | 9.29 | -4.41 | -0.18 | 4.71 | 1.74 | 2.97 | -0.65 | 9.70 | 4.39 |
| 韩国 | R&D 占比 | 2.83 | 3.00 | 3.12 | 3.29 | 3.47 | 3.74 | 4.03 | 4.15 | 4.29 | 4.22 | 4.23 |
| | GDP 增速 | 5.18 | 5.46 | 2.83 | 0.71 | 6.50 | 3.68 | 2.29 | 2.90 | 3.34 | 2.79 | 2.93 |
| | R&D 增速 | 11.67 | 12.64 | 9.27 | 9.04 | 13.51 | 12.10 | 10.03 | 6.49 | 6.96 | 3.37 | 4.97 |
| 俄罗斯 | R&D 占比 | 1.01 | 1.05 | 0.98 | 1.17 | 1.06 | 1.02 | 1.05 | 1.06 | 1.09 | 1.10 | 1.10 |
| | GDP 增速 | 8.15 | 8.54 | 5.25 | -7.82 | 4.50 | 5.28 | 3.66 | 1.79 | 0.74 | -2.83 | -0.22 |
| | R&D 增速 | 20.08 | 22.18 | 13.92 | 11.26 | 7.18 | 14.25 | 12.79 | 6.66 | 11.53 | 7.35 | 3.08 |

资料来源：OECD 数据库。

## （二）科研人员占比和人均经费领先

《中国科技统计年鉴》资料显示，从表 5－2 中可看出国际主要发达国家每万人就业人员中从事 R&D 活动的人数为 100 人以上，就业人口中从事研究工作的比例较高。而我国截至 2017 年，每万人就业人员中从事 R&D 活动的人数为 52 人，不足国际主要发达国家一半的水平。从人均经费上看，国际主要发达国家每千人平均科研经费约 2 亿美元，美国更是达到每千人平均科研经费 3.5 亿美元，而我国每千人平均科研经费 1.45 亿美元，存在较大差距。

表 5－2　世界主要国家 R&D 人员经费

| 项目 | 中国 | 加拿大 | 法国 | 德国 | 意大利 | 日本 | 韩国 | 瑞典 | 英国 | 美国 | 俄罗斯 |
|---|---|---|---|---|---|---|---|---|---|---|---|
| | 2017 年 | 2014 年 | 2015 年 | 2016 年 | 2016 年 | 2016 年 | 2016 年 | 2016 年 | 2016 年 | 2015 年 | 2016 年 |
| R&D 经费（10 亿本国货币） | 1760.60 | 31.80 | 50.10 | 92.20 | 21.60 | 16911.50 | 69405.50 | 143.40 | 33.20 | 496.60 | 943.80 |
| R&D 经费（10 亿美元） | 253.80 | 27.42 | 54.74 | 97.11 | 22.75 | 145.27 | 57.61 | 15.76 | 40.73 | 496.60 | 15.65 |
| R&D 占比（%） | 2.13 | 1.38 | 2.25 | 2.93 | 3.25 | 3.14 | 4.23 | 0.94 | 1.69 | 2.74 | 1.10 |
| R&D 人员（千人） | 4033.60 | 237.30 | 428.60 | 656.70 | 258.60 | 872.30 | 447.40 | 90.70 | 419.90 | | 802.30 |
| 研究人员（千人） | 1740.40 | 162.10 | 277.60 | 400.80 | 126.70 | 665.60 | 361.30 | 70.40 | 291.40 | 1380.00 | 428.90 |
| R&D 人均经费（每千人/百万本国货币） | 1011.61 | 196.18 | 180.48 | 230.04 | 170.48 | 25407.90 | 192099.36 | 2036.93 | 113.93 | 359.86 | 2200.51 |
| R&D 人均经费（每千人/百万美元） | 145.83 | 169.13 | 197.20 | 242.30 | 179.57 | 218.25 | 159.44 | 223.87 | 139.76 | 359.86 | 36.50 |
| 每万人就业人员中从事 R&D 活动人员（人） | 52.00 | 90.00 | 156.00 | 150.00 | 104.00 | 130.00 | 171.00 | 185.00 | 132.00 | | 111.00 |

资料来源：《中国科技统计年鉴 2018》。

## （三）协调并重基础研究、应用研究和试验开发

从科技创新活动的类型进行划分，可分为基础研究、应用研究和试验开发三种类型。其中：基础研究主要并不注重直接应用，而是为了寻找客观事物的本质和规律，从而为其他研究打下基础；应用研究在基础研究的基础上，进一步明确研究目标，实现基础研究的实用化或新的应用方式；试验开发在上述两者的基础上进一步将已明确的知识和技术转化为可行的方案和计划。在三种研究活动中，基础研究由

于其探索性和前瞻性，往往形成突破性的技术创新从而推动其他科技创新活动的开展，因此在科技创新活动中更具有“含金量”。从表5-3中可看出，主要发达国家R&D投入构成比例中基础研究、应用研究和试验发展的比例更为均衡。欧洲国家如法国和意大利等基础研究占比更高，接近25%，基础研究和应用研究合计占比超过半数；美国、韩国、日本的基础研究占比约16%，基础研究和应用研究合计占比超过1/3；我国科技创新投入主要集中于试验发展领域，对基础研究和应用研究的投入比例相对较小。一般而言，基础研究需要长期的投入和积累，难以在短期内见到经济效益，但能体现出一国科技创新的实力和底蕴。

**表5-3　世界主要国家R&D支出按研究类型分类**　(%)

| | 中国 | 法国 | 意大利 | 日本 | 韩国 | 英国 | 美国 | 俄罗斯 |
|---|---|---|---|---|---|---|---|---|
| 基础研究 | 5.5 | 24.5 | 24.4 | 13.2 | 16 | 16.7 | 16.9 | 15.2 |
| 应用研究 | 10.5 | 39.1 | 45.4 | 19.7 | 22.5 | 44.3 | 19.7 | 20.7 |
| 试验开发 | 84 | 36.4 | 30.2 | 67.1 | 61.5 | 39 | 63.4 | 64.1 |

资料来源：《中国科技统计年鉴2018》。

### （四）专利申请增幅放缓，更加注重专利质量

国家知识产权局战略规划司组织编译的《世界五大知识产权局统计报告2017》显示，2012—2016年，五局专利申请总量持续增长。从图5-3中可看出，2016年来源于中国提交的专利申请量增长25%，幅度最大，来源于欧洲专利公约（EPC）成员国和美国提交的专利申请量分别增长4%和3%，而来源于韩国提交的专利申请量下降了2%，来源于日本提交的专利申请的增幅不到1%，国际主要发达国家专利申请量呈现增长放缓趋势。

从专利优先权原则角度考虑，由于在五局国家（地区）的所有首次申请中仅部分专利可以形成至少一个局的同族专利，从而同族专利在专利申请过程中更能体现出专利申请的“含金量”，进而只有少部分专

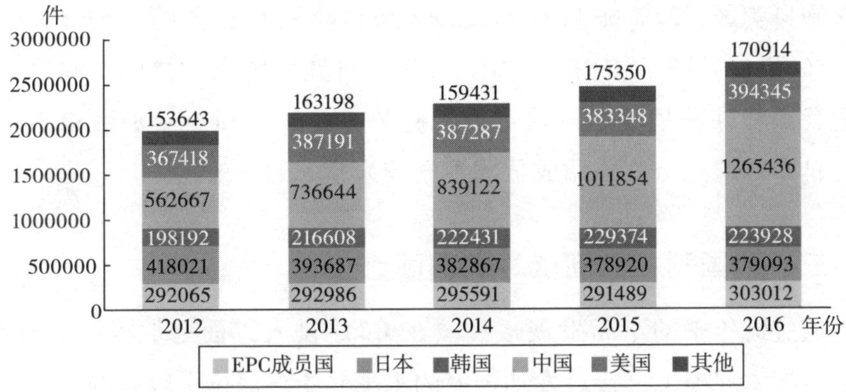


**图 5－3　2012—2016 全球范围内专利申请数量按来源地划分**

资料来源：《世界五大知识产权局统计报告 2017》。

利可在所有五局地区中都进行首次和（或）后续申请形成“五局同族专利”（IP5 patent families），即相比各地区专利申请数量，五局同族专利申请数量剔除了大量低质量专利，消除了本土优势和地理位置的影响，更能体现出专利指标的国际可比性。因专利公开的延迟（相对于申请时间），同族专利数量相比专利申请数量的报告存在延迟，目前国际公开数据仅截至 2013 年。数据显示，2013 年五局国家（地区）的所有首次申请（1505763 件）中，有 17% 形成了至少一个局的同族专利（260758 件），仅 2.2% 形成五局同族专利（34215 件）。

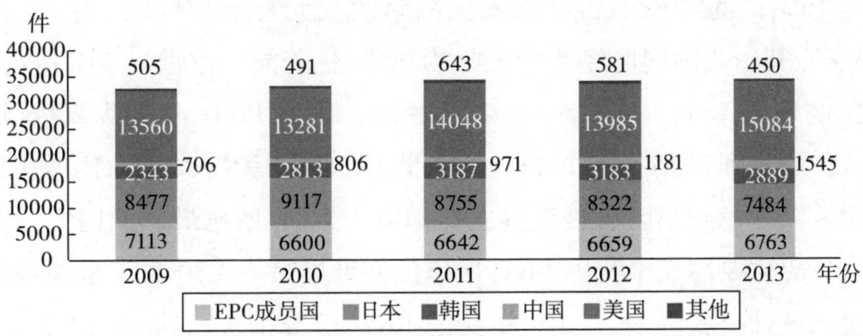


**图 5－4　2009—2013 年五局同族专利按来源地划分**

资料来源：《世界五大知识产权局统计报告 2017》。

从图 5－4 中可看出，2013 年五局同族专利总量为 34215 件，其中

44%来自美国，22%来自日本，20%来自欧洲专利公约（EPC）成员国，8%来自韩国，5%来自中国，1%来自其他国家。相比专利申请数量上我国和韩国呈现出的快速增长趋势，在五局同族专利数量上，美国、日本和欧洲专利公约成员国占据较为领先的地位。

## 三、我国科技创新能力的国际比较

通过近年来的不断发展，我国在R&D投入方面已取得一定成绩，在绝对投入规模上已接近发达国家的水平并始终保持了较高的增速。由表5-1可看出，2006—2016年，我国与主要发达国家相比，R&D占比增速位居前列。这得益于在主要发达国家GDP增长放缓的情况下我国GDP仍保持了较高的增速，R&D占比进一步攀升，并已接近大部分发达国家R&D占比2%左右的水平，同时，在研究人员数量和专利申请数量上都有较大增幅。然而在关注我国科技创新快速发展的同时，也应正视我国与这些科技强国的差距：

### （一）R&D投入持续增长但仍有进步空间

我国科研经费增长是世界研发经费投入增长的重要来源，2000—2017年根据OECD数据统计，我国R&D经费投入占世界比重从1.7%升至16%；世界R&D经费投入从8454亿美元升至17124亿美元，增长103%，其中我国同期经费增长额为4040亿美元，占世界R&D经费增长比例接近1/4。从表5-1中可看出，我国R&D占比从2006年的1.37%增长到2016年的2.11%，为世界主要国家中R&D占比增速最快的国家。考虑到我国也是世界主要国家中GDP增速最快的国家，实际上在世界主要国家中我国R&D增速位列世界第一。2018年全国科技经费投入统计公报显示，2018年我国R&D经费投入已达19677.9亿元，即将迎来R&D投入规模赶超美国的关键时期。

然而，在我国R&D投入稳步增长的同时，在相对投入比例上，我国R&D占比与美国、德国、日本、韩国等少数重视研发的发达国家约

3%～4%的R&D占比相比尚显不足。同时，考虑到我国工业门类相比其他国家更为齐全，所需R&D投入的领域更多，分摊至各行业的R&D投入与主与发达国家存在差距，特别是在部分战略新兴产业方面投入仍显不足。

### （二）科技创新的人员数量和人均经费仍需加强

在参与R&D活动的人员方面，虽然我国参与R&D活动的人员总量上已经赶超大部分发达国家，但就业人口中从事研究工作的比例我国仍落后于主要发达国家，可通过优化产业结构调整，进一步扩大创新激励等方式促进更多就业人口投身科技创新领域。而从潜在科研人员方面看，根据全国第六次人口普查，我国在2017年拥有本科学历的人口不足4%，包括大专在内也不到10%；而国际主要发达国家如美国、德国、日本、韩国和以色列等，这一比例高达40%～50%，我国潜在科研人员与国际主要发达国家仍存在差距。同时，从表5－2中可看出，我国科研人员的人均经费也落后于国际主要发达国家，特别是与美国差距明显，仅为其一半不到。

### （三）科研质量有待提升和加强

我国目前R&D投入主要集中于试验发展，见效快但仿制与改进的产品较多、原创性产品缺乏。体现科研质量的基础研究领域投入较少，从而导致基础研究领域的创新成果较少、对下一代技术的关注力度不强、技术研发能力提升较慢，在关键核心技术上只能依赖技术引进，在关键领域面临“卡脖子”的问题。主要发达国家则更为注重基础研究和应用研究，特别是通过基础研究引领新技术发展从而始终保持“领跑者”的地位。未来我国应在保持现有创新规模的基础上，大力开展基础研究和理论研究，逐步向更高水平的科技创新层次发展。

### （四）在专利申请“量”的基础上更需注重“质”的提升

近年来，中国的PCT专利申请始终保持较高的增速，世界知识产权组织（WIPO）最新公布的2019年数据显示，中国已成为全球PCT

申请数量最多的国家。然而PCT国际专利申请数量指标的统计层面，并未关注专利在本国申请后通过知识产权运作而在其他国家形成的专利数量和授权比例。因此，本国PCT专利申请的数量并不能完全等同于本国科技创新能力、技术竞争力和知识产权市场占有率。事实上，中国申请的PCT专利中有近一半仅能在本国形成专利，未能打开他国专利市场，而在全球知识产权市场中更能体现专利价值和高技术含量的五局同族专利我国依然占比较低。同时，从人均专利拥有量上看，我国每10万人口拥有专利尚不到10件，远低于美国的约280件、日本约300件和德国的约380件。[①] 另外，我国企业专利技术转移引进多于输出。我国企业专利权人中，仅有0.7%向国外转让或许可过专利，1.5%使用过国外专利，专利技术转移引进多于输出，也体现出我国专利申请数量虽然庞大，但专利申请质量仍有待提高。

### （五）科研成果转化率亟待提升

我国专利数量不断增加，但是专利创造价值却没有与之相匹配，知识产权进出口贸易逆差进一步扩大。根据国家外汇管理局2018年国际收支平衡表，2018年，我国知识产权进口2360亿元（358亿美元），同比增长24.74%，专利出口368亿元（56亿美元），同比增长16.67%。贸易逆差302亿美元，同比增长26%。而根据世界银行统计，2018年，美国知识产权出口1304.51亿美元，进口537.51亿美元，贸易顺差高达767亿美元。显然，相比国际主要发达国家，我国科研成果转化率不高，科研成果及所形成的专利并未充分转化为经济利益。

① 傅俊英，佟贺丰．中国PCT专利申请的发展现状[J]．科技管理研究，2016(13)：32－41.

## 第二节　企业的主导作用及其国际比较

### 一、我国企业在国家创新体系中的地位和作用

我国 2005 年发布的《国家中长期科学和技术发展规划纲要(2006—2020)》将国家创新体系定义为：以政府为主导、充分发挥市场配置资源的基础性作用、各类科技创新主体紧密联系和有效互动的社会系统。国家创新体系建设的重点包括科研经费投入体系、创新环境支撑体系和创新资源整合体系，目标是形成以企业为主体的高效科技创新组织结构网络。强调以企业为主体的科技创新，能够促进科技与经济紧密结合，全面提升经济发展质量和效益，通过企业的科技创新投入，推动科技成果的转化，为经济社会发展提供科技支撑。

#### (一) 政府支持创新政策体系逐步健全

在经济全球化的背景下，面对日益激烈的竞争，我国提出了以企业为核心的创新驱动发展战略。由表 5 – 4 可看出，我国对企业在国家科技创新体系建设中的重要作用逐步重视，明确了企业的创新主体地位，同时通过不断的政策支持初步形成了以企业为主体、市场为导向、产学研相结合的技术创新体系。进入“十三五”以后，面对更为严峻的国际形势，我国选择坚定不移地走自主创新之路，积极主动地加强研发投入，通过创新推动高质量发展。创新相关政策的相继发布为推动我国建立以企业创新为核心、产学研相互融合的区域协同创新模式打下了坚实的基础。

表 5 – 4　近年来国家创新体系建设相关政策

| 时间 | 政策文件 | 内容 |
|---|---|---|
| 2012.9 | 关于深化科技体制改革加快国家创新体系建设的意见 | 在国家创新体系建设过程中坚持企业主体、协同创新。突出企业技术创新主体作用，强化产学研用紧密结合，促进科技资源开放共享，各类创新主体协同合作，提升国家创新体系整体效能 |

续表

| 时间 | 政策文件 | 内容 |
|---|---|---|
| 2012.11 | 党的十八大报告 | 实施创新驱动发展战略。科技创新是提高社会生产力和综合国力的战略支撑，必须摆在国家发展全局的核心位置 |
| 2015.5 | 中国制造2025 | 强化企业技术创新主体地位，支持企业提升创新能力，推进国家技术创新示范企业和企业技术中心建设，充分吸纳企业参与国家科技计划的决策和实施。瞄准国家重大战略需求和未来产业发展制高点，定期研究制定发布制造业重点领域技术创新路线图。继续抓紧实施国家科技重大专项，通过国家科技计划（专项、基金等）支持关键核心技术研发。发挥行业骨干企业的主导作用和高等院校、科研院所的基础作用，建立一批产业创新联盟，开展政产学研用协同创新，攻克一批对产业竞争力整体提升具有全局性影响、带动性强的关键共性技术，加快成果转化 |
| 2016.2 | 中华人民共和国促进科技成果转化法 | 打通科技与经济结合的通道，促进大众创业、万众创新，鼓励研究开发机构、高等院校、企业等创新主体及科技人员转移转化科技成果，推进经济提质增效升级 |
| 2016.5 | 国家创新驱动发展战略纲要 | 创新驱动就是创新成为引领发展的第一动力，科技创新与制度创新、管理创新、商业模式创新、业态创新和文化创新相结合，推动发展方式向依靠持续的知识积累、技术进步和劳动力素质提升转变，促进经济向形态更高级、分工更精细、结构更合理的阶段演进 |
| 2016.7 | “十三五”国家科技创新规划 | 强化企业创新主体地位和主导作用，加快建设以企业为主体的技术创新体系，以全面提升企业创新为核心，引导各类创新要素向企业集聚，不断增强企业创新动力、创新活力、创新实力 |
| 2017.1 | 深化科技体制改革实施方案 | 建立技术创新市场导向机制；构建更加高效的科研体系；改革人才培养、评价和激励机制；健全促进科技成果转化的机制；建立健全科技和金融结合机制；构建统筹协调的创新治理机制；推动形成深度融合的开放创新局面；营造激励创新的良好生态；推动区域创新改革 |
| 2017.11 | 党的十九大报告 | 加快建设创新型国家。加强国家创新体系建设，强化战略科技力量。深化科技体制改革，建立以企业为主体、市场为导向、产学研深度融合的技术创新体系，加强对中小企业创新的支持，促进科技成果转化 |
| 2018.4 | 关于进一步推进中央企业创新发展的意见 | 实施创新驱动发展战略，落实中央企业科技创新推进会议要求，加快推动中央企业创新发展。通过鼓励和支持中央企业参与国家重大科技项目、鼓励中央企业增加研发投入和支持中央企业发挥创新主体作用，推动经济社会高质量发展，为我国建成创新型国家和现代化经济体系提供强有力的支撑 |

续表

| 时间 | 政策文件 | 内容 |
|---|---|---|
| 2018. 12 | 在庆祝改革开放 40 周年大会上的讲话 | 坚持创新是第一动力、人才是第一资源的理念，实施创新驱动发展战略，完善国家创新体系，加快关键核心技术自主创新，为经济社会发展打造新引擎 |
| 2019. 11 | 十九届四中全会《决定》 | 完善科技创新体制机制。弘扬科学精神和工匠精神，加快建设创新型国家，强化国家战略科技力量，健全国家实验室体系，构建社会主义市场经济条件下关键核心技术攻关新型举国体制 |

### （二）企业创新投入是推动我国科技投入的主要增长点

根据国家统计局《2018 年全国科技经费投入统计公报》：我国 2018 年各类企业经费支出 15233. 7 亿元，比上年增长 11. 5%；政府属研究机构经费支出 2691. 7 亿元，比上年增长 10. 5%；高等学校经费支出 1457. 9 亿元，比上年增长 15. 2%。企业、政府属研究机构、高等学校经费支出所占比重分别为 77. 4%、13. 7% 和 7. 4%。企业成为我国科技投入的主要来源和增长的动力源。从图 5 – 5 可看出，通过不断深化市场化机制改革和推动政府职能的转变，企业和科研机构创新自主权不断加强，虽然技术创新的主要发起者、组织者和推广者还是政府，但企业、高校和科研机构在创新中的作用不断加强，主观能动性进一步发挥。企业在国家创新体系中的地位已从原有的生产车间角色逐步向创新体系中的推动者转变，创新能力和组织建设有较大发展，企业对研发投入的支出进一步扩大，创新投入力度继续加大，企业研发能力明显提升。特别是中央企业在成为我国企业科技创新“领头羊”的同时，也不断加强制度建设，多数已建立相关创新研究院和智库单位，推动企业在科技创新的同时开展管理创新和商业模式创新。

国家统计局数据显示，2018 年我国 R&D 支出从 2008 年的 4616 亿元增长至 19677. 9 亿元，其中企业支出从 3381. 7 亿元增长至 15233. 7 亿元，企业 R&D 支出年均增长 9. 5%，远超同期企业营业收入增速；企业 R&D 支出占比从 2008 年的 73. 26% 增长至 77. 42%，企业 R&D 支出占比不断

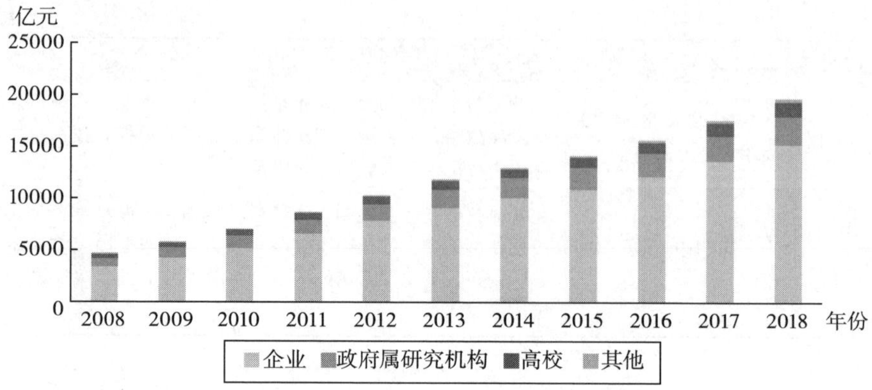


**图 5－5　2008—2018 年我国 R&D 支出按执行部门划分**

资料来源：国家统计局。

上升。专利申请数和发明专利数大幅增加，2018 年，规模以上制造业企业专利申请数为 91.6 万件，年均增长 11.3%；有效发明专利数达到 106.2 万件，年均增长 26.5%；发明专利境外授权增加到 9.6 万件，年均增长 31.8%。不难看出，企业在国家创新体系中的地位不断凸显。

## （三）国有企业是推动创新驱动发展的主力军

在国家创新体系建设作为国家战略的实施过程中，国有企业作为中国特色社会主义的重要物质基础和政治基础，需要体现国家的意志和社会价值取向，在国家创新体系建设方面具有其独特的功能定位，于中央企业尤其如此。分布在关系国家安全和国民经济命脉的重要行业和涉及国计民生的关键领域的重要企业在国家创新体系中占有重要地位，有责任、有义务发挥示范作用。据统计，从 R&D 支出来看，2018 年，中央企业 R&D 经费支出近 5000 亿元，同比增长 13.4%，超过全国研发经费的 1/4，研发经费占营业收入比 2017 年提高 0.04 个百分点，拥有国家级研发平台 669 个。从参与 R&D 活动的人员来看，截至 2018 年底，中央企业拥有科技活动人员 158 万人，两院院士 227 名，其中工程院院士 183 人，占全国的 21.2%。从科研成果来看，截至 2018 年底，中央企业累计有效专利近 66 万项。2014—2018 年获国家技术发明奖、国家科技进步奖共计442项，约占同类奖项总数的1/3，其中获得全部13项国家科技进步特等奖中的11项。2018年，中央企业获得国家科技奖励98项，占全部奖项的40.8%，比上年提高5.6个百分点，包揽了2项科技进步特等奖，获得了技术发明一等奖4项中的2项。2016—2018年任期，中央企业累计获得国家科技进步奖和国家技术发明奖260项，占全部奖项数量的36.5%。[①] 毫无疑问，在国家创新体系中国有企业特别是中央企业处于排头兵和主导地位，在国家技术创新体系中占有重要地位，发挥着骨干示范作用。

## 二、高新技术企业在国家创新体系中的地位和作用

相比于传统领域，战略性新兴产业、高新技术领域对技术创新依赖程度更高。战略性新兴产业与高技术领域均具备知识密集程度高、发展方向紧随尖端技术的特征，因此，在战略性新兴产业、高新技术领域发展过程中，企业所发挥的核心作用更为明显。

战略性新兴产业与高技术产业是国家在不同时期提出的不同概念，二者既有联系又有区别。首先，二者产业均从属新兴产业，均寄希望于通过技术创新带动地区产业结构升级、资源分配结构优化，进而达到地区经济结构优化的目的。其次，二者的概念、产业覆盖范围、发展侧重点各不相同。高技术产业具强调知识、技术密集程度高、研发投入大和工业增长率高等特征；战略性新兴产业虽也重视上述特征，但其重点主要落在产业的战略性、全局性和对国家经济影响的长远性。因此，二者的产业范畴呈现较大差异：高技术产业发展侧重于形成产业链，促进区域经济发展；战略性新兴产业侧重于打造新的经济增长点，抢占新一轮国际竞争制高点，提升未来国家竞争力。考虑到外部环境的复杂性与产

① 国务院国资委研究中心．中央企业高质量发展报告：中央企业高质量发展迈出坚实步伐［R/OL］．（2019－11－02）［2020－05－06］．http://www.sasac.gov.cn/n2588020/n2877938/n2879597/n2879599/c12468278/content.html.

业的成熟性，战略性新兴产业的发展风险远高于高技术产业。最后，二者设计思路一脉相承，现实发展相互促进、相互补充。高技术产业布局战略源于20世纪70年代我国为了应对世界范围内以高技术为核心的新一轮科技革命，反映我国“科技兴国”战略，近年来已成为国民经济重要支柱与动力先导产业。战略性新兴产业是经历2008年经济危机后，我国政府提出的新的战略性发展思路。科技革命已成为经济增长的引擎，在经济衰退阶段主动寻找新的经济增长点，有意识地引导战略性新兴产业布局，是我国应对经济危机、缩小经济周期影响和培育长期经济发展点的主要措施。现实发展中，高技术产业更为成熟，依靠技术积累与人才积累极大地支持了战略性新兴产业的发展；战略性新兴产业是由中央政府着眼未来选择培育打造的产业，既具备可预期的巨大市场价值，也伴随大量技术攻关。因此，战略性新兴产业发展必将在市场、技术等方面带动高技术产业进一步发展。

2018年第四次全国经济普查显示，战略性新兴产业方面，2018年末，全国从事战略性新兴产业生产的规模以上工业企业法人单位66214个，占规模以上工业企业法人单位的17.7%。高技术制造业方面，2018年末，全国共有规模以上高技术制造业企业法人单位33573个，比2013年末增长24.8%。研发投入方面，2018年，规模以上高技术制造业企业法人单位R&D经费支出3559.1亿元，比2013年增长75.0%，R&D支出占比为2.27%。战略性新兴产业与高技术领域企业对研发投入更为积极，R&D支出增长相比传统行业企业更快。总体而言，战略性新兴产业与高技术领域企业在创新过程中呈现出以下特点：

### （一）战略性新兴高科技产业增速持续高于总体经济增速

“十三五”以来，战略性新兴产业增速持续高于总体经济增速水平。2018年最新战略性新兴产业分类，相较于2012版新增196项具体行业。其中，新一代信息技术和生物产业作为战略性新兴产业中规模最大、创新最密集的两个产业领域，实现了较快增长，持续发挥了支柱作用。2016 年和 2017 年，我国战略性新兴产业工业增加值同比分别增长 10.5% 和 11.0%，高于同期规模以上全国工业增加值增速 40% 以上。2016 年及 2017 年，全国战略性新兴产业服务业营业收入同比分别增长 15.1% 和 17.3%，比同期全国服务业整体增速高出 1 倍左右。2018 年上半年，战略性新兴产业延续快速增长态势，其工业增加值同比增长 8.7%，比同期规模以上工业快 2.0 个百分点。战略性新兴产业上市公司同样实现了快速增长，2016—2017 年其营收年均增速高达 17.8%，高于上市公司总体增速 4.3 个百分点。2017 年战略性新兴产业上市公司营收占上市公司总体比重达 10%，较“十二五”末提升 1.0 个百分点。近年来，战略性新兴产业上市公司利润年均增速达到 19.8%，比上市公司（剔除金融类）11.3% 的整体增速高出近 1 倍。同期战略性新兴产业上市公司利润率达 10.6%，比上市公司总体高出 50%。2018 年上半年战略性新兴产业上市公司盈利表现依然良好，利润率为 9.3%，高于同期上市公司总体（剔除金融类）1.0 个百分点。

### （二）战略性新兴高科技企业创新投入引领相关产业快速发展

我国企业执行 R&D 经费比例逐年升高，高新技术企业执行的 R&D 经费占其中较大比重。2017 年全国高新技术企业 R&D 经费内部支出达 9279.49 亿元，相比 2013 年，增幅达 71.8%。2013—2016 年高新技术企业 R&D 内部支出占全国 R&D 经费内部支出的比例由 45.59% 增长到 49.79%。2013 年以来，高新技术企业科技活动经费内部支出连续增长，截至 2017 年达 15481.16 亿元，是 2013 年的 1.76 倍。在 2016 年国家发布新版《高新技术企业认定管理办法》的影响下，高新技术企业数量大幅增加，尤其是中小企业数量明显增长。新办法实施以来，高新技术企业整体研发投入强度明显提高，统计显示，2016 年全国规模以上工业企业研发投入强度为 0.94%，同期高新技术企业研发投入强度达 3.08%。高新技术企业无论在科技活动人员与经费还是在 R&D 人员与经费投入上均处于较高水平。根据中国科技统计年鉴，由表 5－5 可看出，不同技术领域的高新技术企业在创新投入方面有一定差异，航空航天，地球、空间、海洋工程和生物、医药技术等领域投入较大，但环境保护领域投入规模和投入强度都相对较低。高新技术企业取得创新成果成效显著。

表 5－5　不同技术领域户均 R&D 经费内部支出与研发投入强度情况

| | 2013 年 | | 2014 年 | | 2015 年 | | 2016 年 | | 2017 年 | |
|---|---|---|---|---|---|---|---|---|---|---|
| | 研发投入强度（%） | 户均 R&D 经费内部支出（万元/户） | 研发投入强度（%） | 户均 R&D 经费内部支出（万元/户） | 研发投入强度（%） | 户均 R&D 经费内部支出（万元/户） | 研发投入强度（%） | 户均 R&D 经费内部支出（万元/户） | 研发投入强度（%） | 户均 R&D 经费内部支出（万元/户） |
| 电子信息技术 | 851.95 | 3.43 | 895.14 | 3.57 | 795.95 | 3.89 | 741 | 4.15 | 647.67 | 4.19 |
| 生物、医药技术 | 909.39 | 2.95 | 840.3 | 2.77 | 770.48 | 3 | 718.67 | 3.07 | 633.54 | 3.14 |
| 新材料 | 1109.87 | 2.58 | 908.25 | 2.29 | 753.46 | 2.36 | 763.75 | 2.62 | 728.85 | 2.38 |
| 光机电一体化 | 817.97 | 2.94 | 840.91 | 3.16 | 655.56 | 3.17 | 590.04 | 3.19 | 539.17 | 3.2 |
| 新能源及节能技术 | 1181.12 | 3.02 | 955.38 | 2.61 | 859.72 | 2.41 | 850.28 | 2.53 | 830.05 | 2.43 |
| 环境保护 | 592.05 | 2.99 | 517.96 | 2.77 | 432.7 | 2.67 | 367.04 | 2.6 | 365.84 | 2.28 |
| 航空航天 | 3557.28 | 7.75 | 3945.79 | 7.85 | 4903.18 | 8.86 | 4128.73 | 8.26 | 3771.59 | 8.55 |
| 地球、空间、海洋工程 | 2613.31 | 1.97 | 2302.2 | 1.5 | 2648.36 | 2.39 | 2060.78 | 3.19 | 1377.09 | 2.19 |
| 核应用技术 | 1444.63 | 3.64 | 1677.03 | 2.91 | 1935 | 5.42 | 516.47 | 2.45 | 782.13 | 4.34 |
| 其他高技术 | 1373.52 | 2.52 | 1161.72 | 2.06 | 1122.93 | 2.19 | 1122.92 | 2.34 | 1068.47 | 2.27 |

资料来源：中国科技统计年鉴。

### （三）战略性新兴高科技领域知识产权动态更为活跃

2013 年以来，全国高新技术企业拥有的知识产权总量从 129.53 万件增长到 2017 年的 363.44 万件，年增长率均值为 29.46%；拥有专利达到 281.83 万件，相比 2013 年的 108.94 万件增长了 1.59 倍。与全国规模以上工业企业相比，高新技术企业户均申请的专利数是其户均申请专利的 10 倍左右，是我国最具创新活力的群体。在国际专利交易活动中，1.0% 的战略性新兴产业企业向国外转让或许可过专利，较非战略性新兴产业企业高出 0.4 个百分点；2.3% 的战略性新兴产业企业使用过国外专利，较非战略性新兴产业企业高出 1.3 个百分点，我国战略性新兴产业企业国际专利技术交易更加活跃。另一方面，根据 2019 年中国专利调查报告，战略性新兴产业企业专利技术引进难度更高。我国企业专利权人中，战略性新兴产业企业反映遭遇技术引进难的比例达到 12.5%，高出企业整体 3.6 个百分点，高出非战略性新兴产业 5.5 个百分点，战略性新兴产业企业专利技术引进难度更高，也更为依赖自主创新。

## 三、主要发达国家企业在国家创新体系中的功能特点

在国家创新体系中，企业无疑是创新的主要承担者，居于核心地位。根据 OECD 数据，世界范围内，企业在国家创新体系内占有主导地位（见图 5－6）。世界各国 R&D 经费构成比例中企业资金占比均超过半数，部分国家如日本、韩国企业资金在 R&D 经费占比中甚至接近 80%。企业在主要发达国家中主要执行三种职能：一是分配职能，企业通过市场化运行机制、市场手段对创新资源进行有效分配；二是纽带职能，企业在创新活动中通过与高校和其他科研机构沟通、互动，将创新活动连接起来；三是执行职能，只有通过企业对创新成果的转化和落地，创新活动才能最终体现价值。

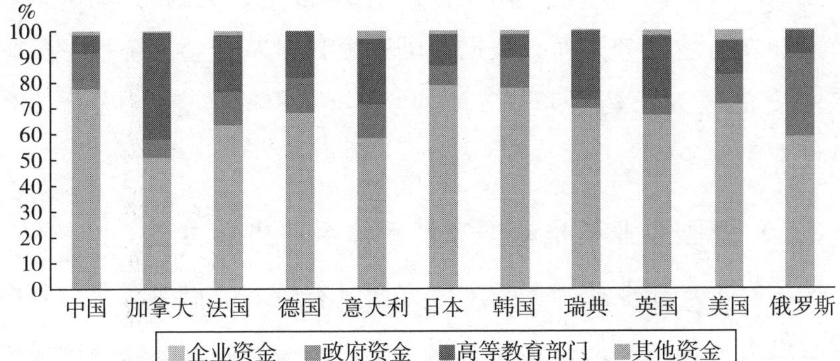


**图 5－6　2016 年主要国家 R&D 支出按执行部门划分**

资料来源：OECD 数据库。

企业 R&D 支出构成情况，根据 OECD 数据：日本中大型企业研发支出占比最高，在国家研发体系中中大型企业占据绝对主导地位；韩国通过多年注重中心企业创新体系建设，已建成了在主要发达国家中中小企业研发支出占比最高的局面；而美国和德国的中小企业研发体系建设也较为成熟（见表 5－6）。

表 5－6　2015 年德、日、韩、美企业研发支出以企业规模分类表

| | 德国 | 日本 | 韩国 | 美国 |
|---|---|---|---|---|
| 500 人以下企业研发支出/10 亿美元 | 10.39 | 5.76 | 13.55 | 54.79 |
| 500 人以下企业研发支出占比/% | 13.26 | 4.60 | 23.87 | 15.52 |
| 500 人以上企业研发支出/10 亿美元 | 67.96 | 119.51 | 43.22 | 298.24 |
| 500 人以上企业研发支出占比/% | 86.74 | 95.40 | 76.13 | 84.48 |
| 合计/10 亿美元 | 78.35 | 125.27 | 56.77 | 353.03 |

资料来源：OECD 数据库。

### （一）美国企业是美国研发创新投入的主要来源

作为研发投入资金最多的国家，美国约 70% 的研发支出由企业承担，并形成了政府、企业、高校间良好的创新生态环境。政府通过稳定而积极的政策保证研发活动良好的环境，从而促进企业增强研发投入强度。在欧盟统计的全球企业研发投入前 50 强中，美国以 22 家企业位列榜首。而在行业细分方面，根据美国国家科学基金会的统计，美国研发投入强度依次为医药（12.9%）、电子（9.8%）、航空航天（8.5%）和软件业（8.2%）。

### （二）德国企业是推动国家创新体系的主导力量

德国在推动企业成为创新主体方面具有较好的借鉴意义，其中围绕企业发展方向而成立的各企业所属研究机构是德国创新体系中最为活跃的部分。据统计，德国约 80% 以上的大中型企业均成立了独立的研究机构，着力于开发新产品，提高工艺水平，积极拓展新技术应用，从而实现增强竞争力、降低成本的目标。除大中型企业外，德国的中小企业

"隐形冠军"研发活动也是其国家创新体系中的重要组成部分，德国中小企业研发投入约占全部企业研发投入的13%。同时，通过企业间成立联合研究机构的方式，德国企业研发资源优势互补，从而能有效提高研发质量、降低研发成本。

### （三）韩国倾斜注重中小企业技术创新

韩国在集中力量培育起一批具有世界级研发实力企业的同时，近年来也不断加强中小企业创新投入。借助较为完善的政策法规，韩国通过政府支持和金融、税收优惠等手段的辅助，形成了中小企业科技创新成果不断推陈出新的局面。从表5－6可看出，在主要发达国家中，韩国中小企业的研发投入比例已达24%，远超其他国家中小企业投入约10%的局面。实际上，在创新活动中颠覆性的创新往往由中小企业来实现，而大中型企业主要以整合式创新为主，韩国中小企业澎湃的创新活力昭示着其未来在创新领域的诸多可能性。①

### （四）日本企业善于合作研发共享成果

与韩国中小企业创新活力较强所不同，日本在企业创新方面主要依赖于大型企业的支柱作用，日本企业创新活动的研发支出中约95%以上都是由大型企业完成的。另外，企业集团之间长期形成的依存网络是日本企业创新活动的一大特点，日本企业之间较多形成相互依存关系，倾向于渐进式创新，注重在产业中建立长期关系。日本企业善于构建企业联盟，在共同的战略目标下，通过各种契约、组建合资企业、技术许可转让、特许经营、股权互换等方式结成优势互补、风险共担、资源要素多向流动的网络组织。据统计，大部分日本企业联盟的平均维持时间超过20年，大大超过美国、欧洲企业联盟的维持时间。②

---

① 刘爽，陈航，张慧，等．中国中小企业创新发展研究——以韩国中小企业扶持政策为例[J]．中国商论，2018(4)：157－159.

② 王玲．浅析日本国家创新体系改革新动向[J]．世界科技研究与发展，2018(12)：571－583.

## 四、我国企业在国家创新体系中的若干特点

在企业创新方面，我国企业研发投入在国家整体研发支出中占绝对主导地位，但我国企业研发支出投入中有较大部分来自国有企业，民间资金对于创新的投入相较于主要发达国家仍显不足，同时在企业研发支出构成情况中，以中大型企业居多，中小企业的扶植和培育仍显不足。对比主要发达国家，我国企业在国家创新体系中呈现以下特点：

### （一）国有企业特别是中央企业发挥核心作用

国有企业特别是中央企业作为我国区别于其他国家的独特体制优势，在国家创新体系中发挥核心作用。不同于世界主要发达国家中小企业发挥颠覆性创新能力、中大型企业发挥集成式创新能力的做法，我国作为后发国家通过要素整合、引导创新方向，有效发挥国有企业特别是中央企业在国家创新体系中的核心作用。国有企业主要分布于关系国家安全和国民经济命脉的重要行业和涉及国计民生的关键领域，以实现重大核心技术、前端技术以及战略性新兴产业的突破的目标，不仅关注短期商业价值相对显性的创新活动，更注重在国家战略性、基础性、公益性科技创新方面的作用，是我国国家创新体系的龙头骨干。围绕以中央企业为核心的创新生态体系建设，形成具有辐射带动作用的技术突破平台，是我国国家创新体系建设的关键突破口。在发挥国有企业特别是中央企业创新示范作用的同时，加强国有企业和民营企业的战略互补性、大型企业和中小企业的能力互补，建设好国企民企联动、大中小企业协同的整合式企业创新体系是我国未来特有的国家创新体系道路。

### （二）企业创新投入仍有上升空间

欧盟委员发布的《2018 年欧盟工业研发投资排名》显示了全球 46 个国家和地区的 2500 家公司在 2017—2018 年度的研发投入情况。在全球 2500 家公司的研发投入排名的前 50 强中，中国企业仅有华为上榜；

在前100名中，中国企业上榜11家，相比主要发达国家，我国企业在研发投入方面仍显不足。中国企业联合会、中国企业家协会联合发布的《中国企业500强调研分析报告》显示，2019年我国填报数据的426家企业共投入研发费用9765.48亿元，企业平均研发投入为22.9亿元，平均研发强度为1.60%。与自身同口径数据相比，企业平均研发投入增长9.1%，平均研发强度提高0.04%，然而这一数据相比美国、日本等发达国家企业平均研发强度的4%和3%仍有更大的上升空间。值得注意的是，从图5－7中可看出，在中国企业500强名单中R&D支出前10的企业中，半数为国有企业，其中4家为中央企业。而名单中其他企业R&D支出中国有企业也排名靠前，从另一个方面表明在我国企业创新能力中，国有企业发挥了支柱作用。

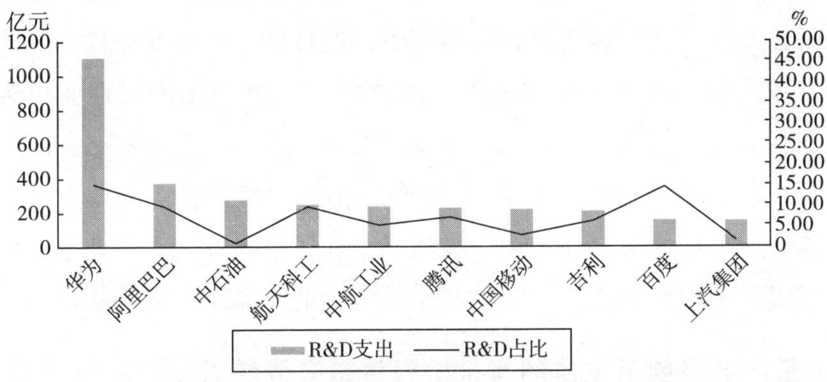


**图5－7　2019年中国企业500强R&D支出情况**

资料来源：《中国企业500强调研分析报告》。

## （三）中小企业的创新活力有待激发

中小企业是颠覆性创新的积极开发者，德国通过中小企业“隐形冠军”在产业链上的关键节点形成优势，从而在国家创新体系中得到突破，并助力大型企业实现整合式创新。韩国凭借多年来持续对中小企业创新的投入，现已形成世界主要国家中R&D支出占比第一、中小企业研发支出占企业研发支出比例全球领先的格局。美国围绕硅谷产业园、凭借先进的高校科研成果转化机制扶持了大量具有领先技术的创新企业，引领全球创新脚步。而我国现阶段中小企业仍处于资源要素不足、缺乏各方支持的局面，需通过政策支持、资本投放、建立企业间技术联盟等方式激发中小企业创新活力，形成创新多点突破的局面。

### （四）战略性新兴高科技企业更具创新活力

战略性新兴产业代表新一轮全球科技和产业变革的方向，是引导产业升级转型、推动国家创新体系发展的重要抓手。除具备一般新兴产业的高创新性、高成长性特征外，更具有战略先导性，代表全球新兴科技产业化的新方向，起到引导性的作用。因此，培育战略性新兴产业对推动我国产业迈向中高端、在更高水平上参与全球价值链分工合作、实现新旧动能转换、提高发展质量和效益起到至关重要的作用。近年来，我国战略性新兴产业增速明显，取得了不俗的佳绩。然而战略性新兴产业是新技术、新业态、新模式最集中的领域，竞争相比传统行业更为激烈，创新成为引领战略性新兴产业发展的唯一方向。我国战略性新兴产业企业在营收增长速度、R&D 支出增长速度、R&D 投入占比方面均超过总体企业平均情况；在知识产权活动方面，战略性新兴产业企业专利申请数量和知识产权交易行为均高于总体企业，显示出蓬勃的活力。

### （五）各类创新主体的有机协同生态有待增强

国家整体科技创新能力的提高离不开政府创造的良好创新政策环境、具有较强自主创新能力的企业、科研水平高的科研机构和提供良好服务的中介机构间有机协同形成的合力。而我国现阶段企业尚不能有效利用高校和其他科研机构的研究成果形成成果转化，高校和其他科研机构也未能及时对市场情况作出变化、配合企业开展创新工作。据统计，2016 年全国研究机构开展的 R&D 项目（课题）合计 135387 个：与国内高校合作总计6900 个，占总数的5. 1%；与国内独立研究机构合作总计 8139 个，占总数的 6. 0%；与境内注册其他企业合作总计 7158 个，占总数的5.3%；独立完成108618个，占总数的80.2%。[①] 各创新主体之间协同能力不足，未能在国家创新体系中形成创新合力。国家创新体系的建设除需要各创新主体的科研能力增强外，也离不开各创新主体间知识、技术、资源、人才的流动，更依赖于各创新主体之间有机协同、发挥合力，即政产学研相互密切配合，发挥混合协同创新效用。同时，《中国科技统计年鉴》数据显示，2018年我国47.5%的大型企业、22.5%的中型企业、16.9%的小型企业、4.9%的微型企业开展了创新合作活动。相比主要发达国家，这一比例明显偏低，对比德国产业研发体系和日本的企业联盟模式，我国企业开展的企业间技术交流活动和产学研合作研发项目均相对较少。发达国家通过在大学周围建立从事高技术研发的实验室，进而派生出创业公司，形成高技术产业聚集带，成为高技术工业园等方式，形成了如美国硅谷的区域协同创新地带，聚集各方资本、人才、知识和技术形成良性的创新循环，成为企业在国家创新体系中发挥带动效应的典范。我国需进一步推动北京、上海、深圳等地区的区域协同创新体系建设，协调区域内创新生态发展，并促进跨区域整合式创新发展，建设适宜的创新生态。

## 第三节　我国国有控股上市公司的创新发展概况

### 一、国有控股上市公司科技创新情况

国有企业作为国民经济发展的主导力量，多分布在关系国家安全和国民经济命脉的重要行业和关键领域，其发展水平和创新能力，体现的是国家综合实力和竞争能力。国有企业承担着建设世界科技强国、引领产业转型升级的时代重任，为推动我国经济社会发展、科技进步等做出了突出贡献。国有控股上市公司作为国有企业中的重要力量，其技术研

① 李旭超. 中美国家创新系统的构成与效率对比研究[D]. 济南：山东师范大学，2018.

发活动对我国相关行业、产业实现技术突破起着至关重要的作用，认识并评价国有控股上市公司技术研发能力可为提升其技术创新能力提供指导。本节研发投入和创新产出数据来自 CSMAR 数据库，其中，2018 年国资委所属企业控股上市公司中有 682 家披露了研发投入相关信息，149 家披露了专利申请数量，187 家披露了专利授权数量。中央企业控股上市公司中有 266 家披露了研发投入相关信息，68 家披露了专利申请数量，84 家披露了专利授权数量。地方国企控股上市公司中有 416 家披露了研发投入相关信息，81 家披露了专利申请数量，103 家披露了专利授权数量。

### （一）国有控股上市公司是研发投入的重要主体

中央企业控股上市公司研发投入金额总量较大，但不同公司间存在巨大差异。由表 5－7 可看出，2018 年中央企业控股上市公司研发投入金额平均值为 7.3 亿元，中位数水平显著低于平均值，表明绝大部分公司研发投入金额水平低于平均值。研发投入金额标准差为 230926 万元，极差为 210.5 亿元，表明上市公司之间存在巨大差异，部分企业研发投入金额可达 200 亿元，同时也存在企业研发投入金额仅为 7 万元的情况。对比国资委所属企业控股上市公司情况，中央企业控股上市公司研发投入金额更高，公司间差距更大。对比全样本上市公司，中央企业和国资委所属企业控股上市公司的研发投入金额的平均值和中位数均更大，在全样本上市公司中，国有企业的创新投入绝对值居于优势地位。

**表 5－7　中央企业控股上市公司研发投入金额情况描述性统计**

| 分类 | 平均值 | 中位数 | 标准差 | 极差 | 最大值 | 最小值 |
|---|---|---|---|---|---|---|
| 中央企业控股上市公司 | 73132 | 16629 | 230926 | 2104993 | 2105000 | 7 |
| 国资委所属企业控股上市公司 | 50245 | 9705 | 170403 | 2104993 | 2105000 | 7 |
| 全样本上市公司 | 23198 | 6078 | 92634 | 2105000 | 2105000 | 0 |

资料来源：CSMAR 数据库。

由表5－8可看出，2018年中央企业控股上市公司研发投入金额占营业收入比重平均值为3.85%，中位数低于平均值，表明绝大部分公司研发投入金额占营业收入比低于平均值。研发投入金额标准差为4.74，表明公司间相对数差异不大，总体保持相对较低的状态，但也存在个别公司投入营业收入50%以上的资金用于研发。对比国资委所属企业控股上市公司情况，中央企业控股上市公司研发投入金额占比相对较高，但对比全样本上市公司可以看出，中央企业和国资委所属企业控股上市公司研发投入占营收比例的平均值和中位数均较小，表明虽然国资委控股上市公司研发投入金额的绝对值较大，但占营业收入比重相对值较小，绝对值水平较高主要是受公司规模和自身资源实力影响，但创新意识和投入力度还存在不足，研发投入比例有待进一步提高。

**表5－8　中央企业控股上市公司研发投入金额占营收比例情况描述性统计**

| 分类 | 平均值 | 中位数 | 标准差 | 极差 | 最大值 | 最小值 |
|---|---|---|---|---|---|---|
| 中央企业控股上市公司 | 3.85 | 3.18 | 4.74 | 54.65 | 54.65 | 0.00 |
| 国资委所属企业控股上市公司 | 3.12 | 2.33 | 4.14 | 54.65 | 54.65 | 0.00 |
| 全样本上市公司 | 4.83 | 3.66 | 5.33 | 75.70 | 75.70 | 0.00 |

资料来源：CSMAR数据库。

## （二）国有控股上市公司研发团队实力突出

由表5－9可看出，从绝对数来看，中央企业控股上市公司研发投入人员数，标准差为4669，极差为39658，表明公司间存在巨大差异。研发人员数量的中位数仅为420，表明大部分公司的研发人员只有几百人，少数中央企业控股企业的人数达到万人，可见不同企业对于研发创新人员的数量安排相差很大。相比国资委所属企业控股上市公司而言，中央企业控股上市公司研发投入人员数量相对更多，但不同公司间差异更大。对比全样本上市公司可以看出，中央企业和国资委所属企业控股上市公司研发投入人员的平均值和中位数均较大，一方面表明国有控股上市公司对创新投入的力度和重视程度不同，另一方面与企业规模和拥有资源及所在行业等因素有关。

表5－9 中央企业控股上市公司研发投入人员情况描述性统计

| 分类 | 平均值 | 中位数 | 标准差 | 极差 | 最大值 | 最小值 |
|---|---|---|---|---|---|---|
| 中央企业控股上市公司 | 1569 | 420 | 4669 | 39658 | 39658 | 0 |
| 国资委所属企业控股上市公司 | 1061 | 328 | 3295 | 39658 | 39658 | 0 |
| 全样本上市公司 | 612 | 226 | 1978 | 39658 | 39658 | 0 |

资料来源：CSMAR 数据库。

由表5－10可看出，从相对数来看，中央企业控股上市公司研发投入人员占员工总人数比重平均值为14.08%，中位数为11.61%，表明大部分公司的研发人员占比达10%～15%，与此同时，也存在部分公司研发人员占比达60%以上，可见不同的企业对于研发创新人员的重视程度相差很大。相比国资委所属企业控股上市公司而言，中央企业控股上市公司研发投入人员相对更多。对比全样本上市公司可以看出，虽然中央企业和国资委所属企业控股上市公司研发投入人员绝对值较大，但投入人员占员工总人数比例的平均值和中位数都低于全样本上市公司，表明国资委控股上市公司创新意识和研发投入力度存在不足，研发人员投入比例可进一步提高。

表5－10 中央企业控股上市公司研发投入人员占员工总人数比例情况描述性统计

| 分类 | 平均值 | 中位数 | 标准差 | 极差 | 最大值 | 最小值 |
|---|---|---|---|---|---|---|
| 中央企业控股上市公司 | 14.08 | 11.61 | 12.19 | 67.62 | 67.62 | 0.00 |
| 国资委所属企业控股上市公司 | 11.58 | 9.80 | 11.10 | 70.74 | 70.74 | 0.00 |
| 全样本上市公司 | 15.80 | 12.55 | 13.89 | 93.71 | 93.71 | 0.00 |

资料来源：CSMAR 数据库。

### （三）国有控股上市公司专利产出丰硕

目前，公司创新产出主要是通过专利的各项指标来衡量，专利是企业进行创新活动的产出品，同时，专利也可以作为进行创新活动的工具。因此，专利的申请量和授权量对于企业的创新具有十分重要的作用。我国规定的三类专利中：发明专利是指对产品、方法或者其改进所提出的新的技术方案；实用型专利是对产品的形状、构造或者其结合所提出的适于实用的新的技术方案；外观专利是指对产品的形状、图案等做出的富有美感并适用于工业应用的新设计。其中，发明专利的授权难度和授权稳定性最高，具备新颖性、创造性和实用性，因此下面对本章分析中以发明专利申请数和授权数作为样本进行进一步分析，深入了解上市公司的专利申请授权的质量。

由表5－11可看出，中央企业控股上市公司的专利申请数的平均值为232，但是中位数只有71，说明大多数的公司专利申请数较低。但反观最大值，中央企业控股上市公司中申请专利数量最多的公司的专利申请数达到了6074个，远超平均值及中位数，说明这些公司之间对专利的重视程度有很大差别，尽管有些公司也在进行研发创新，但并没有将创新成果转化为专利的意识。相比国资委所属企业控股上市公司，中央企业控股上市公司专利申请数的平均值和最大值都相对较低，这与其研发资金和人员的投入不成正比，一方面与中央企业控股上市公司的创新投入产出效率相关，另一方面与创新投入并非仅以专利方式产出有关。对比全样本上市公司，中央企业和国资委所属企业控股上市公司专利申请数平均值和中位数较高。

表5－11　中央企业控股上市公司专利申请情况描述性统计

| 分类 | 平均值 | 中位数 | 标准差 | 极差 | 最大值 | 最小值 |
|---|---|---|---|---|---|---|
| 中央企业控股上市公司 | 232 | 71 | 743 | 6071 | 6074 | 3 |
| 国资委所属企业控股上市公司 | 313 | 51 | 1444 | 13682 | 13683 | 1 |
| 全样本上市公司 | 209 | 30 | 1168 | 15894 | 15895 | 1 |

资料来源：CSMAR数据库。

由表5－12可看出，中央企业控股上市公司的发明专利申请数的平均值为88，中位数为39，极差为399。相比国资委所属企业控股上市公司平均值148、极差7461，可以看出，中央企业控股上市公司发明专利申请数较少，公司之间差异小。

**表5－12　中央企业控股上市公司发明专利申请情况描述性统计**

| 分类 | 平均值 | 中位数 | 标准差 | 极差 | 最大值 | 最小值 |
|---|---|---|---|---|---|---|
| 中央企业控股上市公司 | 88 | 39 | 103 | 399 | 401 | 2 |
| 国资委所属企业控股上市公司 | 148 | 22 | 777 | 7461 | 7462 | 1 |
| 全样本上市公司 | 69 | 16 | 432 | 7462 | 7462 | 0 |

资料来源：CSMAR数据库。

由表5－13可看出，中央企业控股上市公司的专利授权数的平均值达到308，但中位数只有74，标准差为807，极差为4432，表明大多数公司获得的专利授权较少，不同公司间存在较大的差异。对比国资委所属企业控股上市公司，中央企业控股上市公司专利授权数的平均值、中位数都相对较高，这说明了中央企业控股上市公司的创新成果转化能力较强。对比全样本上市公司，中央企业和国资委所属企业控股上市公司专利授权数平均值和中位数较高。

**表5－13　中央企业控股上市公司专利授权情况描述性统计**

| 分类 | 平均值 | 中位数 | 标准差 | 极差 | 最大值 | 最小值 |
|---|---|---|---|---|---|---|
| 中央企业控股上市公司 | 308 | 74 | 807 | 4432 | 4434 | 2 |
| 国资委所属企业控股上市公司 | 188 | 40 | 571 | 4433 | 4434 | 1 |
| 全样本上市公司 | 87 | 22 | 324 | 4433 | 4434 | 1 |

资料来源：CSMAR数据库。

由表5－14可看出，中央企业控股上市公司的发明专利授权数的平均值达到79，中位数为25，最大值为1145，表明大多数公司发明专利授权数少，不同公司间存在较大的差异。对比国资委所属企业控股上市公司和全样本上市公司，中央企业控股上市公司专利授权数平均值和中位数较高。

表 5－14　中央企业控股上市公司发明专利授权情况描述性统计

| 分类 | 平均值 | 中位数 | 标准差 | 极差 | 最大值 | 最小值 |
|---|---|---|---|---|---|---|
| 中央企业控股上市公司 | 79 | 25 | 178 | 1144 | 1145 | 1 |
| 国资委所属企业控股上市公司 | 62 | 12 | 207 | 1833 | 1834 | 1 |
| 全样本上市公司 | 25 | 6 | 112 | 1834 | 1834 | 0 |

资料来源：CSMAR 数据库。

### （四）国有控股上市公司非专利产出贡献社会效益

创新产出一方面反映于专利的产出，专利的申请数和授权数反映出企业自身的创新数量，其中发明型专利反映出企业创新的质量；另一方面，非专利创新的产出也是不可忽视的一部分，尤其是在国有企业中，许多公司进行的科技创新最终并未转化成专利，而是转化为了服务于整个行业甚至整个社会的技术。在这种情况下，单单用专利的产出情况衡量国有企业的创新成果必将低估其创新产出水平。同时，相较于民营企业来说，共益性创新恰恰是国有企业特有的且占有很大比重的创新产出。因此，为全面反映国有企业真实的创新产出情况，还需从不同角度切入，全方面系统分析。

在衡量创新水平的奖项中，国家科学技术进步奖是一项涉及国民经济的各个行业且覆盖面广泛的科学技术奖。国家科学技术进步奖授予在应用推广先进科学技术成果、完成重大科学技术工作计划等方面取得突出的技术创新、经济效益和社会效益等成效，同时显著推动行业科技进步发展的企业。"十二五"期间，中央企业获得 11 项科技进步特等奖，占整个国家科技进步奖的 85%；一等奖 49 项，占 45%；技术发明一等奖 4 项，占 1/3。在此奖项上的表现充分反映了国有企业在专利外创新产出方面的成果。相较于其他企业，国有企业的创新活动更注重于国家整体的经济效益和社会效益，这是专利水平所无法衡量的。另外，在

2018 年工业大奖获奖的 12 家企业、11 个项目中，有 8 家国有企业和 9 个国有企业研发项目，充分体现了国有企业的行业领跑作用。这种突破性的创新会为整个行业带来翻天覆地的变化，然而却无法通过专利数量来反映其中的价值。在自主创新的同时，国有企业也在积极建设创新平台以服务于各行各业。如 2017 年 11 月 3 日由中国铁路总公司属下的中铁信息工程集团有限公司参与建立的国内首个以系统安全为目标的国家级科技创新平台——“城市轨道交通系统安全保障技术国家工程实验室”，将建设成为我国城市轨道交通系统安全领域的技术创新、科学试验、人才培养和学习交流基地。隶属于中钢集团的中钢矿院目前已建成金属矿产资源高效循环利用国家工程研究中心、国家金属矿山固体废物处理与处置工程技术研究中心、国家非煤固体矿山安全工程技术研究中心、金属矿山安全与健康国家重点实验室等七大国家级创新平台，并且这些创新平台大多面向污染防治和安全问题，充分展现了国有企业对创新独特的贡献。另外，一些国有企业也在积极搭建双创平台，汇聚各方智慧，激发创新活力。2018 年，中国工商银行成立 2 亿美元创投基金，重点投资于印度创业公司，使印度创业公司能够更充分接触到中国投资人。中国电信成立 5G 双创能力开放中心，为全行业合作伙伴提供 5G 垂直应用研发联合实验室、创新基地、创研中心等服务平台。

这些公益性的创新产出可能不会对国有企业的绩效产生显著的影响，但正是因为国有企业率先进行了这种创新，才有了整个行业、整个社会的稳定进步。因此，国有企业的创新产出远远超出了专利所能衡量的水平，各行各业的国有企业都在用这种惠及全体的创新行为推动着行业和国家的进步。

## 二、标普 500 指数成分公司科技创新概况

为便于与国有控股上市公司科技创新情况进行直观对比，选取美股标准普尔 500 指数成分公司 2016—2018 年财务报告所披露的研发支出

情况进行分析对比。数据来自 Wind 数据库，其中标普 500 指数成分公司中 2016—2018 年共有 146 家披露了研发投入相关信息。

由表 5 - 15 可看出，2016—2018 年标准普尔 500 指数成分公司研发支出整体呈增长态势，研发支出头部企业与尾部企业差距逐年扩大。其中：2018 年研发支出最大值 288.37 亿美元为亚马逊公司，属于互联网行业企业；最小值 800 万美元为惠好公司，属于木材行业企业；标普 500 企业研发支出的最大值和最小值均高于我国全样本上市公司。标普 500 企业 2018 年研发支出平均值为 21.26 亿美元，远高于我国全样本上市公司，也高于中央企业上市公司研发支出平均值。与我国上市公司研发支出情况类似，标普 500 企业研发支出平均值远高于中位数，说明部分研发支出头部企业巨额的研发支出拉高了样本的平均研发支出，标准差 420822 的数据也显示出不同企业间研发支出差距两极分化现象极为明显。

**表 5 - 15　2016—2018 年标普 500 指数成分公司研发支出**

| 年份 | 平均值 | 中位数 | 标准差 | 极差 | 最大值 | 最小值 |
|---|---|---|---|---|---|---|
| 2016 | 168795 | 64550 | 297533 | 1607600 | 1608500 | 900 |
| 2017 | 185534 | 69600 | 347297 | 2260795 | 2262000 | 1204 |
| 2018 | 212263 | 71475 | 420822 | 2882900 | 2883700 | 800 |

资料来源：Wind 数据库。

由表 5 - 16 可看出，2016—2018 年间，标准普尔 500 指数成分公司 R&D 占比平均值变化不大，均维持在 11.5% 左右的水平，整体呈略微下降趋势，这一数字远高于我国上市公司平均 4% ~5% 的比例，但考虑我国企业研发投入强度逐年增加的趋势，假以时日，我国上市公司研发投入强度可以期待追赶上美股水平。2018 年标普 500 指数成分公司 R&D 占比标准差为 9.72，大于我国上市公司 R&D 占比标准差，说明研发投入强度差异大于我国上市公司，极大值为 63.66 来自因塞特医疗，极小值 0.03 来自麦克森公司，同为医疗行业，反映出同行业内企业因业务类型侧重的不同，研发支出差异依然明显。

表 5－16　2016—2018 年标普 500 指数成分公司 R&D 占比

| 年份 | 平均值 | 中位数 | 标准差 | 极差 | 最大值 | 最小值 |
|---|---|---|---|---|---|---|
| 2016 | 11.78 | 8.19 | 10.17 | 61.47 | 61.55 | 0.08 |
| 2017 | 11.65 | 8.90 | 10.93 | 86.28 | 86.34 | 0.06 |
| 2018 | 11.37 | 8.63 | 9.72 | 63.62 | 63.66 | 0.03 |

资料来源：Wind 数据库。

总体而言，标准普尔 500 指数成分公司在研发投入绝对金额和投入强度方面，均高于我国全样本上市公司，也高于中央企业上市公司，虽然标准普尔 500 指数公司为美股中的成分股，表现优于美股平均水平，但近乎 2 倍于我国企业的平均研发投入强度显示出我国企业在科技创新方面的投入强度仍有很大的上升空间。同时，标普 500 公司的创新情况也呈现出与我国国有控股上市公司局面相似的研发能力两极分化严重现象，进一步说明了创新能力的提升很难通过个体企业创新能力的同步提升来实现，只有通过协同创新助力不同企业间的能力互补从而实现创新能力的整体提升。

## 三、国有控股上市公司在科技创新中的挑战与机遇

党的十九大报告指出，“深化国有企业改革，发展混合所有制经济，培育具有全球竞争力的世界一流企业”，明确了新时代国有企业改革发展的目标方向。培育具有全球竞争力的世界一流企业，就是要形成一批在国际资源配置中占有主导地位的领军企业、在全球行业发展中具有引领作用的企业、在全球产业发展中拥有话语权和影响力的企业。世界一流企业并不是一蹴而就的，是一个长期培育引导的过程，而创新是引领发展的第一动力。培育具有全球竞争力的世界一流企业，需要不断构筑企业核心专长的创新能力，既包括技术创新能力，也包括机制、模式的创新能力。与世界一流企业相比，在技术、管理、核心竞争力方面，国有企业目前还存在一定差距，部分中央企业只在部分领域具备了成为世界一流企业的基础和条件。因此，为达成培育世界一流企业的目标，要

求企业不断构筑企业核心专长的创新能力，以混合协同创新推动企业可持续创新能力构建，逐步向世界一流企业迈进，在这一进程中，国有企业特别是国有控股上市公司作为“头部企业”当仁不让。

作为我国政治经济体制的重要成分，国有企业的科技创新是我国科研事业的重要一环，国有企业不仅担负经济职能，也需要完成国家托付的科研计划。国有企业在制订科研计划时，较民营企业更偏重基础研究的比重，更注重抢占战略性新兴产业、高新技术领域中的“战略高点”。改革开放以来，国有企业聚集了大量产业资源，累积了大批研究型和工匠型人才，具备实施技术创新的充分条件和优势，创新成果不断涌现，在载人航天、深海远海、高速铁路、特高压输变电、移动通信、国产航母和大飞机等领域取得一大批具有世界先进水平的标志性成果。“十二五”期间，国有企业牵头或参与完成了 16 个国家重大科技专项任务中的 15 个。2017 年国有企业获得国家科技进步奖项共 83 项，占到奖项总数的 35%。2018 年，国有企业获得国家科技技术奖励 98 项，占到奖项总数的 40. 8%；国有企业累计拥有有效专利 56 万项，较上年增长 15. 3%；拥有有效发明专利 21. 7 万项，较上年增长 21. 4%，占专利总量的 38. 7%。

作为中国特有的经济制度，国有企业特别是国有控股上市公司，借助自身独特的制度优势和政治关联优势，可获得更多的财政资助用于企业的研发活动，又可通过与所属企业、高校、科研机构的协同合作来整合内外部创新资源，实现更好的创新绩效。同时，国有企业具有规模优势。垄断型大企业占据创新职业化、组织化和社会化的优势，表现为能够设立独立的研发部门、维持较大规模的研发团队，组织结构与管理协调能力为持续性研发活动保驾护航，具有由用户、产业链上下游企业、政府及其他机构组成的创新支持系统。此外，国有企业对非国有企业技术创新起到了“拉动效应”，即国有企业的研发活动具有正外部性，通过示范模仿效应、生产或研发合作以及科技人才流动这三种溢出途径拉动相关民营企业技术创新能力的提升。在政府、企业、高校、其他科研机构协同发展组成的国家创新体系中，国有企业特别是国有控股上市公司居于核心地位。

在客观评价国有控股上市公司在我国企业科技创新中的重要主体作用的同时，也应对国有控股上市公司及我国企业群体在科技创新方面所面临的挑战和存在的不足进行客观评估。

### （一）研发投入仍有扩充空间

在创新投入方面，中央企业控股上市公司无论是研发投入金额还是研发投入人员数量，都略高于全样本国资委控股上市公司，中央企业控股上市公司研发创新的投入情况要好于地方国资委控股上市公司，处于领跑地位。对比全样本上市公司，国资委控股上市公司各项投入和专利产出的绝对值都较大，但研发投入金额和人员的相对值较小，投入力度还不足，还存在进一步提高研发投入比例的空间。对比标准普尔500成分公司，我国全样本上市公司和国有控股上市公司的研发投入在绝对值和相对值方面都存在欠缺，在美股研发投入强度增长幅度放缓的情况下，我国企业如能维持研发投入的增长强度，未来存在追赶的可能性。

### （二）技术研发能力两极分化

因国有控股上市公司的规模差异，其在技术研发投入方面存在两极分化的现象，创新投入在不同的企业之间分布不均匀，大部分的企业研发投入金额和研发投入人员数量较少，不同上市公司之间存在很大的差距。国有控股上市公司在研发投入方面的差异直接导致了企业技术研发能力的两极分化。由于公司规模差异、行业差异、地区差异的存在，国有控股上市公司技术研发能力的两极分化是一种正常现象，但严重的两极分化会引发企业创新资源分配不合理、企业经营绩效差距拉大、行业技术壁垒不断加大、落后企业难以形成核心竞争力等一系列问题。应通过加强企业间合作，充分发挥不同企业能力的优势互补，激发协同效应，带动全体企业研发能力的提升。

### （三）专利质量成效有待提升

我国国有控股上市公司的专利申请量较大，积极性较高，但有效专利持有量较低，普遍存在专利申请量庞大而授权比例偏低的“专利泡沫”困境。政府专利资助政策激励了大量低质量专利以及缺乏应用价值专利的产生，不同程度上导致了“专利泡沫”现象的发生。而且在政策引导方面，政府补助和税收优惠更倾向于专利数量而非专利质量。据统计，我国超过八成的专利发明者研发周期在两年以下，企业过度追求“投资少、周期短、见效快”带来的短期利益，造成企业进行无意义的创新，这是我国国有控股上市公司的专利质量较低的原因所在，也印证了上文中关于我国创新投入主要集中于试验发展领域，对基础研究和应用研究的投入比例较低的判断。

### （四）科研成果转化能力亟待加强

科技成果转化是将科技创新成果转化为经济效益的重要指标。数据显示，2017 年，47.3% 的国有控股上市公司资本化研发投入占研发投入的比例为 0。未能将研发支出资本化反映出企业研发投入仍未能投入市场产生经济效益，从而也无法实现科研成果的转化。同时，近半数的国有控股上市公司未披露开发试验数据，甚至缺失开发试验的技术研发环节。开发试验环节的缺失极有可能导致国有控股上市公司技术研发无法真正了解市场需求，不能及时捕捉市场变化，进而出现科研成果转化效率低下的情况。无法资本化的研发投入代表着企业研发投入不能推向市场产生收益，无法形成实质商业价值。

### （五）企业创新主体地位有待进一步增强

从国家创新体系角度来看，各创新行为主体绝非孤立发展，而需依靠官产学研链条下各环节的密切协作。企业的成长和市场主体地位的确立是市场环境作用的结果。如果简单将国家创新体系划分为技术创新和创新环境两个维度，那么：企业是技术创新的活动者，也是创新环境的需求方；政府是市场秩序的维护者，也是创新环境的供给方。企业的创新活力与效率很大程度上取决于创新环境的供给方能否为企业自主创新努力提供有效激励。企业创新是国家经济运行的基础和支撑，是实现经济发展方式转变的根本驱动力，也是消化和吸收外国创新的基础。目前，国有控股上市公司在技术创新需求方面的功能仍然停留在成果应用，而不是需求创造，即企业难以从自身发展的角度产生技术创新的需求和激励。需要进一步加强企业作为创新主体的地位，积极发扬企业家文化的引领精神，不断提高核心技术创新的能力与活力。

| 第六章 |

# 中国混合经济协同创新发展面临的机遇与挑战

当前，混合协同创新正在全球快速推进，而参与混合协同创新则是机遇与挑战并存。如何在复杂的世界经济形势背景之下抓住机遇，解决混合协同创新中存在的困难与挑战并有所作为，成为我国当前研究混合协同创新发展的重要课题和深入推进混合协同创新的关键举措。

## 第一节　中国混合经济协同创新发展的机遇

打造活跃的经济增长极关键在于推进混合协同创新的发展，当前国内外经济形势为混合协同创新的推进带来了各种机遇，只要能抓住机遇，找准发力点，就能通过优势互补进一步放大创新叠加优势，增强各协同创新主体的创新实力，从而提升企业乃至整个行业在国际市场上的竞争能力。

### 一、国内外形势助推混合协同创新发展

#### （一）世界经济发展形势

当前世界经济正处在深度调整的阶段，受到新旧动能转换、贸易保护主义抬头以及逆全球化等诸多不稳定和不确定风险因素的影响，世界经济增长态势开始放缓。以欧盟、日本等为首的发达国家经济体和以中

国为首的新兴经济体国家均出现了经济增长乏力、制造业发展低迷的现象。贸易保护主义势力的抬头以及逆全球化的冲击，也影响着国际贸易发展和国家间的经济合作，最为典型的就是英国脱欧、美国退出一些国际组织以及中美贸易摩擦。[①] 作为世界第一大和第二大经济体的美中两国，其贸易摩擦必然会影响到自身经济增长，并最终通过深度融合的生产链引致全球经济的下滑。然而机遇与挑战并存，经济全球一体化的发展、产业价值链的深度融合以及中国与世界各国经济发展的竞合等，也都为混合协同创新提供适宜的发展环境，尤其是全球经济一体化的不断推进和产业价值链的深度融合，加快了各独立创新主体之间的兼收并蓄，实现了不同经济主体之间的优势互补和体制机制的改善，增强了各经济主体在国内市场乃至国际市场上的核心竞争力。

### （二）国内经济发展形势

随着我国经济进入新常态，经济发展特征也发生了改变。党的十九大报告提出："我国经济已由高速增长阶段转向高质量发展阶段，创新是引领发展的第一动力。"高质量发展要求经济结构进行持续的优化与调整，以及快速的新旧动能转换，这个过程则要求发挥创新的引领作用。实现高质量发展的核心不仅在于发挥创新在经济中的引领作用，还在于体制机制的保障以及产业内各生产要素间的高效配合。经济特征的转变对创新提出新的要求，但同时也放大了各创新主体在混合协同创新中的优势。如：国有企业具有强大的资源整合能力和财务能力；民营企业拥有明晰的产权和完善的激励约束机制；外资企业掌握着行业领先的技术；高等院校和科研机构有着专业化的人才队伍，能够紧跟世界创新前沿；等等。无论是新常态的经济发展背景还是经济向高质量发展阶段的转型，都要求各要素和创新主体间多方位沟通与协作，实现创新方式的优化；而各创新主体在协同创新中的优势，则为进一步推进混合协同

---

① 陆燕．2019 年世界经济前瞻及中国应对[J]．国际经济合作，2019(1)：4－11.

创新提供了基础和条件。

### （三）国有企业混合所有制改革步伐加快

混合所有制经济赋予了协同创新特殊的内涵和新的边界，“混改”的推进也为进一步促进各种创新主体实现协同创新提供了新的渠道和路径。1999 年 9 月，党的十五届四中全会首次提出要发展混合所有制经济。2002 年 10 月，党的十六大提出：“除极少数必须由国家独资经营的企业外，积极推行股份制，发展混合所有制经济。”2007 年 10 月，中国共产党十七大报告提出：“以现代产权制度为基础，发展混合所有制经济。”2013 年 11 月，党的十八届三中全会《决定》指出：“国有资本、集体资本、非公有资本等交叉持股、相互融合的混合所有制经济，是基本经济制度的重要实现形式。”2015 年 9 月，中共中央、国务院《关于深化国有企业改革的指导意见》指出：“以促进国有企业转换经营机制，放大国有资本功能，提高国有资本配置和运行效率，实现各种所有制资本取长补短、相互促进、共同发展为目标，稳妥推进国有企业发展混合所有制经济。”2017 年 10 月，党的十九大报告再一次指出要“深化国有企业改革，发展混合所有制经济，培育具有全球竞争力的世界一流企业”。这些论断都表明我国正在通过混合所有制这种经济形式实现不同经济主体间的优势互补与优势叠加，实现不同主体之间生产要素的交流与互补，促进各经济主体之间协同创新能动性的提升，以体现出在全球经济体系中的优势。当前，我国正在积极有序地推进混合所有制改革，而推进的过程也加速了各种所有制企业甚至各类创新主体之间的融合，这就为各类独立创新主体之间实现协同发展奠定了发展基础。

## 二、创新主体互补优势促进混合协同创新发展

混合协同创新作为一种新型的、复杂的创新组织方式，涉及不同种类创新主体间的沟通与协作，并基于各主体间的资源共享，进行一系列

的科研创新活动，混合协同创新的推进需要不同创新主体协同互动，发挥各自比较优势，才能实现创新产出最大化。

### （一）国有企业优势

国有企业在混合协同创新中的优势主要体现在三个方面：第一，战略控制；第二，组织整合；第三，财务优势。国有企业对资源的组织整合优势主要体现在资源优势，国有企业能够依托产业政策构建以自己为核心的创新体系，充足的资金还能使国有企业开展有条件的并购业务，同时基于并购子公司现有技术进行持续渐进式的创新。国有企业的财务承诺优势说明其对创新带来的不确定性有着强大的风险承担能力，除了能够从政府层面获得专项科研资金外，最终控制权的特殊性也使其能够很容易获得来自金融机构的低息贷款。① 国有企业得天独厚的优势可以有效解决各主体在创新协作过程中的资金甚至是资源约束问题，而协同创新成果也能够弥补自身创新能力不足的缺陷，增强自身综合实力，因此，国有企业当前的优势成为混合协同创新顺利推进的重要机遇。

### （二）民营企业优势

相对于其他创新主体，民营企业拥有明晰的产权以及完善的自我约束和激励机制。民营企业能够及时、敏锐地捕捉到市场环境的变化，基于对效率和效益最大化的追求，民营企业对创新有着强烈的紧迫感，这也有利于民营企业形成较高的创新效率。国家统计局数据显示，民营企业中99%以上的企业都为中小型企业，中小企业由于管理层级较少，所以企业决策力度要更强，而且不存在大型企业中存在的管理层级多、决策链条长等问题，规模小的民营企业还具有信息沟通便捷、及时、流畅的优势，便于管理层作出具有针对性和实效性的决策，一旦捕捉到市场机会往往能够开展及时的技术创新活动。此外，企业的创新活动还很

---

① 贾根良，李家瑞．国有企业的创新优势——基于演化经济学的分析［J］．山东大学学报（哲学社会科学版），2018（4）：1－11．

大程度上受到企业家精神的影响，民营企业家有着强烈的创新热情和自我价值实现的迫切要求，他们敢于突破现状、敢于试错、敢担风险，能够营造出有利于创新的企业文化和机制，从而比较容易在特定领域实现技术上的突破与创新。民营企业作为技术创新的主体，拥有在协同创新过程各主体所必需的生产要素与生产条件，同时，精简的内部机构、高效的执行效率以及企业家精神等都能够为各主体在协作过程中提供借鉴，推动协同创新成果产出效率的提升。

### （三）高等院校与科研机构优势

高等院校与科研机构作为研究型平台，在混合协同创新发展体系中占据重要位置。高校和科研机构不仅是创新性人才供给的源泉，还是推动混合协同创新发展的重要动力。首先，人才作为创新活动过程中最活跃、最核心的因素，决定了整个创新的效率与成败，而高校和科研机构集聚着不同领域、不同院系和不同学科的大批高层次优秀创新人才，能够根据不同类型的科研任务进行灵活的人才组织调整，具有非常突出的技术创新和协同创新能力。其次，作为人才聚集地和培养平台，高校和科研机构有着专业化的人才队伍，能够跟进世界科技潮流和创新前沿，为不同经济主体间的协同创新提供智力保障，同时，高校与科研机构也通过为各创新主体提供雄厚的人才储备力量来实现创新活动的持续开展。最后，高校和科研机构作为基础型和应用型平台，已经成功构建了一套成熟、稳定的研究体系，并在重要学科和领域积累了厚重的学术基础，基础和应用方面的研究优势使得其在混合协同创新发展过程中能够比较容易提出新的理论和研究方法，从而能够实现混合协同创新的快速推进。混合协同创新关键在于协同与创新，高校和科研机构拥有各领域的专业人才，作为混合协同创新的智库，能够为混合协同创新各参与主体提供智力保障，同时除了能够获得自身科研产出商业化收益外，还能够获得科研资金，进一步增强自身研发实力，实现协同创新的高效推进。

### （四）外资企业优势

受所有权性质、母国经营环境以及技术获取方式等因素的影响，不同所有权性质的企业在管理方式、技术创新等方面也存在差别。外资企业依托于母国科技实力，凭借母国技术优势在中国开展技术的本土化活动，通过较低研发支出，实现高效率的创新成果商业化，以获取高额的市场利润。[①] 因此，在进行协同创新的过程中，其他创新主体能够加快对外资企业技术的吸收消化和紧跟世界前沿技术，同时还有利于学习到外资企业先进的公司治理模式和创新模式，弥补各创新主体创新能力不足、创新模式落后的缺陷，协同创新可以弥补外资企业在创新过程中生产资源缺乏的弊端，资源互补和优势互补还可以降低外资企业在市场中的交易成本，实现企业价值的提升。因此，外企的技术优势和创新过程中先进的管理模式为当前我国开展混合协同创新提供了重要的机遇。

除了上述创新主体之外，协会组织、金融机构、中介平台等也都在混合协同创新过程中发挥着重要作用，各行为主体尽管没有能直接参与到混合协同创新过程中来，但也都发挥出自己的比较优势，保障着协同创新的顺利进行。

## 三、国外产业及全球化发展创造新机遇

国外产业及全球化发展为我国快速推进混合协同创新提供了机遇。当前已经有许多国家和企业对混合协同创新机制和模式进行了长时间的探索并取得了一系列成绩，如中以合作办学、软银收购 ARM、欧盟扶持空中客车等，这些创新模式的成功为我们在国内全方位、多层次地开展混合协同创新提供了契机。同时，借助全球化的发展，各国创新主体之间联系日益紧密，国内企业降低了对国外信息的搜寻成本，为我国开

---

① 钱丽，王文平，肖仁桥．产权性质、技术差距与高技术企业创新效率［J］．科技进步与对策，2019，36（12）：105－114.

展不同企业之间混合协同创新模式带来了机遇。

### （一）国外产业发展创造的机遇

技术网络化背景下的知识专业化和经济全球化要求新常态下的创新由单一行为主体主导向多元主体参与转变，由国内不同主体间的合作向国际交流合作方向转变。每一个国家都拥有自身的资源禀赋和比较优势，同时也存在技术短板等发展难题，而不同国别产业之间的相互协作、资源共享成为解决发展难题的有效手段，同时不同行为主体间的比较优势也为双方甚至多方之间的协作创新带来了机遇。以教育业为例，美国圣何塞州立大学和山东大学合作成立中外双向孵化加速器科技园，不仅同山东大学共享科研设备与人才资源，还利用其在硅谷地区的影响力为科技园招募和提供优质的创业项目资源，为两国源源不断地培养出优秀的创新创业人才，从而快速推动了高校间协同创新在中国以及美国的发展。[①] 以制造业为例，沃尔沃基于自身长远发展角度选择接受吉利集团的并购，并购后的吉利集团派出优秀的技术骨干和管理人员到瑞典进行交流和学习，同时还邀请沃尔沃的技术和管理人员到中国进行指导和培训。双方之间人才的交流不仅增进了彼此的友谊，还为增进今后创新过程中的协同、提升创新成果产出效率提供了重要的机遇和经验借鉴。

### （二）全球化发展带来的新机遇

全球一体化进程促进了生产要素在全球范围内的流动，进一步加深了各经济体之间的依赖性和融合度，推动了不同行为主体之间在创新过程中的相互协作。综观创新能力强大的国家或者地区，无一不是集聚着来自全球各地的资本、人才、技术和管理等生产要素，正是基于提供这些生产要素的行为主体之间的协作，才有高效率的创新成果产出和快速

---

① 高金生．探索国际产学研协同创新创业模式 打造中外双向创新产业孵化加速器［J］．中国科技产业，2015(9)：42－44.

的经济发展，这也正是混合协同创新的重要表现。全球一体化的发展为我国混合协同创新的推进提供了不可或缺的资源，如资本的全球化提供了混合协同创新所必需的创新资金，随资金一同进入中国市场的还有国外先进的技术和科学的管理方法。“一带一路”作为推动世界经济发展和产业链融合的重要载体和全球化的具体形式，促进了沿线国家和地区经济在数量和质量上的增长，提高了沿线国家的贸易自由度，密切了沿线国家和企业之间在科技、教育以及文化等方面的交流与合作。以上海为例，上海市当前已经聚集了一批开展国际技术转移业务的机构，包括企事业单位、科研团体和高校等，汇聚了大批来自“一带一路”沿线国家和地区的人才和资金，这都为当前我国推进混合协同创新创造了机遇。

## 第二节　科技创新体制机制存在的薄弱环节

新制度经济学将制度分为正式制度和非正式制度。正式制度是有一定强制性的成文的规定，如法律、政策规章等；非正式制度是人们约定成俗、共同恪守的准则，如文化、道德规范等。科技创新是混合协同创新中的首要内容，完善的制度是各协同创新主体积极参与协同合作的前提，也是保证科技创新成果转化的关键，而当前我国科技创新制度和政策仍存在薄弱环节。

### 一、混合协同创新机制有待健全

#### （一）利益分配机制有待健全

混合协同创新涉及不同协同创新主体的利益博弈，影响各主体利益分配的因素主要有两方面：一是创新主体的实际资源投入。协同创新主体会依据各自的优势进行资金、信息以及人力资本的投入，投入多少资源将影响其获得的协同创新收益。二是创新主体承担的风险。协同创新过程面临多种风险，根据风险补偿原则，各主体获得的利益要与其承担的风险成正比。

实现互利共赢是协同创新的出发点，也是维持各创新主体长期、稳定合作关系的关键。在利益协调分配中，涉及有形经济收益的分配，以及无形知识产权的分配，无论是有形的经济收益还是无形的知识产权在目前的分配实践中都存在局限性。协同创新各主体对于自身投入均有自己的评判标准，利益认同存在差异，而技术或知识难以定价，各创新主体的利益分配关系往往难以调和，再加上缺乏风险共担的利益分配方式，严重阻碍了协同创新的资源互动。

1. 利益分配机制难以全面反映创新主体的贡献

由于各合作主体利益诉求和价值理念的不同，利益分配成为协同创新项目开展过程中最为关键的问题，不合理的利益分配直接影响各合作主体的积极性。公平待遇对各协同创新主体有重大影响，如果参与主体感知到其付出与收益不对称、不公平，即认为对其贡献的评价与分配的收益不匹配时，就会产生分配不公平的认知，并会相应减少付出或要求增加收益直至达到平等的感觉。因此，当协同创新主体中有一方预期到收益不公平时，就会偏离其最优投入，协同创新无法达到最理想的状态。[①]

混合协同创新可以打破各创新主体之间的壁垒，有效汇聚创新要素和不同优质资源。各创新主体在协同创新中投入的资源不同，会对协同创新成果产出形成不同的贡献。[②] 不同创新主体在协同创新中投入的资

① 蔺丰奇，刘益．知识联盟中关系风险的成因及影响因素分析[J]．中国科技论坛，2007(3)：94－98＋93.

② 姚艳虹，陈彦文，韩树强．产学研协同创新冲突成因、特征及治理策略[J]．企业经济，2017，36(11)：42－47.

源不同，对协同创新成果产出的贡献度也不同。[①] 高校和科研院所主要投入知识、技术等无形资产，企业主要投入资金和信息。客观上看，各创新主体所投入资源的重要性不一样，各主体在创新能力和人才投入方面也不对等，因而只有当利益分配机制充分考虑这些资源投入和贡献差异，实现各类合作要素参与分配，保障各方利益时，才能真正实现利益共享，提高协同创新成功率。而我国当前利益机制构建没有兼顾科研贡献、精力投入与创新成果之间的关系与比例，[②] 当创新主体参与度相差很大时，不能确定后期利益分配占比，同时在股权制分配模式中，对创新协作各方采取资金入股、技术入股、技术持股也没有科学合理的规定。

2. 利益分配机制缺乏对风险共担的考虑

我国协同创新在运行实践中，合作约束由道德、诚信等非正式制度向股权等正式制度发展，利益支付也实现了从一次性报酬支付向股份支付转变，[③] 协同创新主体之间的合作越来越正式化、长期化，创新主体的利益共享、风险共担意识也得到明显增强，但当前的利益分配对风险共担机制的设计仍有不足，规避协同创新风险仍是协同创新主体较为关注的内容，很大程度上削弱了协同创新主体的积极性和协同度。

第一，股权制度应用范围有限，无法有效起到激励约束作用。虽然股权或非股权契约制度具有较高的法律约束力，相比以往简单的合同和契约约束，更有助于分散风险，提升各创新主体参与协同合作的责任感，有效促进混合协同创新的深化发展，但是因为股权制度具有成本高、实施程序复杂的特点，其应用范围还是十分有限，在实际的协同创

① 姚艳虹，陈彦文，韩树强．产学研协同创新冲突成因、特征及治理策略[J]．企业经济，2017，36(11)：42－47.

② 张绍丽，于金龙．产学研协同创新的文化协同过程及策略研究[J]．科学学研究，2016，34(4)：624－629.

③ 王禹琦．我国产业协同创新制度演化的问题与对策研究[D]．哈尔滨：哈尔滨工程大学，2018.

新运行实践中，大多数协同合作主要还是应用简单的、成本较低的合同和非股权契约制度，对协同创新主体激励和约束能力相对不足。

第二，企业承担过高的创新风险，抑制各主体参与协同创新的积极性。股权制度下的股份支付方式虽然能加强协同创新主体之间的联系，在保障创新主体利益的同时还可以分散协同创新风险，但还需注意不同协同创新主体对待风险的态度和承受风险的能力有很大差距。在没有充分考虑风险共担的协同创新利益分配机制中，企业因为是混合协同创新资金的主要提供者而获得绝大部分的协同创新利润，但同时企业也需要承担绝大部分的风险，单纯依靠资金投入决定利润分配的方式不仅不利于吸引其他科技创新主体参与协同合作，还可能导致企业因创新投入多、风险大而对协同合作望而却步，影响混合协同创新进程。同时，如果企业可用于协同创新的资金存量较少、抗风险能力不足，即使参与协同创新其态度也会摇摆，处于“成不过锦上添花，败不能伤筋动骨”的试探心态，一旦协同创新合作遇到阻碍时可能就会及时“抽身避险”，而高校和科研院所也会对这些弱势的企业抱有“来则欢迎，去则不送”的轻慢心态，持续推进研发的动力不够，也会导致各主体协同创新的积极性不足，使协同创新的深度和广度受限。

### （二）协调解决机制有待健全

混合协同创新是为实现重大科技创新目标而开展的多主体、长链条的整合创新，因而合作主体之间的协同度会很大程度上影响协同创新水平。随着科技创新水平的发展、沟通渠道的拓宽，各主体之间的协同沟通日益流畅，但是仍缺乏公正高效的协调解决机制。一方面仍缺乏统一的协同创新沟通协调机制，信息共享不顺畅，另一方面协同创新矛盾解决机制不完善，不能公平妥善地解决创新过程中出现的问题，导致创新活动失败。

#### 1. 缺少统一的沟通协调机制

当前缺少统一的沟通协调机制，存在条块分割现象，难以形成创新合力。作为混合协同创新主要参与者的企业和重要推动力的政府都清楚地意识到沟通协调在协同创新中的重要作用，并为此采取了积极有效的行动，如构建混合协同创新沟通机制、出台帮助创新主体协同合作的政策，但仅凭创新主体自身的力量仍无法处理庞杂的协同创新信息，现有的沟通协调机制不能充分满足协同合作的需求，当前缺少专门的平台统一对信息进行集散，协同创新信息不能被有效地传递和分享，致使各创新主体合作的协同度降低，科技与市场对接的进程变得缓慢，协同创新的进一步发展受到抑制。

2. 信息共享机制不顺畅

信息共享机制不顺畅，表现为存在信息不对称和信息披露不完全的现象，容易引发学术价值和市场需求冲突。科研机构的优势是拥有大量的知识和智力资源，国有企业和民营企业在技术需求、市场信息等方面具有长处，通过合作达到优势互补。而科研机构中的科研和管理人员对真正的市场知之甚少，大多数科研人员了解与自己科技成果相关的市场渠道主要是通过大众媒体和网络查询。社会需求信息难以及时有效地反馈到创新活动中，导致创新成果难以转化，因而要加强各主体信息共享机制建设，使创新链中各创新主体无缝对接，实现创新和应用的紧密结合。

3. 缺乏公认的协调解决机制

由于缺乏公认的协调解决机制，创新主体之间的矛盾无法得到妥善解决，会导致创新活动停滞甚至失败。混合协同创新是一个复杂而系统的有机体，各协同创新主体在利益诉求和行为习惯等方面都存在差异，这种主体间异质性会引发多种协同创新矛盾，例如，协同创新在准备期容易产生利益冲突，在运行期有较高水平的文化冲突，在终止期知识产权冲突和利益冲突达到峰值。① 任何一个矛盾的存在都会影响混合协同

① 姚艳虹，陈彦文，韩树强．产学研协同创新冲突成因、特征及治理策略[J]．企业经济，2017，36(11)：42－47.

创新的持续性和有效性，协调好各方关系、妥善解决各种矛盾对提升协同效应尤为重要。可是当前缺乏一个被各方认可的协调解决机制，缺少一个正式的能囊括各参与主体的冲突协调机构，因而无法及时发现协同中的问题并积极寻找解决办法。如果能建立一个公认的协调解决机制，将为保障协同创新活动的顺利进行起到保驾护航的作用。

## 二、法律体系与环境有待完善

### （一）知识产权保护相关法规

混合协同创新的过程中总是存在知识产权的权利冲突问题。知识产权的权利冲突即“由同一知识产权客体依法衍生的两项或者两项以上相互矛盾或抵触的权利的现象，即同一知识产权客体在某种条件下同时归属于多个主体的法律形态”。[①] 然而，我国目前的知识产权保护相关法规对于解决产权的权利冲突问题存在一些不足。

#### 1. 知识产权保护难以应对新兴产业的兴起

近年来，虽然我国知识产权保护力度不断增强，但侵权现象仍然呈现多发且普遍、周期长、赔偿低等特点。由于网络的普及、发展，网络知识产权逐渐复杂。变相重复侵权、群体侵权等案件的取证要求权利人付出更多的金钱以及时间成本，使得处于更新换代较快行业的权利人常常面临着“打赢官司但失去市场”的局面。在新兴产业蓬勃兴起的过程中，技术更新使得知识产权的保护诉求愈加复杂化。因此，传统的以“人”为核心的知识产权保护制度不再适用于以“技术”为核心的新兴产业领域的改革创新。如是否为人工智能的创造物授予知识产权？如何界定其产权归属？这类知识产权问题将逐渐增加且愈加复杂，知识产权的客体增多、维权的困难程度逐渐增大。因此，新兴产业的发展要求知

① 冯晓青，杨利华．知识产权权利冲突及其解决原则［J］．法学论坛，2001（3）：50－54.

识产权保护法规有与时俱进的改革。

2. 多主体协同创新加剧知识产权的权益冲突

在混合协同创新的背景下，研究与开发活动中各方利益主体处于同一商业运营结构中，使得原来单一的“一企业、一高校”的合作模式渐渐演变为“多企业、多高校、多中介”的复杂模式，即合作主体在类型上、数量上均呈现出倍增的现象。随着协同创新主体的多元化，社会、群体的权益冲突成为主流，但个人的权益冲突依然常常发生。由于行政权力、其他社会权力等各方因素的制约，在高校创新成果转化的过程中存在知识产权的权力冲突以及司法保护困难等问题。

3. 知识产权客体增多使产权问题复杂化

知识产权的客体增多主要有两方面的表现：一方面，高校创新成果的产出增加，另一方面，随着产学研一体化联盟的形成与发展，产生了一些新的知识产权客体及类型。如在互联网技术的应用与发展过程中，网络域名渐渐成为一种新的知识产权客体，域名与商标的区分与界定成为新的难题，并伴随着知识产权的权力冲突。

### （二）中小企业保护相关立法

目前，我国对中小企业的法律保护主要是通过《中华人民共和国中小企业促进法》《大中小型工业企业划分标准》《中华人民共和国公司法》《中华人民共和国知识产权法》《中华人民共和国反垄断法》等对中小企业的发展实施保护。[①] 在这些保护中小企业发展的相关法律法规中存在着缺乏秩序的现象，如涉及中小企业保护的规定、条款分散在各个文件中，且大部分属于行政性的文件。虽然职能部门之间存在着由制定方针到具体实施优化这一路径，但是在中小企业法规体系中，并没有体现这一内在逻辑。在中小企业发展的过程中，我国除了颁布了

① 高威．中小企业法律制度保障探索[J]．时代经贸，2018(24)：93－94.

《中小企业促进法》以外，缺乏具有针对性的专项立法。由规章、规范性文件作出的效力层级较低的原则性规定，在保障中小企业在商业银行的授信、建立中小企业的融资信用担保机制、增强中小企业的财政扶持等方面远远不够。为了缓解中小企业融资难的问题，我国出台了一系列法律法规，但是这些法律法规的操作性有待进一步加强。如在《中华人民共和国中小企业促进法》和《国务院关于进一步促进中小企业发展的若干意见》中，对于中小企业融资问题大部分为规范性和原则性的规定，实际操作性、指导性有待进一步提升。

### （三）维护公平竞争的法律法规

国企同民企之间平等的市场竞争地位即竞争中性。竞争中性已经在全世界40多个国家得到广泛的采用，成为国际新规则，比较典型的有“OECD模式”“美国模式”。目前，我国的反不正当竞争法的基本体系主要由反不正当竞争法和反垄断法构成，其中，反垄断法侧重于保护市场的自由竞争，而反不正当竞争法主要保护市场竞争的公平性。但二者在创建公平竞争的法规环境上存在三方面的问题。第一，在这两部法律的关系中，缺少将反不正当竞争法与反垄断法衔接起来的机制。如在互联网市场竞争中出现了二选一、价格战等不正当竞争、恶性竞争的行为。且两法的规制中存在断层、执法上存在避重就轻的问题，如在个案定性时存在用不正当竞争取代垄断的情况，从而从轻处罚。第二，反垄断法中缺少对公平竞争的审查制度。目前我国对公平竞争的审查制度主要采用层级效力较低的规范性文件的形式，这与建设现代市场体系、规范政府行为、践行经济宪法中的竞争中性的观念所需的“大制度”地位不符。有学者认为，公平竞争审查制度属于事前型，而反垄断法属于事后型，但在反垄断法中也存在如并购审查的事前型的规制，这种对立观点使得反垄断法不能很好地包容公平竞争审查制度。第三，有些条款、规定不明确，需要进一步修改完善。

### （四）控制权、利益分配问题的法律

控制权往往决定了企业的实际产权。在混合协同创新中，团队内部往往面临着控制权之争与利益之争。明确产权的归属、保障各主体在创新成果转化中的权益，才能减少各协同创新主体对于自身利益的忧虑，从而保障混合协同创新能够顺利进行。我国自20世纪70年代起，相继出台了科学技术进步法、促进科技成果转化法、合同法、专利法、著作权法以及中小企业促进法[①]来推动产学研合作的发展。以上这些法律法规以促进协同创新为主要目标，其内容涵盖了协同创新的主要领域。虽然在促进科技成果转化法的修订过程中，逐渐完善了对知识产权归属、利益分配等方面的规定，但是从整个法律体系的角度来看，仍然存在控制权、利益分配不明确的问题。首先，这些法律错综复杂、缺乏衔接，在宏观上缺少整体的协调性。其次，相关法律在立法时过于原则化，可操作性有待加强，实际适用时有困难。最后，对于发明创造成果支付的报酬及奖励，我国目前的法律存在规定不明晰的问题。例如，促进科技成果转化法、合同法以及专利法对于发明创造成果的奖励报酬均作出了规定，但各法律法规在奖励的标准、奖励的方法以及报酬的比例等各方面存异，使得法律适用上存在矛盾。除此之外，我国的商业机密保护法不完善，混合协同创新中的知识产权有待细分，知识产权的所属和使用有待进一步明确，对混合协同创新协议的监督管理有待加强。

## 三、政策措施的协调性和针对性有待加强

政府是混合协同创新顺利开展的重要推动力。政府通过法律法规和相关政策来引导、支持企业和其他科研机构等实施合作，保障混合协同

① 张晓玲．我国政产学研用协同创新的政策法规体系研究[J]．经济研究导刊，2017（18）：195－197.

创新的健康运行，完成技术研发和创新活动。混合协同创新是复杂性、系统性的活动，不仅具有很强的公共产品属性，也具有研发投入高、风险大的特点，同时创新成果容易在产业间产生溢出效应，从而导致研发投入得不到有效回报。而政府的政策措施尚未能够促进各混合协同创新主体间的有机结合，我国还没有针对混合协同创新的专门立法，基本制度建设尚不健全，现有政策法规内容还存在缺失。

### （一）政策措施缺乏协调性与系统性

2016年，党中央颁布了《国家创新驱动发展战略纲要》等一系列核心文件[①]，主要围绕实施创新驱动发展战略，强调科技创新的战略地位，提出了要建设统筹协调的创新机制，进一步改善政府的统筹协调机制和咨询决策机制。在现实中，确实存在着混合协同创新政策政出多门的政策不协调现象。

混合协同创新政策的制定过程具有动态性和复杂性。不同的相关部门都会参与到一项混合协同创新政策的制定过程中，目前，财政部、国家发展改革委、国务院国资委和科技部都是混合所有制改革和科技创新政策的主要出台部门。这些不同的部门在混合协同创新政策的制定中都有着举足轻重的作用。混合协同创新政策的制定不仅需要进行战略规划，而且还需要各种相关政策的配合实施。配套政策主要涉及混合协同创新政策的申报办法、项目财政资金的分配方式、人才的管理与培养、联合机构的建设与运营、混合协同创新的鼓励方法及成果奖励方式、不同领域的成果转化实施办法及科技检测标准等多个方面。这种多元化的政策制定方式加剧了混合协同创新政策的制定难度，也使得各个部门之间的政策措施并不能实现充分的协调统一，从而造成在政策的实施过程中会产生一定的冲突。企业、高校、科研机构等各主体对不同部门颁布的混合协同创新政策会有不同的响应，这就导致在政策执行过程中不可

① 孔凡义，杨小龙．科技创新政策冲突与统筹路径研究[J]．沿海企业与科技，2018(6)：9－13.

避免地产生一些不协调的状况。在混合协同创新的过程中，由于政策之间存在冲突，创新项目的实施障碍增加，这不仅导致混合协同创新各主体间的合作不协调从而造成合作效率低下的问题，也影响其进行创新的动力和积极性。

### （二）财政资金支持力度与项目规模不尽匹配

在混合协同创新过程中，合作的各个主体间都存在一定的风险，同时也需要足够的资金支持项目的顺利开展。然而，科研机构、大学及企业等在开展项目创新的过程中，往往存在政府的财政资金与项目规模不符的问题。它们本身并没有足够的资金实力去完成项目的实施，也没有足够的能力去进行市场的扩展。第一，政府针对科研机构和高校协同创新的合作培训机构资金分配的管理上流程过于烦琐，高校及科研机构在提交项目、资产购置等方面过于约束，束缚了研究的有效进行；第二，科研机构和高等院校的财务实力较弱，如何使技术落地并不是它们的强项，混合协同创新项目的评估系统也尚不完善，因此，为了获得充足的资金，其项目的收益往往会被高估，从而造成项目的财政支持资金与项目本身所需要的资金或者项目本身的价值不符。对于企业来说，在组织架构上，各类项目实施的管理主体之间的权责义务尚不明晰，经理人与管理人的博弈、寻租空间还比较大。企业往往会按照主导部门的有关文件要求，实施国家特定领域、战略性关键领域的发展项目，因而是以企业责任而并不是市场及企业需求为导向。在现实的执行中，不可避免会产生企业向多个部门申请资金、财政资金重复补贴的问题。同时，政府各部门之间尚未建立完善的信息交流平台，没有足够的信息分享，沟通不及时且不够有效率，从而导致一些多领域的企业向不同的部门进行相同项目资金的申报而都获得支持，从中谋取不当利益的问题。这些企业的重复谋取利益行为，不仅造成财政资金的过度消耗，也损害了其他同样申请项目资金的企业的利益。更重要的是，相关业务部门在对企业项目进行财政资金支持后，并没有及时并且充分地对该企业的资金使用状况进行审查及监督，容易产生企业随意动用财政支持资金、财政资金分配不足、项目停滞等现象。我国目前尚无用于支持混合协同创新合作的专项资金，缺乏稳定的合作资金来源，并且混合协同创新项目的评估系统尚不完善，对项目的资金支持力度并不能与项目本身所需要的进行合理匹配。

### （三）对科技成果转化支持力度不足

科技成果转化能否顺利进行，主要涉及政策出台部门和政策实施部门的政策措施，以及相关部门的配套方案是否做到了支持与完善。在实际执行过程过中，对于科技成果转化的政策支持方面，存在以下三点问题：

第一，有关税收政策还没有完全覆盖科技成果转化方面。在政策激励方面，若激励对象为合伙制或公司制持股平台，则在获得股权激励时仍需缴纳税收，暂时还无法享受税收优惠政策。在奖金激励方面，根据《关于科技人员取得职务科技成果转化现金奖励有关个人所得税政策的通知》（财税〔2018〕58 号），参与科技成果转化的大部分相关人员可以享受到该政策带来的福利，但仍存在部分科技人员无法获得该文件相关福利的现象，例如科技研究单位在实现成果自我转化后奖励给工作人员的收益分红。

第二，关于科技成果转化有关工作人员的监管政策，尚未得到有效落实。当下的政策中虽然明确了科研人员中担任有关职务的类别管理细则，但是没有明确这些人员的具体奖励办法和详细审批过程。例如，在对高等院校、研究机构人员进行现金奖励及股权奖励时，并没有细化奖励和审批的过程，导致对上述人员的人才激励政策落实受到一些约束而无法有效进行。

第三，科技成果的转化需要高等院校以及研究机构制定与之相匹配的内部管理方案及办法，但是有些高等院校、研究机构的认知和行动仍存在差异。尽管政府陆陆续续颁布了有关推动科技成果转化的政策方案，而且对先前政策中存在的缺陷及问题进行了适当的调整和改革，以此来简化复杂流程从而使其有利于政策的实施，但在这一过程中，需要高等院校、研究机构对应新的政策尽快制定相适应的内部管理体系和支持办法。而在部分单位仍存在不重视、不落实等现象，这些方面都将影响政策的顺利实施和有效发挥作用。

## 四、混合协同创新配套措施有待完善

混合协同创新的各方主体仍需承担创新的风险，而且很难离开有关的资金支持和激励补贴，在金融和投资环境方面，混合协同创新的外部环境与美国等发达国家相比差距较大，主要表现在三个方面：一是混合协同创新风险投资体系建设不完全，二是税收优惠政策及其体系不完善，三是创新人才的激励政策不健全。

### （一）混合协同创新的风险投资体系不尽完善

从产业端来看，混合协同创新的风险投资体系不尽完善，未能为各主体方合作与创新提供宽松的投融资环境；从资金需求方来看，高等院校、科研机构科技成果转化能力弱，并不擅长应用市场化和产品与服务的管理配置，内部的创新动力有限，初创企业技术水平较低，人才储备不足，面临外部招工难、内部人员培养耗费时间长等问题，而且资金可投入量较少，创新之路面临更大的试错成本和不可控风险，稍有不慎就会危及生存，因此往往不敢尝试高科技成果的研发，或只谨慎地冒少量风险以用于科技成果的转化。所以，专项风险投资资金参与创新成果的研发、商品化以及产业化等环节至关重要，如专门的金融投资支持或政府专门拨款等，在部分发达国家设有专门的合作基金，如英国和日本的科学基金、教育与企业合作奖励基金等。虽然我国已陆续实施了政策引导类科技计划，但是目前我国政府本身支持协同创新的补贴扶持政策较少，同时对有关参与混合协同创新的社会资金政策支持力度尚不充分，相关专项政策的缺少使得混合协同创新的创造活力未能得到充分涌现，各混合协同创新主体方缺少合作资金的稳定来源，进行混合协同创新的能动性受到了抑制。[①] 从资金提供方来看，由于混合协同创新成本高，投资风险大，投资方也不清楚如何筛选能够带来盈利的优秀创新标的，目前对于投资方的倾斜保护政策尚不完备详细，对在混合协同创新过程中出现的问题尚未有明确的政策说明与指导，在一定程度上制约了资金供给方的投资动力与投资效率。

## （二）混合协同创新的税收优惠政策针对性不强

从各创新主体角度来看，税收优惠政策及其体系不完善。国外主要发达国家为促进高新技术产业发展，制定了专门的税收法律给予该产业及产业内的创新活动保护和扶持。相比来说，目前我国尚未制定税收基本法，专门为创新尤其是高新技术产业研究制定并被审议通过的税收优惠法律更是少之又少，针对这部分的税收优惠政策条例散落于其他税收法律、行政法规中，而政策针对性的强弱会对激励作用产生显著影响，[②] 同时所对应的税收优惠政策存在一些不合理、不规范成分，突出表现为相近税收政策缺乏有效协调和衔接。同时，相关机构在制定相关税收优惠政策时信息沟通不及时，可能造成总体制度规划不一致的情况发生，进而导致有关制度矛盾、资源浪费出现。由于现实改革的需要，某些税收优惠政策的发布缺乏全局性以及长远性的考虑，导致相关政策需要随着经济发展和产业变化而调整，不利于经济长期稳定增长。同时，税收优惠范围不全面、优惠政策不灵活，各创新主体在前期提交材料和学习相关税收政策时耗费了大量的时间和人力成本，而税收优惠政策的分散与体系的不健全，提高了各创新主体的创新难度，加大了创新面临的不确定性风险，削弱了积极转型、实现长期发

---

① 张在群．政府引导下的产学研协同创新机制研究［D］．大连：大连理工大学，2013.

② 叶伟巍，梅亮，李文，等．协同创新的动态机制与激励政策——基于复杂系统理论视角［J］．管理世界，2014(6)：79－91.

展的动力诉求。

### （三）混合协同创新的人才激励机制不够健全

从创新活动参与者来看，配套的人才激励政策有待进一步健全和补充。整体对比来看，我国激励创新人才方面存在制度不完善、政策不健全的问题，降低了创新人才的投入意愿和创造热情，对实际工作的进度推展造成一定的影响，不利于企业甚至是政府创新策略的落实。政策层次上，对创新人才的激励政策不够分明，存在同质性的现象，无法通过相关指标将创新成果明确区分，没有对创新绩效进行有效度量，创新人才的工作与付出无法得到充分有效的保护；尤其是对于从事高科技领域、涉及我国发展命脉的关键产业中的创新人才的激励力度，依然处于较低的水平，创新人才激励政策有待进一步增加，政策的层次有待进一步扩展和丰富。

## 五、混合协同创新非正式制度存在缺陷

我国科技创新起步晚、经验不足，尚未形成浓厚的激励科技创新的社会文化氛围，混合协同创新缺乏良好的大环境支持，一定程度上影响了混合协同创新的协同度。

### （一）文化摩擦

#### 1. 企业和科研院校之间存在文化摩擦

企业同科研院校之间存在异质性，科研院校多将自身定位于纯科技角色，教学和科研往往同产业技术需求相脱节，无法很好地履行社会服务职能，而企业多是将自身定位于纯经济角色，以利润最大化为导向，追求商业价值实现。二者角色定位的差异导致其在价值观和研究理念等认知要素上存在偏差，科研院校内部形成浓厚的学术范围，而企业内部形成强烈的商业氛围，二者的文化属性差异形成研发行为差异，阻碍协

同创新的顺利进行。[①] 同时，高校和科研院所因为有国家和地方财政的支持，无法切身体会到企业面临的市场竞争和资金流转压力，所以容易出现创新节奏较慢、成本把控不严和成果转化困难的现象，无法满足企业的需求。此外，倘若企业方是抗风险能力较弱的中小型企业，它们为加快产品创新速度表现出来的急功近利、严谨不足也会对高校科研院所的创新造成干扰。[②]

2. 国有企业和非国有企业之间存在文化摩擦

混合所有制改革背景下，国有企业和非国有企业之间不仅存在资本的融合，不同所有制类型的企业文化相互融合也是重点。国有企业文化具有系统、规范、全面的特点，非国有企业文化具有灵活、高效、创新的优势。尽管各类投资主体分别具有很好的比较优势，但没有共同的价值观和行为准则，就无法做到优势互补。国有企业和非国有企业之间的文化差异容易在混合所有制改革企业内部造成摩擦和冲突，增加企业内部交易成本。只有国有企业和非国有企业吸收双方管理文化优势，摒弃文化劣势，实现两种文化的有效融合，才能成功发挥混合所有制改革的优势。

### （二）协同共享意识缺乏

随着我国协同创新合作的不断发展，协同创新实践从“产学研”向“政产学研金介用”模式推进，协同创新主体具备了一定的协同共享意识，但与国外协同创新主体之间强烈的协同共享意识相比仍有差距。

协同创新合作的先进性体现在它能整合协同创新主体资源，实现各方优势互补，而各主体的协同共享意识直接影响了协同创新效果。第

---

① 高锡荣，张嗣成．制约产学研协同创新的障碍因素提炼及层级体系构建[J]．科技管理研究，2018，38（24）：144－150.

② 张学伟．科技型中小企业协同创新的制约因素和应对政策研究——以河北省秦皇岛市为例[J]．智库时代，2019（33）：46－47.

一，企业和科研主体之间缺乏协同共享。企业作为协同创新主体，掌握着丰富的市场信息资源，但由于缺乏协同共享意识而没有及时将这些信息传达给科研主体，易造成生产和需求的不匹配；科研主体又常出现专注科技成果研发论证而忽视市场需求的现象，以至于科研成果无法有效转化，被束之高阁。第二，国企和民企之间缺乏协同共享。国企在政治资源、金融资源方面有优势，而民企在市场敏感性、创新效率方面有优势，如果在协同创新合作中，二者仍保留着对方是资源竞争对手的观念，不能互相信任，无法充分共享信息和资源，那么也不能有效实现混合协同创新。第三，科技创新主体之间缺乏协同共享。各创新主体的创新要素流动不充分，在项目、人才、仪器、实验室等资源方面都存在共享不足的现象：一些单位购买的大型科研仪器仅限于自用，导致其他主体需要重复购置设备；与此同时，一些大学的重点实验室也不能完全开放共享，在寒暑假期间，大学内部的重大科技平台更是利用率不高，不能及时满足企事业单位的科研需求。①

### （三）诚信缺失与道德风险

混合协同创新主体的不诚信、不道德行为会影响混合协同创新在我国的进一步发展。例如，在协同创新合作过程中，各主体都有可能产生不道德行为。例如：企业在经费支付方面可能会不守诚信，出现不及时向大学和科研机构支付研发经费的情况，导致科研主体与企业的合作关系不睦；大学和科研机构在专利转移方面可能也会不守诚信，科研方研发的新技术不只提供给合作企业，还会授权给其他非协同创新合作对象使用，致使企业因担心技术无序扩散而打消参加混合协同创新的念头。②

---

① 赵哲. 高校与企业、科研院所协同创新的机制障碍与对策——以辽宁省高校为例[J]. 高校教育管理，2014，8(2)：49－53.

② 孙萍，张经纬. 市场导向的政产学研用协同创新模型及保障机制研究[J]. 科技进步与对策，2014，31(16)：17－22.

## 第三节　混合经济协同创新制约因素及挑战

新时代推进混合协同创新发展，是实现我国经济长久发展的重要选择。各类创新主体进行混合协同创新能够增强各类主体创新活力，消除主体间壁垒，实现资源共享，提高技术创新效率和效益，推动创新驱动发展战略进一步发展。但当前依然存在制约各类主体协同创新的因素，阻碍混合协同创新实现长久发展。

### 一、创新驱动渠道单一

创新驱动发展战略是推动我国经济发展的重要引擎，是实现我国经济发展方式转变、推动各类主体实现混合协同创新的重要战略。创新驱动发展注重经济同科技发展的协同关系，将科技作为实现生产力发展的动力，同时依靠科技创新实现经济社会发展。但当前我国创新驱动渠道存在单一的问题，有限的创新渠道不利于各类主体进行协同创新活动，缺少相应的空间及平台，创新多样性的缺失将对我国创新驱动发展产生负面影响，进一步影响我国推进混合协同创新发展的进程。

#### （一）创新驱动渠道发展现状

1. 创新融资渠道单一

当前我国对基础性、战略性及公益性研究的资金支持力度还有待加强，企业进行技术研发应享有的优惠政策有待完善，政府创业投资引导基金有限，各类创新主体进行技术创新所需资金不足，融资渠道单一，不能从根本上解决各类主体进行创新活动面临的融资难问题。同时，我国资本市场对创新活动的支持度不高，但却有着较高的准入门槛，而且没有较为完善的投资机制作为保障。符合我国国情、适合企业进行创新发展的金融服务模式还有待进一步建立和完善。

从融资结构角度来看，国企融资以借款为主，平均占比约为70%，长期借款为主要资金来源。民企创新资金更多来源于债券融资，接近40%的占比为各类所有制企业中最高比例。常见的融资渠道都存在一定的局限性，渠道狭窄、层次低等问题突出，并且随着经济结构不断转型，我国企业技术创新的融资难问题也将越来越严重，建立多渠道、多层次、全方位的融资新体制势在必行①。

2. 创新资源整合渠道有限

各创新主体在进行创新活动时，对科技资源有很高的需求。但当前我国各类创新主体间有明显的壁垒，创新驱动渠道过窄，使得资源来源的途径较为单一，人才流动性不足，主体间信息不对称，很难进行资源整合，影响各类创新主体更好地进行协同创新活动。科技创新平台是各类创新主体实现创新活动的重要途径，也是创新资源实现有效整合的重要平台。但当前我国企业、政府、高校、科研院所等创新主体能够利用的创新平台数量少且不健全，不能满足各类创新主体进行混合协同创新时对资源的需求。而且各类主体对创新人才的需求也无法得到满足，缺少人才交流和整合的渠道，不仅影响各类主体进行创新活动，也对创新驱动渠道的进一步拓展产生影响。

3. 主体间创新合作途径单一

创新驱动发展渠道的单一对创新主体间进行创新合作的途径产生负面的影响。各类主体进行创新活动多数是独立的，企业同科研机构、高校等不同类型主体间合作方式单一，对资源优化配置能力有限，使得协同创新程度低。能够实现各类创新主体协同创新的政产学研协同创新平台有待加强和完善，需要逐步解决各类主体协同创新层次低、规模小、利益分配机制不健全、缺少统一管理的问题。同时，各类创新主体在充

---

① 曹洪军，赵翔，黄少坚．企业自主创新能力评价体系研究[J]．中国工业经济，2009(9)：105－114.

分参与区域性创新活动时，却往往忽视了对互联网平台的利用，不利于开展各类主体多渠道、多层次的科技合作和交流。

### （二）创新驱动渠道单一的成因

#### 1. 创新主体的创新意识和动力不足

当前我国的许多企业普遍存在产权不明晰的问题，对于环境的变化适应性不高。在企业进行经营管理过程中，往往存在企业为追求短期利益而进行的投机行为，企业创新驱动意识有待加强。同时，企业内部管理人员对国际企业的管理理论和经验掌握不足，对创新的风险及收益无法有效估计，缺乏创新意识，在企业内部很难打造推动创新力培养的文化体系。

创新主体动力不足也是企业进行自主创新受限的重要原因。当前我国企业科技创新能力还有提升空间，部分企业自身基础较差，缺乏进行技术创新的能力和环境，导致企业创新动力不足，很难拓宽创新驱动渠道。企业对传统经济增长方式过于依赖，短时间内无法改变当前发展模式，缺乏创新热情。同时，创新环境的缺失也会导致企业创新动力不足，不能进行有效的创新活动，也不利于实现混合协同创新。

#### 2. 创新主体间缺少协同合作

各创新主体间壁垒明显，科技资源较为分散，政府、企业、高校、科研院所及金融机构等主体对科技资源整合程度有限，整体创新力不足。主体间资源共享平台构建不足，不能实现资源及生产要素的有效聚集，无法发挥政府的引导作用，企业的创造性发挥不足，导致各创新主体间协同水平不高、联动性差，在创新方面无法进行深度合作。

作为混合协同创新的特殊形式，在混合所有制背景下，我国国企和民企创新活力、盈利能力及创新能力不同，使得科技资源分散，不同资本间技术资源联动能力差，主体间协同创新能力不足，缺乏实质性协同创新，不利于发挥企业的主导作用，导致企业创新驱动渠道发展具有一定的局限性，在一定程度上阻碍了新时代各主体间混合协同创新的实现。

3. 全方位开放创新程度较低

当前，我国的科技国际化还停留在表面合作的层面，没能同其他国家实现真正融合创新。科研主体的国际化程度较低，导致我国当前科研体系处于相对封闭状态。开放创新程度低阻碍了各国及各类主体借助国际化研发平台进行技术创新的进程，不利于创新驱动渠道的扩展。不同国家间创新资源流通不畅，整合利用难度较大，国际化视野的缺乏也使得各类主体在参与技术创新时难以充分发挥活力，不利于创新驱动渠道的拓展。

## 二、混合协同创新体制机制缺乏

以公有制为主体、多种所有制经济共同发展的基本经济制度决定了我国经济高质量发展可以通过调整各所有制经济成分比例来实现。以混合所有制为重要切入点，打破各类型创新主体合作壁垒，有效协调各种优势资源互补，从而释放技术、人才、资本等要素的经济活力，实现"1 +1 >2"的混合协同创新效益。混合协同创新的两种模式即混合所有制企业股份变动和各主体协同创新中国有经济成分与私有经济成分变动，都可以优化资源配置、强化创新能力和释放经济活力。混合协同创新是对协同创新的深化发展，各主体混合协同创新发展成为新时代提升经济质量的有效举措之一。

混合协同创新模式的发展构建需要配套、健全的体制机制。目前我国混合协同创新体制机制有待健全，混合协同创新中国有经济成分与私有经济成分有效进退的保障机制还有待完善；另外，由多方经济成分共同参与组建的企业中容易出现权责不清、行政干预、缺位越位、激励不足等问题，有待健全相关体制机制予以解决。

### （一）混合协同创新体制机制缺乏的现状

当前主体间协同创新的体制机制较为健全，而结合混合所有制生产关系推进协同创新的体制机制较为缺乏，即现有的协同创新体制机制缺少对混合所有制生产关系的认知与融合。

自 2013 年 11 月党的十八届三中全会明确指出要推进国有企业混合所有制改革以来，我国各类企业不断深化改革，通过混合所有制调整国有经济与民营经济生产关系①、企业国有股份与私有股份产权生产关系，强化技术创新能力，提升企业经济效益和社会效益。在推进混合所有制改革的过程中，与这种不断变化的混合生产关系相适应的各类主体管理体制、运行机制也在不断改革变化，但是，相对完善的体制机制仍然主要存在于主体独立创新或主体间简单协同创新发展模式中，而对于关系更为复杂的、涉及国有经济和私有经济成分混合的多主体混合协同创新发展模式，与之相匹配的体制机制则较为缺乏。

### （二）混合协同创新体制机制缺乏的原因

混合协同创新中多方主体协同创新动机复杂难辨，信息不对称使得难以形成健全的混合协同创新体制机制。企业参与协同创新主要动机有谋求技术能力提升、风险分摊、成本分摊、改善技术溢出效应、缩短创新周期、学习合作方经验与知识、进入新市场和建立行业技术标准等；高校协同创新的主要动机有获取科研资金、技术市场化获取收益等；政府协同创新动机主要有促进技术发展、促进合作和实现技术创新、实现国家发展战略规划和国际话语权等；行业协会协同创新的动机主要有建立产业联盟、促进信息交流、建立技术标准和促进行业创新发展等。各类创新主体都具有不同的优势能力和协同创新动机，理性人假定下，只要主体间相互信息充分，一般就能够形成有效的混合协同创新体制机

① 陈艳利，迟怡君，孙鹤元．终极产权、行业竞争与企业绩效——来自央企上市公司的经验证据[C]//中国工业经济学会．中国工业经济学会 2015 年学术年会论文集，2015：193－208.

制，但现实中信息是非对称的，各类主体参与协同创新只会呈现出一定的有效信息，隐瞒重要的核心需求信息，最大限度地谋求自身利益的最大化。动机的复杂性和信息的不对称性导致难以建立有效的混合协同创新体制机制。

由多元性协同创新动机造成的多种协同创新模式需要构建更为复杂的、与不同模式相匹配的体制机制。各协同创新主体动机多样，在开放发展的大环境下统一发展动机以实现共同目标而不产生负外部性很难，只能在整体内局部区域根据协同创新主体动机特性等构建不同类型的协同创新模式，而且，不同协同创新模式需要不同的体制机制与之匹配，才能有效发挥混合协同创新的作用力。技术寻求型跨国并购模式、开放平台型协同创新模式、研发国家化模式、科研机构衍生企业模式等协同创新组织模式都是以单一主要动机为核心、其他动机为辅助的情况下协调形成的创新模式，也就是说，需要根据不同类型的协同创新模式特征、发展现状构建适宜、匹配的体制机制来强化不同混合协同创新模式的生命力。

无论将各类主体看作经济人还是看作社会人，都要面对主体间的信任风险和成本利益风险。混合协同创新是一个涉及各种经济成分关系的创新主体共享资源、共同开发的过程，而在协同创新过程中，信任与否决定了各类主体协同创新能否顺利进行，利益分配更是决定各类主体参与协同创新过程中的优势资源投入程度。因此，塑造、构建与不同类型主体混合协同创新的体制机制对于保障协同创新顺利进行具有重要意义。

我国推进混合协同创新发展具有独特性与复杂性。我国经济、政治实际发展状况与传统西方经济学理论中分析的情况不同，当然无论西方国家还是社会主义国家，都由国有经济、民营经济等成分组成，但西方国家更强调私有化的资本主义经济，几乎完全将经济交由市场运行，而根植于马列思想和为人民服务的社会主义国家作为全民利益代理人，会将关乎国民经济安全的关键领域交由国有经济运行，不同意识形态下诞生的经济运行方式完全不同。2013 年以来我国持续推进国有企业深化改革，通过混合所有制改革持续释放国民经济活力，推动产业结构调整优化，创建具有全球竞争力的世界一流企业。以公有制为主体、多种所有制经济共同发展的基本经济制度势必对构建与新时代混合协同创新发展相匹配的体制机制提出更高的要求，以“混”促“改”、中性竞争实施面临挑战。

### （三）混合协同创新对体制机制的可能性诉求

构建与各类主体混合协同创新组织模式相协调的体制机制及灵活调整机制。以混合所有制调整经济生产关系，将社会效益责任和关键领域交由国有企业、国有企业参股企业以及国有企业与其他类型企业协同创新组织承担实现，将更多的经济任务交由市场中民营企业和民营企业参股企业以及民营企业与其他类型主体协同创新主体承担实现，一般情况下，在较为稳定的体制机制下自我运行，国家只进行简单的宏观调整，一旦市场经济产生负外部效应，则应当交由国有成分及国有成分参与的企业、协同创新组织加以弥补，也就是说，要在经济发展过程中针对不同类型的协同创新组织的特征属性构建不同的体制机制，引导多方主体协同创新稳定健康进行。

实现混合协同创新需要体制与机制相机灵活切合。体制相对固定，而机制相对灵活，一旦出现外部冲击并超过临界点，机制就会变化，是否与原有体制相切合、匹配难以评估，而且，冲击波动时期，个体在理性程度、心理预期及行为选择方面的不同，将导致协同创新更加难以切实推进，需要相对灵活的“相机决策”机制进行适当补充调整，这对建立健全混合协同创新体制机制提出更高的要求。

## 三、公司治理机制和经营管理体制不尽完善

企业作为微观创新主体之一，在混合协同创新过程中发挥着重要的作用。然而，现阶段国有企业、混合所有制企业以及民营企业在公司治

理结构及经营管理体制方面尚存在不完善的地方，导致企业内在创新动力不足，从而制约着混合协同创新成效。因此，各类企业需要破除公司治理机制与经营管理体制不完善的弊端，推动企业成为市场真正的主体，遵循市场经济规律，激发企业更好地发挥在混合协同创新中的作用。

### （一）国有企业公司治理机制和经营管理体制存在的问题

公司法人治理结构是公司经营管理工作的重点和核心，不仅关系到国企改革的成效，也关系到企业如何更好地成为市场创新主体。目前，我国国有企业公司治理仍存在国有企业股东股权过于集中、董事会权力有限及监事会监督作用不足等问题。

1. 国有企业股东股权相对集中

现阶段，我国混合所有制企业公司治理机制仍处在探索之中，不同所有制参与主体间相互制衡的机制还没完全建立起来。我国大多数国有企业特别是一些混合所有制企业，非国有资本占比较低，国有资本仍处于绝对控股地位，股权相对集中，存在国有资本“一股独大”的现象。这一方面不利于发挥出非国有资本积极股东作用，使得股东大会的决策程序偏于形式，小股东权益难以保障；另一方面，不利于企业转换市场化体制机制，股东大会、监事会、董事会和经理层等现代公司治理结构和权力制衡机制难以发挥出应有作用。

2. 监督机制有待进一步完善

企业监事会在企业中具有召开股东大会和监督企业董事会及经理层的职能，在企业法人治理结构中处于监督的角色。现阶段企业监事会监督机制不完善，组成监事会的人员大多是兼任，缺乏一定的自主性，在结构上也不够科学，缺少具备财务、法律等领域专业知识的人员，从而造成对企业日常经营管理的监督与检查力度不够。

3. 经营者激励约束机制不健全

随着国企改革的不断深入，我国国有企业经营者的激励机制同当前市场经济体制发展不相适应，国有企业经营者激励体制中的矛盾也日益突出。一方面，经理人缺乏有效的激励机制。当前经营层的激励制度并不完全符合市场化的要求，经营层对企业经营活动管理的积极性和主动性不足。同时，经营管理者所获得的劳动收益与所承担的责任、风险以及为企业所作出的劳动贡献不相匹配，与公司经营绩效联系不紧密，部分国企经营者薪资激励不均衡，激励约束机制有待健全。经理人薪酬结构单一，缺少股权激励、精神激励等机制丰富的薪酬结构。

另一方面，经理人约束机制不健全，缺少有效的约束监督机制、责任追究机制。当前我国国有企业对经理人的约束机制存在一定的漏洞，如：企业内部的约束仅为公司章程以及合同约定，并且很少有涉及经理人利益的条款，不能对经理人进行较强的约束；企业外部约束如法律及市场约束等也不尽完善，缺乏有效监督机制对其进行制约。

## （二）民营企业治理结构和经营管理体制存在的问题

1. 产权过于集中，缺乏权力制衡机制

我国大部分民营企业的产权结构是高度集中的，为企业主或其家族所有，[①] 企业的决策实质上就是企业主或其家族的决策。在企业初创时期，这种决策方式有利于提高效率，但当企业成长为大型企业之后，股权高度集中容易导致企业主或其家族操纵股东会、董事会和监事会，也使得企业内部缺乏权力制衡机制。而且，在企业所有者与经营者两者合一的情况下，企业主为了维护个人利益，往往将企业的财政大权都掌握在个人手中；但受知识水平和管理能力等因素限制，企业主本人决定企业的重大决策和财务决策往往具有有限理性和短视行为，这无疑削弱了

① 陈星．论我国上市家族企业治理问题与公司法的完善[J]．东南大学学报(哲学社会科学版),2014,16(S2):19－20.

企业在市场中的竞争力。

2. 缺乏健全有效的激励制度，容易导致人才流失

在我国民营企业中，往往缺乏健全有效的激励制度。虽然企业的管理人员具有较高的薪酬待遇，但由于管理人员没有企业的产权，因此其个人利益和企业的长期利益无法形成统一，即两者具有不同的效用函数，那么企业管理人进行决策时就可能产生机会主义行为。而且，没有企业产权的管理人员始终感觉给别人打工，没有归属感。缺乏对管理人员长期有效的激励制度，最终容易导致企业管理人才的流失。

## 四、创新人才极度匮乏

创新是国家和企业发展的必由之路，创新人才则是发展的原动力，是混合协同发展的重要基石，但从目前情况来看，我国严重缺少科研创新人才以及具多方面专业知识的复合型人才。相较于现代科技发展水平，相较于西方发达国家创新人才的数量和质量，我国在创新人才方面尚处于极度匮乏阶段。创新人才的匮乏从根本上减缓了各主体间混合在创新人才方面尚处于协同创新发展的速度。

### （一）创新人才培养机制有待完善

创新人才培养是每个国家都需要重视的，我国企业、政府、高校与科研院所在创新人才培养过程中都存在不少问题。

企业在受到时间、资金、创新人才流失和外部性等因素影响的情况下，培养创新人才的主动性较低，同时也缺少高级管理人员对人才培养过程具体全面的把控，通常只进行大众化的培训学习，没有为创新人才提供学习更加专业与前沿科技的环境。

政府虽然对高新技术企业通过税收优惠或补助等方式的政策倾斜减轻了企业一部分的负担，但是没有具体政策明确规定企业培养人才的职责与义务，没有进行方向性的有效指引。

高校作为最重要的人才培养基地，每年都向社会输送大量人才，但是高层次创新人才、应用型人才以及复合型人才的输出严重不足，不能满足科技的快速发展和社会的有效需求，这说明高校在培养创新人才等高层次人才的机制方面存在着许多问题。新中国成立 70 年以来，我国教育普及程度大幅度提高，总体教育水平已跃居世界中上行列，但相较于美国、德国和英国等发达国家来说，我国当前的教育水平提供的创新人才与科技发展水平不能匹配。在培育过程中缺少系统化的管理方案以及实用性的培养环节，学生缺少用基础理论来解决实际问题的能力以及缺少扩展相关知识并进行有效融合的能力，对某些专业存在一定的偏见，导致相应领域人才严重缺失。这些都导致创新型人才供给不足。

相较于企业与高校，科研院所的培养方案较为清晰。同时，人才培养也需要不断探索、不断创新，好的培养方案可以加快科研成果的转化效率，提高协同创新运转速度。科研院所承担了大量的国家级重点科研项目，需要建设更高水平的创新人才团队，而目前创新人才的数量与质量都达不到需求；同时，创新人才的培养虽然分层分类进行，但科研院所的培养体系较为松散。

### （二）创新人才的引进效果不佳

我国社会经济的迅速发展以及国际经济实力水平的不断提升，吸引了众多留学生回国继续学习以及外国人到我国学习。据《2018 年度我国出国留学人员情况统计》：2018 年我国出国留学人员总数为 66.21 万人，留学回国人员总数为 51.94 万人；与 2017 年相比，出国留学人员总数增长 8.83%，留学回国人员总数增长 8.00%。从数据上来看，出国与回国增长比例相近，但是国外授予中国国籍博士学位的人数却在不断增多，而这之中绝大多数人都决定继续留在国外工作，这说明虽然我国每年的出国留学人数与回国人数相对平衡，但是高等人才回国比例较低，受到良好教育的创新性人才流失较多。我国的人才引进数量与比例较低，相对于我国输出的移民数量，来我国定居的外国人绝对数量与相对于世界移民的数量都很低。主要原因有以下几点：

第一，相对于国外多样化的人才引进政策，我国人才引进政策的吸引力不足，还停留在薪酬、住房、医疗等基础优惠政策层面。部分其他国家则通过技术移民政策大大增强了吸引力，提升了移民数量与质量，同时，其国家创新实力也有助于吸引和留住高层次的创新人才。第二，我国的人才评价标准过于刻板，没有形成全面的评价体系，大多数都以创新人才的学术性研究为主，缺少对人才实际应用能力、团队协作能力与综合专业素质水平的考察。第三，人才的引进过于被动，仅靠政府出台政策产生的引进效果不佳。一方面，各主体没有根据自身需求积极采取人才引进措施；另一方面，过少关注国家综合实力在世界所处地位、高校的学习氛围与教育水平以及企业文化与制度等对创新人才引进所产生的巨大动力。

### （三）创新人才才能发挥受到制约

我国创新人才匮乏现象不仅体现在创新人才数量与质量及技术水平发展不匹配上，还体现为创新人才的才能得不到有效利用，创新人才的成果水平降低、利用效率下降。第一，我国的人才评价体系不够完善。评价人才的指标较为单一，使许多创新人才难以获得更充足的科研资源以及科研创新机会，这对我国科研工作的推进是一种极大的挑战。第二，我国人才集中度较低，缺少人才集聚优势。同一产业链、同一行业中的创新人才交流过少，缺少创新人才学习交流平台与机构。创新人才流动性较差，到其他企业学习交流或者通过联盟协议等形式提高人才集中度、发挥人才集聚优势的情况较少。第三，创新人才所在体制存在问题，制约了创新人才发展，缺少专业素养高的管理人才对体制进行改革，使其有助于创新人才开展工作，有助于其他部门与创新部门的有效融合。第四，国有企业中创新人才对市场的敏感度较低，而民营企业在资金、设备以及研究的自主决策权方面对人才科研创新的支持程度都远不及国有企业。两者都存一些不足，进行协同创新会较好地弥补各方的缺陷，而混合协同创新作为协同创新的一种特殊路径，可以直接将这种合作方式内部化，创新人才可以在更好的环境下进行科研创新。

### （四）创新人才的激励机制不健全

目前，我国国有企业在激励创新人才方面存在一些问题，相较于国外，激励方式相对比较单一，激励措施不够多元化，很大程度上影响了创新人才的创新动力，降低了科技转化成果的效率，从而会表现出创新人才匮乏现象。第一，员工企业之间缺少双向对话，很多创新人才无法告知自己所需，管理人员也无从得知，特别是关于科学创新所需的物质资料和环境条件。第二，激励模式影响着创新人才对工作的热情，激励机制的不健全也影响着创新人才的积极性，只有少数企业提供股权与分红的激励，进而极大地增加了创新人才对于企业的归属感。第三，目前我国企业文化的建设尚未成熟，企业文化就表现在企业的组织与制度的设计上，创新人才与企业的组织和制度能够很好融合也就体现出了企业对人才工作环境的良好创造，提升创新人才工作效率以及归属感。

## 五、创新成果市场转化不足

在创新驱动发展战略的指导下，我国的创新水平有了很大的提高，创新成果大量涌现，但存在成果市场化不足的问题。第一，科技专利存在泡沫化现象，数量多但质量不高，市场适应性较差；第二，在创新成果转化过程中存在的转化机制不通畅等原因，使优秀的创新成果不得不束之高阁，无法得到有效利用。据统计：我国高校科技成果转化率低于30%，而西方发达国家转化率都高于40%；[①] 中国科技进步对经济增长的贡献只占约30%，而西方发达国家科技进步对经济增长的贡献已经达到了50%～70%。创新成果市场转化不足的原因如下：

---

① 中华人民共和国教育部科学技术司.2015年高等学校科技统计资料汇编[M].北京：高等教育出版社，2016.

## （一）有效供给不足

企业的科技创新成果来源有两种渠道：一是通过产学研合作的方式，购入来自高校和科研机构的创新成果；二是通过自主研发，在企业内部形成“研究—试验—产品化”的完整链条。因此，高校研发的创新成果无法对接市场需求以及企业自身的局限性，都是导致创新成果供给不足的原因。

### 1. 创新脱离市场需求

创新成果脱离市场需求，缺乏推广的生命力，是阻碍创新成果市场化的客观因素。创新成果作为一种知识产品，只有应用于市场才能实现其价值。但目前高校和科研院所作为研发的主要力量，在科研过程中缺乏与企业的交流，多通过间接渠道了解市场信息，无法准确掌握市场需求。此外，科研人员在选择课题时倾向于热点问题或国际性前沿题材，很少将市场因素考虑在内，所以研究成果也不能对企业产生吸引力，导致学术成果与企业有效需求的结构性失衡。

### 2. 创新缺乏质量意识

质量是创新产品实现市场价值的重要保障。但由于目前我国中小企业融资难的问题依然突出，而资本对于创新企业的发展壮大更是起到助推器和孵化器的作用，因此在资本的吸引下，很多企业压缩创新周期，通过营造想象空间来吸引投资方，而不把精力集中于创新产品本身的质量上。在这种速成创新意识指引下，研发出的科技成果缺乏核心竞争力，无益于市场和企业自身。此外，如果企业一味追求新颖的热点和商业模式，而不重视提高创新质量，也不会培育出有市场价值的创新成果。因此，创新必须有质量作为支撑，才能具备可持续发展的能力，最终实现规模化和商业化。

### 3. 企业的“短视效应”

由于追求短期收益而引发低端技术锁定也是创新成果供给不足的原

因。我国企业创新能力不足，根据国家统计局数据，2018 年我国研发经费投入强度为 2.19%，刚刚超过欧盟 15 国 2.13% 的平均水平，与发达国家的差距还比较大。技术投资具有时间长、风险大的特点，且短时间看不到成效。一些企业缺乏长远目标和战略规划，在短期收益面前，往往会放弃长期技术投资。

### （二）成果转化不及时

我国创新成果由研发到投入市场要经历较多流程，花费较长时间，效率有待提高，导致成果转化不及时的原因如下。

1. 高校科研成果评价和奖励机制不健全

目前，许多高校现有的科技创新绩效评价机制不完善，评价方式主要以论文专利数量为主要指标，而关于专利实施、成果转化以及经济效益等衡量专利实用性的指标占比较小，重视试验结果，忽视转化效果，没有真正将科技成果转化工作纳入考评体系中，导致高校内部对于转化的积极性不高。此外，与科研人员相关的激励与奖励机制不健全，目前大部分高校对横向项目的配套经费和现金奖励的力度远小于纵向项目，而且多侧重于团体奖励，忽略科研工作者的个人激励，导致科技成果转化的内生动力不足。

2. 创新成果转化机制不通畅

我国参与创新成果研究与转化的各主体联系不紧密。据 2018 年全球创新指数统计，中国创新联系排名第 58 位，创新主体间缺乏交流和融合。各参与主体间存在的信息不对称问题天然成为制约创新成果转化的客观因素。研究方不知道转化方的支付能力和支付意愿，转化方也不确定创新成果的成熟度和未来市场价值。成果转化中介平台可以起到桥梁作用，对创新成果进行价值评估，从而解决信息流通不完善问题。但目前地方一些高校成果转化意识还比较薄弱，没有建立相关服务平台，导致中介机构数量还比较少。此外，现存的中介机构运营也存在局限性，用于价值评估的参数选择缺乏有效依据，评估可信度不高，① 导致创新成果的供需信息不能及时有效互通。

3. 知识产权管理体制不完善

目前，我国加大力度保护知识产权，并出台多项法律条文，但在实践层面仍需完善管理。第一，涉及知识产权管理的各环节工作较为分散，如科研项目管理，成果转化和知识产权管理就分属于不同部门负责，统筹管理难度大；第二，知识产权的审批流程较复杂，导致创新成果转化的时效性较差；第三，知识产权运营能力不足，知识产权运营需要综合运用多领域的专业知识，发达国家的大学建立数十人规模的专业团队，但在我国高校知识产权管理部门多由几个管理人员构成，人员少，专业能力不足，难以满足知识产权体系化运营的需要。

### （三）转化风险大导致转化不充分

科技创新成果的市场化过程是复杂持久的，需要经历实验室研究阶段、成果转化阶段、产业化阶段，需要各方如高校、科研机构、企业、政府、金融机构等通力合作，投入大量人力、物力、财力才得以实现，其中也存在转化不成功的可能。转化风险高、投入大的特点，成为很多优秀创新成果无法投入市场创造价值的重要原因。

对于高校来说，除了创新成果市场化意识不强之外，其本身的预算资金也难以支撑转化费用。高校的科研经费主要来自财政拨款，基本用于基础理论的创新研究，而成果转化阶段所需要的经费数倍于研究阶段，高校没有能力支付转化投入。目前，我国科技成果转化的资金来源主要有政府拨款、自筹资金和金融融资，但政府的科技投入仍然不足。企业虽然是技术创新的受益者，有较强的创新动力，但基于成本 - 收益分析，不愿承担转化失败带来的损失，对成果转化望而却步。此外，我

① 宋河发，李振兴．影响制约科技成果转化和知识产权运用的问题分析与对策研究[J]．中国科学院院刊，2014，29(5)：548 - 557.

国金融市场对科技成果转化支持不够，特别缺乏投资风险基金的支持。以上原因，加之没有相对健全的投资风险共同承担机制，导致了优秀的创新成果仅仅停留在实验室阶段，造成了资源的浪费。

综上所述，企业尤其是民营企业有创新意愿，但整体上抗风险能力较弱，缺乏资金和人才支持；国企虽然有较强大的资金支持，但核心技术自主创新能力和协同创新意愿有待提升；而混合所有制企业有助于这两种所有制企业优势互补，混合后的企业，既可以享受国有企业体制下的资金优势和资源优势，又有较强的创新动力，更有利于进行创新成果研发和转化，释放创新潜力。

| 第七章 |

# 促进我国混合协同创新发展的路径思考

结合国际国内经验，针对中国企业协同创新政策体系当前面临的制约因素，本章将重点从政府和企业层面提出政策建议，为进一步完善我国混合协同创新体系、提升我国创新能力和竞争力提供有益参考。

## 第一节　完善宏观政策环境，奠定混合协同创新良好法规基础

从国际上看，较为完善且具有代表性的国家创新体系，均通过完善法律制度结构来保障创新；从国内看，我国政府与企业等各创新主体的协作关系优化，亟须体制改革的助推。我国企业协同创新、混合发展所面临的普遍性体制障碍，亟须从法律法规体系的完善、体制环境的建设、优惠措施的设置、创投基金的搭建与运作，以及社会层面的营商环境改善、创新氛围提升、知识产权意识培养等方面提出政策建议。

### 一、加大法律法规立、改、废、释力度，确保改革创新于法有据

政策和制度体制不衔接和机制构建不完善是阻碍创新生态系统稳定成长的“贫瘠土壤”，导致不同创新主体之间的“孤岛”“断崖”“错轨”现象，改善混合协同创新发展的外部法律法规环境至关重要。一

是系统梳理和分析现有法律法规，结合我国企业发展实际和改革需要，找准我国目前混合协同创新相关法律法规及政策中存在的问题和矛盾，借鉴主要发达国家相关成熟法律法规，加大对相关法律法规、政策措施的立、改、废、释力度，从立法的角度平衡和保障各创新主体利益、激发全社会创新动力和活力。二是充分认识我国经济运行规律、企业发展规律，加快对合同法、物权法、公司法、企业国有资产法、企业破产法等相关法律法规的修订工作，为国资监管部门行权履职和国有企业改革发展提供更加有力的法治保障。三是根据协同创新发展的实际情况，依照现实中科技成果转化所遇到的各种新情况、新问题颁布制定相关新的法律法规，持续完善和健全我国科技创新成果转化的法律体系，为彻底实现以创新驱动全面促进中国产业结构转型升级提供法律支撑。①

## 二、完善公平竞争环境，强化公平竞争、鼓励合作的导向

党的十九届四中全会提出："营造各种所有制主体依法平等使用资源要素、公开公平公正参与竞争、同等受到法律保护的市场环境。"这有利于各创新主体协调利益，形成竞合关系，协同推动行业、产业技术进步，达成多方共赢的局面。一是提高财政补贴透明度。加快清理、规范各种补贴，合理安排减税覆盖范围，合理确定融资条件和融资利率，进一步明确补贴的程序、标准和规则，为不同所有制、不同规模的各类企业营造公平市场竞争环境和条件，使企业在平等竞争的环境中不断提高竞争力。二是逐步扩大市场准入。制定市场准入负面清单，规范政府和市场的边界，充分发挥市场在资源配置中的决定性作用，政府承担好监管者的职责并在提供公共服务方面发挥更好的作用，为各创新主体营造公平竞争、合作共赢的营商环境。三是建立健全公开透明的信息披露机制。参照上市公司信息披露标准和要求，建立标准化的、常态化的信

① 袁航．创新驱动对中国产业结构转型升级的影响研究［D］．北京：北京邮电大学，2019.

息披露机制，公开公司治理情况、企业年度经营成果、公共政策执行情况、国家政策支持情况等，并引入由政府委托第三方机构从事信息披露的认定工作，提升经营活动透明度，深化社会对国有企业绩效的认识。

## 三、深化财税激励政策，重在企业创新成效的正向引导

一是加大科技研发的财政投入。瞄准世界科技前沿，重点加大对关键性共性技术、前沿引领技术、颠覆性技术等创新研发的财政投入，加大对公共科技创新平台和科技企业孵化器等有利于科技成果转化的扶持力度。二是强化需求导向的创新政策。坚持市场运作和政府调节相结合，结合我国企业技术创新的特点和规律，从创新源、创新动力、创新能力和创新过程等诸环节入手，综合运用直接补贴、税收优惠、增值税先征后返、财政资金支持发放创新券、将部分创新产品补贴调整为对采购企业的税收激励或补贴、鼓励社会资本支持创新产品的应用示范及扩大生产等措施，鼓励企业加大研发投入、购买新技术。三是强化财税政策的激励效果。建立国务院国资委、财政部、科技部等部门间定期对话交流机制，加强科技管理、科研工作与产业行业政策、规划、标准等的衔接，灵活运用财政补贴、财政贴息、事后奖励、政府采购等多种财政手段，最大化资金的激励效果。四是继续推行结构性减税政策，促进企业创新。我国企业所得税税率为25%，高科技企业享有15%的低税率，结合征收率的因素，企业实际所得税税率应为15%～20%。[①] 美国大规模减税后企业实际税率或将到达这个区间的底部，我国低税率优势逐渐丧失。下一步应有针对性地实行促进企业创新发展的结构性减税。五是建立支持中小企业技术创新的税收激励制度，包括：提高中小企业研发费用加计扣除比率，并对不足抵扣部分给予税收返还或允许无限期向后结转。对一定期限内投资科技型中小企业的所有投资者给予投资额

① 高瑞东，樊俊．中美支持创新型产业政策比较[J]．中国金融，2017(24)．

70%的税前扣除,[①] 投资损失允许抵扣普通所得。允许技术入股个人延期到股权转让时纳税。允许科技型中小企业经营亏损向前结转3年或成立5年的企业亏损、允许无限期向后结转等。[②]

## 四、完善知识产权制度，激发全社会创新活力

知识产权既是协同创新的出发点，也是协同创新的落脚点。从实践来看，知识产权是创新驱动型经济的重要内生动力，只有培育出具有自主知识产权的核心科技成果，才能掌握市场竞争的主动权，激发全社会创新活力。一是加大知识产权保护力度。政府要制定知识产权保护发展战略，保障各产业、企业的知识经济权益；构建知识产权研发管理平台，方便知识产权转化；完善知识产权风险评估与防控机制，遏制创新型产业对知识产权的盲目竞争；建立完善知识产权审核与监督制度，引导企业遵守国际知识产权制度与公约,[③] 并在企业陷入国际争端时提供必要的帮助。二是加快落实有关文件精神。按照2019年11月中共中央办公厅、国务院办公厅印发的《关于强化知识产权保护的意见》要求，加快政策落实，制定各行业知识产权保护的具体实施方案。对于新业态新领域，要抓紧落实对专利、商标、著作权、植物新品种和集成电路布图设计等的保护方案，明确认定保护客体的方法和标准，根据行业性质编制相应的知识产权保护指南，制定合同范本、维权流程等操作指引，鼓励企业加强风险防范机制建设等，逐步探索出适用于不同产业发展的配套知识产权保护、监管政策。三是引导和支持市场主体创造和运用知识产权。做好知识产权分布调研和宏观布局，注重引导企业已有知识产权应用与二次开发，培育核心技术，降低创新成本，实现资源的最大化利用，着力提升企业市场竞争力。同时，要以知识产权利益分享机制为

① 薛薇．完善我国支持企业技术创新税收政策的建议[J]．经济研究参考,2015(48).
② 薛薇．发达国家支持企业创新税收政策的特点及启示[J]．经济纵横,2015(5).
③ 陈磊．加强知识产权保护 推动创新发展[J]．人民论坛,2019(5).

纽带加速创新成果知识产权化，激发企业的创新积极性和科研人员的创新热情，强化知识产权制度对混合协同创新的基本保障作用。

### 五、完善企业改革创新政策，增强创新发展动能

一是着力降低企业改革成本。根据国有企业深化改革过程中遇到的土地性质变更、土地使用权划拨、人员分流安置、债权债务等实际问题，加快研究制定具有针对性、具体可操作的优惠政策，破除企业改革障碍，着力降低土地成本、社会成本、税收成本等改革成本。二是健全定价机制，规范资产评估，通过产权市场、股权市场、证券市场发现和合理确定资产价格，确保国企与民企合作、“混改”的全过程公开透明、操作规范。三是进一步健全产权交易市场，着力完善市场化操作机制，依法保护各类出资人产权权益，平等对待各方资本；加快建立规则统一、交易规范的区域性股权、产权市场，制定场外市场交易规则和规范监管制度，逐步建立统一结算制度，完善股权公开转让和报价机制，健全股权登记、托管、做市商等第三方服务体系，促进非上市股份公司股权交易，为企业提供融资服务，促进资产证券化和资本流动，增强场外市场的融资能力。四是根据企业所处行业、地区的角度，对关乎国民经济发展的行业以及创新力度较小的地区给予财政倾斜，鼓励混合经济协同创新；探索建立公共财政资金、国有资本经营预算资金、企业自筹资金共担改革成本的机制，鼓励企业建立自身的研发机构，提升技术研发水平。

## 第二节　健全创新生态体系，营造混合协同创新良好社会环境

创新是引领发展的第一动力，是实现高质量发展的关键所在。创新是一个复杂的系统工程，创新链、产业链、资金链、政策链相互交织、相互支撑。本节从微观层面出发，面向不同行业、不同层次协同创新主

体参与者，围绕如何强化协同创新意识、构建完善的协作架构、利益分配机制、协作创新机制等问题，提出健全混合协同创新生态体系的政策建议。

## 一、强化混合协同创新意识，明确创新主体价值导向

强化协同创新意识是当前混合协同创新过程中必须首先解决的重要问题之一，也是确保混合协同创新工作顺利开展并取得成效的关键所在。一是强化企业领导者协同创新意识。企业作为混合协同创新的重要主体，其领导者要从思想意识上深刻领会企业与其他创新主体开展混合协同创新的重要意义，把有效地推进企业协同创新工作作为自己的责任，在企业战略谋划及组织管理、生产经营中，将混合协同创新与企业发展这一中心紧密挂钩，自上而下倡导协同创新价值理念。二是建立多元化的高校评价考核体系。将高校内部评价与考核导向与企业创新发展的实际需要及产业技术瓶颈相结合、相挂钩，强化科研人员协同创新意识，鼓励和引导科研人员与企业、科研机构合作，开发产出具有经济效益的科研成果。三是强化混合协同创新文化基础。积极建立各创新主体都认同的文化价值基础，使各个创新主体聚集在一起，消除文化价值冲突，实现协同效应。①

## 二、提高政企协同互促成效，营造共创共赢生态环境

在国家创新体系下，我国政府的角色也必须由科技创新活动强力参与者转向科创服务的提供者；我国整体企业必须成为市场经济活动和创新的主体，积极发扬企业家文化的引领精神，不断提高核心技术创新的能力与活力。一是明确政府与企业在国家创新生态系统中的分工定位。我国政府作为科创政策法规环境的提供者，应针对混合协同创新发展的

① 杨升华．企业实现协同创新的路径选择[D]．南昌：南昌大学，2015.

不同领域、不同主体、不同环节，综合运用政府购买服务、无偿资助、业务奖励、财税补贴等方式，支持国有企业与中小企业、高等院校、科研院所共同开展技术研发、转化、产业化，促进企业间的良性竞争和创新资源在各创新主体间流动，构建符合我国各创新主体混合协同创新发展实际需求的治理机制。在基础性共性技术和产业共性技术的研发中，政府应发挥主导作用，以重大科技项目为载体，以财政资金为支撑，推动各创新主体混合协同创新；在一般竞争领域技术创新中，政府应发挥服务作用，以企业为主导，为加强金融与研发的结合提供有利政策环境，为研发项目引入金融资本、社会资本，解决资金问题；在企业、高校和科研院所等创新主体混合协同创新实践中，政府应发挥积极引导作用，引导各创新主体建立利益分配机制和风险控制机制，整合并提升创新效率与经济效益。二是把握好政府规制力的强度与激励企业创新的准度。我国政府应以创造良好创新环境为目标，找准国家战略与市场导向的有机结合点，提升科创资金补助的力度和准度，达到突破前瞻性基础研究、推动科技成果转化和精准引导各类创新主体协同创新发展的效果。三是进一步确立企业的技术创新主体地位，以及国有资本在国家创新体系中的引导作用。坚持政府的引导作用，更多运用市场化手段促进企业创新，将我国社会主义制度能够集中力量办大事的优势和巨大的、有活力的市场优势充分结合起来，进一步发挥企业作为创新主体的创造性；调动其推动创新主体间混合协同创新发展的积极性，实现政府、企业、高校及科研院所等创新主体间的资源共享、优势互补，逐步建立起“企业主动、政府推动、学研金联动”的协同创新运行机制。

## 三、建全协同创新扶持机制，促使创新主体形成合力

从政策上引导和鼓励国有企业主动联合民营企业、大学、科研院所等各类创新主体开展协同创新，放宽各类创新主体间的合作模式限制，特别是高精尖科技领域的产学研协同创新研究，推动基础研究与应用研

究的有机结合。一是加强产业链上下游企业之间的协同创新。构建产业创新战略联盟，推动产业链上下游企业之间的协同创新，联合研发新产品、新技术、新工艺，共享创新资源和成果，提升企业技术创新水平。二是搭建企业科技创新协同攻关平台。国有企业牵头，组织协调所处行业企业，联合大学与科研机构，组建技术研发平台、实验室或借助国家项目平台，围绕重大科技难题和行业领先技术开展联合攻关，联合培养人才，突破制约企业发展的行业共性技术瓶颈，共享科研成果。三是搭建科技服务平台。建立统一协调的组织机构，在职能上发挥好各创新主体在各环节间的纽带和桥梁作用，提供有偿和无偿的技术研发、创新战略、发展决策、人才培训以及各类情报等服务，降低技术创新的信息壁垒；定期公布企业亟待解决的技术难题，鼓励高校、科研院所选择相应研究课题，或接受企业委托组织科技攻关、开发新产品、协调解决协同创新过程中矛盾和问题，将科学与技术有机结合、将产业发展与市场需求有效对接，有效协调基础研究、应用研究和实验研究间的衔接；为科技成果转化提供科学论证和优质服务，缩短科研成果转化周期，提高科技成果转化率。四是加强专业合作。政府引导科技企业加强与大学和科研院所等创新源头的合作，对接生产力促进中心、技术转移中心等其他科技服务机构，形成与技术转移、创业服务、市场拓展和投融资等服务机构合作的互利共赢模式。①

## 四、建立多元化投融资体制，保障创新活动持续推进

2017 年以来，受金融去杠杆影响，我国企业特别是中小微企业融资难度和融资成本大大增加，创新技术产业化推广举步维艰，正在建设期的项目及科研投入受到很大影响，一些项目进度放缓，影响整个工期，或导致成本大幅上升。在此背景下，一是加快完善对企业金融扶持

① 国家科技企业孵化器“十二五”发展规划[J]. 杭州科技，2013(6).

的立法。在落实金融去杠杆政策时，要结合脱虚向实的大政方针，尽量避免搞“一刀切”，给予中小微企业一定的周转时间和空间，保证企业正常的生产经营。借鉴日本针对中小企业融资立法的相关经验，结合我国市场环境实际情况，加大对我国中小微企业金融法律的扶持力度，保障我国中小微企业融资行为、降低企业融资成本与风险，为创新型中小企业成长营造良好的融资环境。二是创新政府基金支持方式。借鉴意大利通过法律的形式扶持中小企业、通过设立创新基金支持中小企业创新的成功实践，建立健全创新基金体系，以政府资助、低息贷款等方式，为中小企业开展技术研发、应用研究、购买或租赁高科技设备提供资金支持。三是探索融资新渠道新体制。加强对天使投资、风险投资、私募股权投资等基金的培育，为企业创新创业的不同阶段提供差异化风险金融支持，[①] 特别是对传统企业技术更新改造、中低技术产业和处于发育成长期企业的扶持力度；创新发展商业保险，加快推进多层次的融资担保服务体系建设，健全企业融资风险补偿机制，分担企业经营与融资风险；鼓励银行等金融机构为科研成果转化和产业化提供知识产权质押贷款等金融服务、发行专项金融债[②]等支持混合协同创新，积极吸纳国内外企业、知名人物等社会各方的投资，建立混合协同创新基金或成立风险投资公司，加快建立以政府资金为引导、民间资本为主体的资金筹集机制以及市场化的资本运作机制，为各类创新主体进行创新活动提供充足的资金保障，逐步建立多渠道、多层次、全方位的融资新体制，保障混合协同创新的可持续性。

## 五、健全协同创新研发机制，激发研发团队创新活力

从未来发展分析，要想使企业协同创新工作真正落到实处，就必须

① 陈明森，曹艳杰．创新效率：新时代我国财税激励政策导向转换[EB/OL]．(2018-06-21)[2020-05-06]．https://www.sohu.com/a/236916133_701468.

② 陆园园．中外产学研协同创新研究[M]．北京：人民出版社，2017：11.

建立健全企业的创新研发机制，以最大限度整合并调动创新资源。一是给予科研经费管理相对灵活的空间。在企业内部建立健全支撑协同创新与研发工作的规章制度，对科研项目在立项阶段的经费预算可以适当宏观，对于科研项目经费使用允许阶段性调整预算，支持国有企业改进和规范项目管理流程、精简程序、简化手续，扩大科研人员在技术路线选择、资金使用、团队组建、成果转化等方面的自主权，建立健全体现科研人员智力价值的科技经费分配制度。二是健全创新激励机制。落实好以增加知识价值为导向的分配政策，实行更加灵活多样的薪酬激励制度，推动科研人员报酬与创新绩效挂钩；进一步扩大科技型企业股权和分红激励政策的适用范围，适当简化实施条件，实施高端人才特殊薪酬等激励举措，支持科研人员以“技术股＋现金股”组合形式持有股权，开展以事前产权激励为核心的职务科技成果权属改革，明确科技人员与所属单位是科技成果权属的共同所有人，提高科研人员成果转化收益分享比例，将技术人员个人财富与企业发展捆绑在一起，提升科技成果转化效率和成功率。三是整合优化创新主体功能定位，提升前沿、前瞻技术创新的研发投入水平；完善市场导向的科技创新机制，搭建基于技术市场的科技成果转化平台；更加注重从全球视野谋划创新，积极参与国际市场规则制定；更加注重开放与协同创新，聚合强大的科技创新力量。

## 六、整合全球创新优势资源，提升企业国际竞争实力

世界主要发达国家已从小规模、单一、分散的合作创新方式向大规模、多元、集聚的协同创新模式转变，我国应积极借鉴国外成功实践推动混合协同创新发生质的变化。一是加快在全球范围内布局研发中心。借鉴跨国公司全球化、本土化发展成功实践，在全球范围内设立研发中心，围绕产业技术联合，与国外企业、大学和科研机构开展跨行业、跨领域的创新合作，准确掌握国际市场信息和产业发展趋势，充分发挥各

方优势，降低研发成本，减少创新风险，快速融入国际市场。二是组建混合协同创新战略联盟。借鉴美国“新一代汽车合作计划”、英国“法拉第合作伙伴计划”等，组建由政府或大型国有企业为主导，民营企业、外资企业、大学和科研机构参与的非竞争性的技术研发战略联盟，攻克产业发展重大关键共性技术。三是借助金融开放促进技术创新向生产力转化。借助我国金融业对外开放优势，鼓励企业动态灵活地运用现代金融工具，利用国内外市场上市融资，满足技术创新在研发阶段、转化阶段和产业化阶段等不同阶段的融资需求，提高资源和要素的流动和配置效率，加强国际市场开发和双向合作，实现技术资本、金融资本与生产资本功能性转化，使得高精尖的科研成果走出实验室，并转化为先进生产力和经济增长新动能。

## 七、激发和保护企业家精神，破除混合协同创新枷锁

企业家在技术创新过程中承担着决策者和组织实施者的重要职能，企业家的创新意识是企业创新体系的核心。据研究，企业的自主创新能力70%的因素取决于企业家的能力。在推进混合协同创新中，要充分认识企业家的价值，大力弘扬以敢于创新、追求卓越、甘于坚守、责任担当为内核的企业家精神。一是为企业家健康成长和事业发展营造良好的法治环境。把握法律政策界限，依法保护国有企业、民营企业企业家合法权益和正常经营活动，严格把握罪与非罪的界限，对企业生产、经营、融资等经济行为，除法律、行政法规明确禁止外，不得以违法犯罪处理，切实增强企业家人身财富安全感，激励企业家创新并推动协同创新。二是将创新作为选聘企业家的重要考量因素。逐步推进国有企业领导人员去行政化管理，推动国有企业领导人员的市场化选任、市场化评估和退出，面向社会、面向世界公开选拔一批有战略眼光、有现代经营思想和管理理念、有卓越的创新组织才能和专业知识技能的企业家，并把创新精神、冒险精神和奉献精神作为国有企业领导人员、职业经理人

的重要选拔标准。三是建立有效的激励约束制度。在尊重企业家人力资本价值的基础上，根据公益类、商业类等不同功能定位，实行更加市场化、更加契合企业实际的薪酬激励制度，把企业创新的红利、风险与企业领导者挂钩，真正实现企业领导班子与企业发展同呼吸、共命运，从而切实调动起企业家创新创业的主动性和积极性。如：对公益类企业领导人以稳定性收入为主，重视企业家任免和升迁机制的激励约束作用；对商业类企业的企业家建立市场化的薪酬待遇机制，并与经营业绩密切挂钩。同时，健全容忍创新失败的考核制度，降低企业负责人因害怕创新失败而放弃战略性投资活动的可能。四是加强我国在立法上对中小企业及企业家人身财产安全的保护，切实提高中小企业及企业家的社会地位，从法律法规、社会认知上根除企业家推动混合协同创新的顾虑和桎梏。

## 第三节　增强国资带动能力，激发混合经济协同创新发展活力

本节从国资监管机构的角度出发，从完善国资国企管理体制机制、释放创新发展潜力、改革配套环境等方面，提出推进国企改革发展，增强国资国企协同创新力带动力的政策建议。

### 一、坚持市场化改革方向，培育充满活力的多元创新主体

推进混合协同创新发展必须坚持市场化改革的方向，建设良好的创新、营商环境，完善企业改革和监管的政策环境，更好地让市场在资源配置中发挥决定性作用，把市场的活力激发出来，使企业成为充满活力的独立市场主体。一是着力突出“两个毫不动摇”的强烈信号，全面贯彻落实党中央、国务院关于发展混合所有制经济、创新发展的方针政策和战略举措，以推进混合协同创新为切入点，使民营企业参与到国有

企业改革创新中，为其提供更大的发展平台，实现国有经济与民营经济的互利共赢、合作同进，促进行业及国民经济持续健康发展，赢得更广阔的发展平台。二是通过所有制改革，既要建设中国特色现代国有企业制度，明确落实党组织在公司法人治理结构中的法定地位，规范国有非绝对控股混合所有制企业的公司治理，又要赋予其更加市场化的体制机制和管理方式，建立健全定位清晰、权责对等、运转协调、有效制衡的决策执行监督机制。三是深化国有企业改革，通过政企分开、政资分开、所有权与经营权分开，使国有企业成为自主经营、自负盈亏、自担风险、自我约束、自我发展的独立市场主体，带动民营企业同步快速包容性成长，在公平公正的国内外市场环境中平等竞争，最大限度地实现资源的合理配置。

## 二、进一步完善国资监管体制，激发国资国企创新发展活力

混合协同创新是新型发展方式，混合所有制的科技创新企业是新型所有制形态，应科学界定国有资本绝对控股混合所有制企业和相对控股混合所有制企业的政策区别，科学界定国有资本出资人对国有绝对控股、相对控股以及参股混合所有制企业的监管边界，探索有别于国有独资公司的监管模式，进一步理顺政府与企业之间、股东与企业之间、决策与执行之间的三个关系，增强创新发展活力、提高创新产出效率。一是以管资本为主加快国资监管职能转变。国资监管机构转变监管理念和监管方式，加快从管企业向管资本转变，进一步厘清职责边界，依法依规建立和完善出资人监管权力和责任清单，重点管好国有资本布局、规范资本运作、提高资本回报、维护资本安全，做强做优做大国有资本。二是落实“三个归位于”原则。依法将应由企业自主经营决策事项归位于企业，按出资关系将延伸到子企业的管理事项原则上归位于一级企业，将配合承担的社会公共管理职能归位于相关政府部门，确保该管的科学管理、决不缺位，不该管的依法放权、决不越位，充分保障企业经

营自主权，促进企业成为独立的市场主体。三是坚持“放活”与“管好”相结合。根据不同产权结构、股权比例，给予企业不同范围、不同程度的授权放权，将董事会对企业中长期发展的决策权、经理层成员业绩考核和薪酬管理权、职工工资分配权、重大财务事项管理权等全部落实到位，确保被授予的权责能够“接得住、用得好、行得稳”，全面提升企业运行效率和市场化、现代化经营水平，促进国有企业经营机制的转换和国有资本配置、运营效率的提高。四是有效发挥国有资本投资、运营公司功能作用。充分发挥国有资本投资、运营公司在跨部门、跨产业、跨行业投资运营、金融服务、产融结合等方面的灵活优势，通过加强投资引领、培育孵化和投后管理赋能专业能力，支持各创新主体混合协同创新，推动传统产业转型升级、战略性新兴产业及新产业新业态创新发展、突破关键核心技术“卡脖子”，打造新的经济增长点，优化国有资本布局结构，助推国家创新驱动战略实施。

## 三、规范公司治理体系，保障可持续创新发展体制

以推进国有企业与民营企业混合协同创新发展为切入点，将引进非公资本和转换经营机制有机结合，从规模、资本、技术、管理、机制等方面创造出新的“组合优势”，切实充分激活企业活力和创造力，建立起有利于可持续协同创新发展的体制机制，实现企业竞争优势的再造。一是坚持同股同权，依法保护各类股东产权，尽力避免国有资本“一股独大”、决策机制固化的现象，开启多元制衡的公司治理模式。国资委或国资委的授权机构作为股东以出资人形式对公司负有限责任，与其他股东按持股比例派驻董事，同时给外部董事预留适当比例的董事会席位，增强董事会代表的全面性。具体操作中，可通过保持国有股东对企业重大事项决策的一票否决权，保留股权比例合计 1/3 以上非国有股东的否决权，让参与进来的国有资本和非国有资本有话语权，按章程行使决策权，形成定位清晰、权责对等、运转协调、制衡有效的法人治理结

构。二是发挥董事会决策作用，切实落实董事会职权。混合所有制企业作为一种市场化的企业组织，拥有完整的法人财产权，国有股本依法进入，只承担股东责任和享受股东权益，企业经营决策交由董事会。董事长由董事会选举产生，公司总经理作为职业经理人由董事会依据市场决定选聘或者解聘。明确董事长与总经理的权责关系，董事长通过董事会行使职权，保障总经理的管理权和工作效率。落实董事会对经理层成员等高级经营管理人员选聘、业绩考核和薪酬管理等职权，维护企业真正的市场主体地位。三是加强董事选聘管理，提高董事的履职能力，建设学习型董事会。强调积极、学习、绩效，充分沟通，科学决策，和经理层一起面对问题，积极促进经理层努力创造业绩，为公司的发展创造价值。形成健康的董事会文化，提高董事会决策水平和效率。建立科学、精准、差异化的董事考核评价体制，建立出资人代表机构与董事的沟通机制，探索董事年度述职制度。四是从政策和实践层面推进国家特殊股管理，推动国有资本由传统控股权向控制权的转变，形成以市场为主导的资源配置机制，激活企业经营机制，放大国有资产质量，进一步增强企业的科学决策水平和可持续发展能力，为打造具有全球竞争力的世界一流企业奠定坚实基础。

## 四、完善市场化经营机制，树立责权利相统一的创新发展导向

一是全面深化“三项制度”改革。合理增加经理层中市场化选聘比例，稳妥推进职业经理人制度建设；破除员工身份限制，全面推行公开招聘制度，建议以合同管理为核心、以岗位管理为基础的市场化用工制度，构建员工正常流动机制，形成“能者上、平者让、庸者下”的用人导向；加快建立起与劳动力市场基本适应、与企业经济效益和劳动生产率挂钩的工资决定和正常增长机制，让“想干事、能干事、干成事”的人才在物质上得到应有回报、精神上得到有效激励。二是开展

超额利润奖励。鼓励企业开展超额利润分享计划，即在企业净利润中，将超过行业平均回报的超额利润中的一定比例，以现金形式奖励给管理层和骨干员工。对超额利润分享的指标，授权董事会决策，加大正向激励力度。三是着力探索建立中长期激励机制。针对高管人员、科研人员、技术骨干，综合运用好多种中长期激励手段（工具），开展上市公司股权、股票期权、限制性股票、分红权激励，推广员工持股，鼓励超额利润分红，探索项目跟投，建立风险共担、利益共享的中长期激励机制，持续激发企业内生活力，真正吸引、留住核心骨干人才，最大限度地调动员工创造力和活力。

## 五、完善差异化考核体系，保障中长期可持续创新机制

一是坚持依据行业特点和功能定位差异，实施分类考核，并结合各国有企业战略和各业务板块所处不同发展阶段面临的主要矛盾，进一步优化考核指标体系、奖励加分机制、考核系数核算等，增加对企业在同行业中的盈利能力、成长能力、竞争能力，以及业务布局和创新能力的对标考察，逐步形成内部与外部相衔接、共性与个性相结合、局部与全局互促进、质量与效益双引导的分类考核体系，进而实现具有科学性、针对性的“一企一策”差异化考核，激发企业创新发展潜能。二是进一步健全企业研发投入视同利润加回机制，加大科技奖励加分力度，对关键核心技术攻关团队工作实行单列，积极推进科技型企业股权和分红激励，适度放宽对技术攻关团队的个人持股比例、股权激励范围、收益分红比例等限制条件，强化正向激励，充分激发企业、广大科技人才和创新团队的创新激情、创造活力。三是在企业经营业绩考核上，强化战略绩效考核，加大科技创新和创新转型考核权重，客观准确地考核企业的可持续创新能力，增强企业的可持续创新意识，引导企业的可持续创新行为，使企业步入良性可持续发展轨道。

## 六、健全容错纠错机制，释放创新者敢闯敢创精神

国有企业与民营企业混合协同创新涉及国资监管体制和国资国企改革的诸多难点，也涉及混合经济发展的诸多探索领域。一是深入贯彻落实习近平总书记“三个区分开来”要求，妥善处理好顶层设计与基层改革创新两者的关系，密切跟踪和科学应对混合协同创新中出现的新情况、新问题，及时出台和完善更加细致规范的操作流程和方案，以制度形式建立配套的平衡机制，包括减少或避免犯错机制、犯错后的及时纠正机制和恶意犯错的责任追究机制，既能清晰区分出可以宽容的犯错和必须问责的犯错，又能有效避免国资损失，防止出现“决策时拍脑袋、执行时拍胸脯、失误时拍屁股”的现象。二是进一步建立健全政府各部门密切配合、协调运转的工作机制，以纪检部门、组织部门、审计部门和国资监管机构联合发文的方式，明确免责条例，降低国资监管机构和国企负责人承担因市场变化产生风险的顾虑。三是在组织巡视、纪检监察、审计等环节对混合协同创新设立“容错机制”，在“依法决策实施”“勤勉尽责、未牟取私利”的前提下，允许在改革目标与效果之间保留一定的空间，对不是因个人贪污腐败、决策程序缺失等而造成的损失视情免责，对企业决策、运营、重组过程中形成的正常损失不以“国有资产流失”论处。四是建立改革申诉机制和专业评判制度，对有争议的改革追责，成立以法律、财务、审计、管理等专业人士为主的专家组，依据商业原则进行评判。五是创新国有企业改革的考核评价机制，进一步激发和保护企业家与改革创新者精神，以提供有益于改革创新精神产生和成长的制度安排和商业环境为导向，对改革和创新行为提供制度性激励，对创新成果提供法律或制度化的保护，给企业家和改革创新者撑腰鼓劲，避免出现“装睡”式的消极怠工，更要唤醒“装睡的人”，努力营造支持改革、鼓励创新、允许试错、宽容失败的体制机制和政策环境。

## 七、放宽协同合作方式，支持各类创新主体多元灵活合作

随着混合所有制经济和协同创新的纵深发展，迫切需要更加畅通、更趋多元的合作渠道和方式。一是加快建立完善非公资本与国有资本的双向介入机制，积极搭建混合所有制项目发布平台、创新合作平台，开放更多产业领域、更高企业层级，鼓励非公资本以多种形式参与国有企业资产重组、改制上市、经营管理以及技术创新，支持国有资本依据产业链、价值链优势互补的原则积极入股非国有企业，优化国有资本配置，实现各种所有制资本取长补短、相互促进、共同发展。二是加大对混合所有制科技型企业的培育和政策支持，着力激发各类市场主体活力，整合各类创新资源，加强产业链分工协作，拓宽混合所有制经济创新发展合作通道和路径，促进国有企业与民营企业的优势互补、协同创新和项目合作，提升我国企业自主创新能力，实现关键核心技术、产业共性技术群体跃进的同时，营造公平竞争的市场环境，拓宽国有、民营合作领域，畅通需求对接渠道，推动国有经济与民营经济的融合发展。三是鼓励企业与高校、科研机构采取开放式、多元化合作方式，支持高校及科研机构科研人员以技术入股、技术持股、提成等多种形式与企业风险共担、利益共享，促进科研人员在高校、科研机构和企业间的流动，促使科学家转变为企业家、高校及科研机构的科研成果转化成企业的高科技产品。

## 八、推进改革政策落地，追求协同创新发展务实成效

当前，国有企业改革处于“一个行动胜过一打纲领”的关键阶段，不少地方国资委积极探索履行多元投资主体公司股东职责的方式方法和有效监管模式，在国有“混改”企业加强党的领导、股权多元化、完善公司治理机构、管控模式、职业经理人制度、改制上市等方面取得了突破。一是鼓励地方先行先试。在加强顶层设计的同时，充分考虑到地

方国资国企的特点，积极探索履行多元投资主体公司股东职责的方式方法和有效监管模式，给予企业更大的改革探索空间，及时总结各地的先进思路和方式方法，深度挖掘典型案例，在转变市场化体制机制和营造良好创新环境上，尽快形成可推广、可复制的经验。二是针对国有企业混合所有制改革中干部员工身份转换、长效激励约束机制、国企领导人员薪酬制度改革等问题，总结各地试点相关经验，研究制定配套文件。三是研究制定混合所有制企业中各类资本特别是非公资本合理、有序退出的制度安排、程序和规则，消除非公资本对“混改”和协同创新的顾虑，进一步强化改革共识，凝聚改革力量。

## 九、加强党的领导，统筹推进创新驱动高质量发展战略

党政军民学，东西南北中，党是领导一切的。我国科技创新取得的一切成就，都是在党中央的正确领导下取得的。党的领导是中国国有企业的优良传统，也是中国国有企业制度的独有特征。习近平总书记指出，中国特色现代国有企业制度，“特”就特在把党的领导融入公司治理各环节，把企业党组织内嵌到公司治理结构之中。一是把建立党的组织、开展党的工作作为推进国有企业混合所有制改革、协同创新发展的必要前提。遵循市场经济规律和企业发展规律，在现代公司制的治理框架下，将国企原有的党组织、工会、职代会组织与公司法人治理结构中的股东会、董事会、监事会、经理层组织有机结合，根据不同类型所有制企业特点，合理确定党组织的设置方式、职责定位、管理模式，突出企业党组织政治功能，创新探索党组织发挥作用的具体途径和方式，既要坚持和加强党的领导，又要充分尊重中小股东，保障中小股东利益不受侵害，更好地发挥党建工作对混合所有制经济发展、协同创新发展的促进作用。二是加强政治引领，塑造和引领创新精神。充分发挥党的领导的政治优势，提高政治站位，将党建工作与人才队伍建设、科技创新项目有机结合，统筹协调人才、资金、平台等创新资源，引导各类创新

主体及创新者弘扬“两弹一星”精神，最大限度调动人的积极性和创造性，集中突破一批关键核心技术，提升核心竞争力。三是加强党的领导，保障混合协同创新的战略性、持续性和稳定性。坚持党的领导，引导各创新主体服务国家目标，最大限度地保障创新者与创新主体之间、各创新主体相互之间的利益统一，保障企业商业利润与社会责任的有机统一，凝聚创新合力，提高科研成果产出质量与效率，统筹推进创新驱动发展战略，提高国家创新体系的整体效能，实现我国经济高质量发展。

# 结　语

促进国有企业与民营企业协同创新、混合发展需考虑如下六个维度：一是坚持“双轮驱动”，即科技创新与制度创新。以科技创新增强企业核心竞争力，驱动企业高质量发展；以制度创新为企业可持续创新发展提供机制保障和良好环境。二是采取“双手推动”，即有效市场的无形之手和有为政府的有形之手。既要发挥市场配置资源的作用，也要发挥社会主义独特优势，有的放矢、适当调节以避免市场失灵。三是激发“两个主体”，即国有企业科技资源和民营企业灵活机制。要坚持因企施策、多方共赢的“有机混合”，将国有企业在规范管理、品牌信誉以及规模、技术和人才等方面的优势，与民营企业的灵活机制、激励机制、企业家精神有机融合起来，实现优势互补、合作共赢、国民共进。四是利用“两种资源”，即国内资源和海外资源、国内市场和海外市场。整合企业内部资源，发挥资源的协同效应；利用企业外部资源，缓解企业成本方面的压力，增强企业的市场竞争力。国内企业应努力与国际对接，实现国内资源和国外资源的优化配置、国内市场与国外市场的协同发展。鼓励国内企业的市场资源与国外企业的科技资源、管理经验等相结合。五是培育“两类人才”，即懂市场的科学家与懂科学的企业家。在产权结构层面上，通过保留民营企业原始创业者适当股份及核心骨干员工持股，从利益动力角度调动人的积极性；在经营机制层面，通过“能进能出、能上能下、能增能减”的市场化考核奖励机制，从理性人的角度调动人的积极性；在思想精神层面，通过构建包容信任的企业文化、激发企业家精神、做好思想政治工作，从人生价值角度调动人的积极性。六是畅通“两条途径”，即以高新技术产业化，培育新动能，以传统产业改造升级，优化产业结构。

# 参考文献

[1]DRUCKER P. Innovation and Entrepreneurship[M]. New York: Harper & Row, 1985.

[2]PETERS T J, WATERMAN R H. In Search of Excellence: Lessons from America's Best - run Companies[M]. New York: Harper & Row, 1982.

[3]PORTER M E. Competitive Advantage: Creating and Sustaining Superior Performance[M]. New York: Free Press, 1985.

[4]陈春花. 经营的本质[M]. 北京: 机械工业出版社, 2018.

[5]陈钰芬,陈劲. 开放式创新:机理与模式[M]. 北京:科学出版社,2008.

[6]国家统计局社会科技和文化产业统计司. 全国企业创新调查年鉴2019[M]. 北京:中国统计出版社,2019.

[7]黄群慧,等. 世界一流企业管理——理论与实践[M]. 北京:经济管理出版社,2019.

[8]雷宗友. 高端装备制造产业[M]. 上海: 上海科学技术文献出版社, 2014.

[9]陆园园. 中外产学研协同创新研究[M]. 北京:人民出版社,2017.

[10]吴敬琏,厉以宁,林毅夫. 读懂十三五[M]. 北京: 中信出版社, 2016.

[11]中华人民共和国教育部科学技术司. 2015年高等学校科技统计资料汇编[M]. 北京:高等教育出版社,2016.

[12]陈涛,吴世军. 产学协同创新模式的国际比较——以澳大利亚、新加坡和中国为例[C]//中国高等教育学会,武汉理工大学. 第三届(海峡两岸)高

等教育发展与评估学术论坛论文集,2012:93 - 96.

[13]陈艳利,迟怡君,孙鹤元. 终极产权、行业竞争与企业绩效——来自央企上市公司的经验证据[C]//中国工业经济学会. 中国工业经济学会2015年学术年会论文集. 2015:193 - 208.

[14]黎子华. 美国“政产学”合作组织的管理与运行机制研究[D]. 上海:复旦大学,2013.

[15]李旭超. 中美国家创新系统的构成与效率对比研究[D]. 济南:山东师范大学,2018.

[16]李长萍. 基于市场导向一体化平台的产学研协同创新模式研究[D]. 北京:北京建筑大学,2017.

[17]王天娇. “政产学研金介”协同创新模式的国际比较研究[D]. 南京:南京工业大学,2014.

[18]王禹琦. 我国产业协同创新制度演化的问题与对策研究[D]. 哈尔滨:哈尔滨工程大学,2018.

[19]杨升华. 企业实现协同创新的路径选择[D]. 南昌:南昌大学,2015.

[20]袁航. 创新驱动对中国产业结构转型升级的影响研究[D]. 北京:北京邮电大学,2019.

[21]张在群. 政府引导下的产学研协同创新机制研究[D]. 大连:大连理工大学,2013.

[22]国务院国资委研究中心. 中央企业高质量发展报告:中央企业高质量发展迈出坚实步伐[R/OL]. (2019 - 11 - 02)[2020 - 05 - 06]. http://www.sasac.gov.cn/n2588020/n2877938/n2879597/n2879599/c12468278/content.html.

[23]COLLIS D J. Research Note: How valuable are organizational capabilities [J]. Strategic Management Journal,1994, Vol. 15(1):143 - 152.

[24]CANTWELL J. From the early internationalization of corporate technology to global technology sourcing [J]. Transnational corporations, 1999, 8(2):71 - 92.

[25]曹洪军,赵翔,黄少坚. 企业自主创新能力评价体系研究[J]. 中国工业经济,2009(09):105 - 114.

[26]陈劲,王民,赵闯,等. 双“核”驱动, 助力徐工集团煅造世界级企业[J]. 清华管理评论, 2018(1).

[27]陈劲,阳银娟. 协同创新的理论基础与内涵[J]. 科学学研究,2012(2):161 - 164.

[28]陈磊. 加强知识产权保护推动创新发展[J]. 人民论坛,2019(5).

[29]陈套. 以色列创新引领发展的政策逻辑和实践选择[J]. 中国高校科技,2019(10):51 - 54.

[30]陈星. 论我国上市家族企业治理问题与公司法的完善[J]. 东南大学学报(哲学社会科学版),2014,16(S2):19 - 20.

[31]丁建洋. 筑波大学协同创新模式的逻辑建构及其运行机制[J]. 外国教育研究,2015,42(12):47 - 56.

[32]杜健,丁飒飒,吴晓波. 基于二次创新理论的吉利跨国并购案例研究[J],科研管理,2019,40(6):130 - 143.

[33]范惠明,邹晓东,吴伟. 美国的协同创新中心发展模式探析——I/UCRC 的经验与启示[J]. 高等工程教育研究,2014(5):153 - 158.

[34]冯晓青,杨利华. 知识产权权利冲突及其解决原则[J]. 法学论坛,2001(3):50 - 54.

[35]傅俊英,佟贺丰. 中国 PCT 专利申请的发展现状[J]. 科技管理研究,2016(13):32 - 41.

[36]高金生. 探索国际产学研协同创新创业模式打造中外双向创新产业孵化加速器[J]. 中国科技产业,2015(9):42 - 44.

[37]高瑞东,樊俊. 中美支持创新型产业政策比较[J]. 中国金融,2017(24).

[38]高威. 中小企业法律制度保障探索[J]. 时代经贸,2018(24):93 - 94.

[39]高锡荣,张嗣成. 制约产学研协同创新的障碍因素提炼及层级体系构建[J]. 科技管理研究,2018,38(24):144 - 150.

[40]国家科技企业孵化器“十二五”发展规划[J]. 杭州科技,2013(3).

[41]胡鞍钢,周绍杰. 习近平新时代中国特色社会主义经济思想的发展背景、理论体系与重点领域[J]. 新疆师范大学学报(哲学社会科学版),2019,40(2):7 - 15.

[42]胡志宇. 产业界、科研机构与金融业的合作环境——英国促进科技成果转化的最新政策[J]. 全球科技经济瞭望,2014,29(2):8-16.

[43]黄群慧,余菁,王涛. 培育世界一流企业:国际经验与中国情景[J]. 中国工业经济,2017(11):5-25.

[44]黄新华,马万里. 引领经济高质量发展的供给侧结构性改革:目标、领域与路径[J]. 亚太经济,2019(4):105-110.

[45]贾根良,李家瑞. 国有企业的创新优势——基于演化经济学的分析[J]. 山东大学学报(哲学社会科学版),2018(4):1-11.

[46]孔凡义,杨小龙. 科技创新政策冲突与统筹路径研究[J]. 沿海企业与科技,2018(6):9-13.

[47]李丹. 韩国科技创新体制机制的发展与启示[J]. 世界科技研究与发展,2018,40(4):399-413.

[48]李端妹,叶清,文晓燕,等. 加强"产、学、研"相结合,促进区域科技创新体系建设[J]. 科技管理研究,2007(8):54-58.

[49]李翔,邓峰. 科技创新、产业结构升级与经济增长[J]. 科研管理,2019,40(3):84-93.

[50]李雪涛. 企业科技创新以市场需求为导向的思考与探索[J]. 管理观察,2018(31):28-29,32.

[51]李雪婷,顾新. 产学研协同创新的文化冲突研究[J]. 科学管理研究,2013,31(1):5-8.

[52]蔺丰奇,刘益. 知识联盟中关系风险的成因及影响因素分析[J]. 中国科技论坛,2007(3):94-98+93.

[53]刘力. 美国产学研合作模式及成功经验[J]. 教育发展研究,2006(7):16-22.

[54]刘爽,陈航,张慧,等. 中国中小企业创新发展研究——以韩国中小企业扶持政策为例[J]. 中国商论,2018(4):157-159.

[55]刘新智,刘娜. 长江经济带技术创新与产业结构优化协同性研究[J]. 宏观经济研究,2019(10):35-48.

[56]陆燕. 2019年世界经济前瞻及中国应对[J]. 国际经济合作,2019(1):

4 - 11.

[57]路甬祥．世界科技发展的新趋势及其影响[J]．中国科技奖励,2005(3):90 - 95.

[58]米加宁．产业结构与技术结构的关系——对英国工业革命的考察[J]．自然辩证法研究,1997(9):58 - 61.

[59]钱丽,王文平,肖仁桥．产权性质、技术差距与高技术企业创新效率[J]．科技进步与对策,2019,36(12):105 - 114.

[60]宋凤玲,王文清．韩国税收优惠政策最新调整及对我国的启示[J]．国际税收,2017(5):72 - 76.

[61]宋河发,李振兴．影响制约科技成果转化和知识产权运用的问题分析与对策研究[J]．中国科学院院刊,2014,29(5):548 - 557.

[62]孙大明,原毅军．合作研发对制造业升级的影响研究[J]．大连理工大学学报(社会科学版),2018, 39(1):30 - 37.

[63]孙萍,张经纬．市场导向的政产学研用协同创新模型及保障机制研究[J]．科技进步与对策,2014,31(16):17 - 22.

[64]孙彦明,赵树宽,王泷,等．协同创新视阈下科技资源共享机制研究[J]．科技管理研究,2017,37(13):1 - 8.

[65]王海军,张悦．企业模块化协同创新及网络化资源管理:基于海尔的探索性研究[J]．科技进步与对策, 2018(21).

[66]王海芸．日本筑波科学城发展的启示研究[J]．科技中国．2019(3):20 - 27.

[67]王玲．浅析日本国家创新体系改革新动向[J]．世界科技研究与发展,2018(12):571 - 583.

[68]王茜．创新政府采购方式,助力中小企业发展——英国小企业研究计划实施及效果评估[J]．全球科技经济瞭望,2015,30(3):7 - 11.

[69]王云琪．产业组织结构合理化是产业结构升级的关键[J]．财经科学,2001(S2):110 - 112,117.

[70]魏修建．供应链利益分配研究——资源与贡献率的分配思路与框架[J]．南开管理评论,2005(2):79 - 84.

[71]吴剑峰，乔璐，杨震宁．新兴市场企业的国际化水平、研发管理与技术创新绩效的关系研究[J]．国际商务:对外经济贸易大学学报，2016(4):140－151.

[72]吴寿仁，李湛，王荣．世界企业孵化器发展的沿革、现状与趋势研究[J]．外国经济与管理，2002(12):24－30.

[73]肖亚庆．在提升国有经济发展质量上狠下功夫——加快培育具有全球竞争力的世界一流企业[J]．人民论坛，2018(18):6－9.

[74]徐剑波，鲁佳铭．以色列国家创新竞争力发展的特点、成因及其启示[J/OL]．世界科技研究与发展，2019[2020－02－07]．https://doi.org/10.16507/j.issn.1006－6055.2019.08.003.

[75]许艳华．政产学研用协同创新的德国模式与中国借鉴[J]．科技管理研究，2013，33(9):5－9.

[76]薛薇．完善我国支持企业技术创新税收政策的建议[J]．经济研究参考，2015(48).

[77]杨晶．德国产学研合作模式研究[J]．商业时代，2012(16):121－123.

[78]姚艳虹，陈彦文，韩树强．产学研协同创新冲突成因、特征及治理策略[J]．企业经济，2017，36(11):42－47.

[79]叶伟巍，梅亮，李文，等．协同创新的动态机制与激励政策——基于复杂系统理论视角[J]．管理世界，2014(6):79－91.

[80]曾宪奎．高质量发展背景下我国国有企业创建世界一流企业问题研究[J]．宁夏社会科学，2020(1):81－88.

[81]曾祥炎，刘友金．基于价值创新链的协同创新:三阶段演化及其作用[J]．科技进步与对策，2013，30(20):20－24.

[82]曾章备．国有资本运营效率的研究现状及展望[J]．中国商论，2016(6):160－161.

[83]张绍丽，于金龙．产学研协同创新的文化协同过程及策略研究[J]．科学学研究，2016，34(4):624－629.

[84]张晓玲．我国政产学研用协同创新的政策法规体系研究[J]．经济研究导刊，2017(18):195－197.

[85]张学伟．科技型中小企业协同创新的制约因素和应对政策研究——

以河北省秦皇岛市为例[J]. 智库时代,2019(33):46 - 47.

[86]张忠耀. 基于美创平台的全球开放式创新体系[J]. 清华管理评论,2019(4).

[87]赵哲. 高校与企业、科研院所协同创新的机制障碍与对策——以辽宁省高校为例[J]. 高校教育管理,2014,8(2):49 - 53.

[88]郑军,孙翔宇. 法国产学研协同创新的主要模式、特点及启示[J]. 教育与教学研究,2018,32(9):22 - 30,125.

[89]朱佳妮,朱军文,刘念才. 高校协同创新:德国的经验及对我国的启示[J]. 复旦教育论坛,2013,11(5):87 - 91.

[90]资本市场改革课题组. 创新驱动高质量发展要神话资本市场改革——兼谈科创版赋能创新发展[J]. 经济学动态,2019(10):93 - 100.

[91]加快实施创新驱动发展战略 加快推动经济发展方式转变[N]. 人民日报,2014 - 08 - 19(1).

[92]三链融合,打造创新创业生态系统[N]. 人民日报,2014 - 12 - 08.

[93]习近平. 决胜全面建成小康社会,夺取新时代中国特色社会主义伟大胜利[N]. 人民日报,2017 - 10 - 28(1).

[94]习近平向首届世界科技与发展论坛致贺信[N/OL]. 中国青年报,2019 - 10 - 17[2020 - 05 - 06]. http://zqb.cyol.com/html/2019 - 10/17/ nw.D110000zgqnb_20191017_4 - 01.htm.

[95]习近平在安徽合肥考察中国科技大学、中科大先进技术研究院的讲话[N/OL].(2020 - 02 - 02)[2020 - 05 - 06]. http://cpc. people.com.cn/n1/2016/0531/c385476 - 28398570.html.

[96]习近平总书记在哈尔滨市考察高新技术企业和科研单位时的讲话[N]. 人民日报,2015 - 05 - 26(1).

[97]习近平总书记在中国科学院第十七次院士大会、中国工程院第十二次院士大会上的讲话[N]. 人民日报,2014 - 06 - 10(1).

[98]张新. 世界最大“双创”孵化器在巴黎揭幕[N/OL]. 欧洲时报,2017 - 07 - 03[2020 - 05 - 06]. http://www.oushinet.com/europe/france/20170703/266060.html.

[99]2017 年中央经济工作会议[EB/OL].(2020-02-02)[2020-05-06]. http://www.xinhuanet.com/fortune/lhzt/21/index.htm.

[100]2019 年全球智慧家庭发明专利排行榜(TOP100)[EB/OL].(2019-12-05)[2020-05-06]. https://new.qq.com/omn/20191205/20191205A0N K8P00.html.

[101]白春礼.未来世界科技发展的十大趋势[EB/OL].(2017-01-22)[2020-05-06]. https://www.sohu.com/a/ 124907531_465915.

[102]曹茜芮,冯运卿.借鉴德国经验推动我国中小企业创新发展[EB/OL].(2019-03-19)[2020-05-06]. http://www.cndfsb.cn/rdxw/25462.htm.

[103]曹山石.中国联通停牌后的"混改"构想[EB/OL].(2017-04-05)[2020-05-06]. https://tech.sina.com.cn/t/2017-04-05/doc-ifycwymx3874239.shtml.

[104]产学研结合破局民企研发困境,"硅谷+斯坦福"合作创新成市场自发型典范[EB/OL].(2019-07-25)[2020-05-06]. http://www.leadingir.com/trend/view/2686.html.

[105]陈明森,曹艳杰.创新效率:新时代我国财税激励政策导向转换[EB/OL].(2018-06-21)[2020-05-06]. https://www.sohu.com/a/236916133_701468.

[106]德国史太白技术转移中心介绍[EB/OL].(2019-04-04)[2020-05-06]. http://www.sohu.com/a/315459367_120057251.

[107]傅翠晓.世界科技发展呈现新趋势新特点[EB/OL].(2019-09-23)[2020-05-06]. http://www.360doc.com/content/19/0919/09/ 43529692_861927233.shtml.

[108]海尔集团以品牌价值 1021.68 亿元,2019 年中国价值百强榜排第 31 名[EB/OL].(2019-10-22)[2020-05-06]. http://www.bvrcn.com/home/news/index/id/16044.html.

[109]海尔主导 2 项智慧家庭国际标准获 IEEE 批准立项[EB/OL].(2018-07-05)[2020-05-06]. https://www.sohu.com/a/239425305_100123169.

[110]李倩.海尔的全球专利数也已经超过了 3.4 万项,专利能力有了"四六级"认证[EB/OL].(2018-05-07)[2020-05-06]. http://www.elec-

fans. com/d/673471. html.

[111]联通“混改”后的“三变”与“三不变”[EB/OL].(2017 - 10 - 18)[2020 - 05 - 06]. https://m. sohu. com/a/165639602_468726.

[112]欧洲孵化器数量最多的是哪个国家 有“欧洲创业之都”称号的是哪座城市[EB/OL].(2017 - 08 - 22)[2020 - 05 - 06]. https://www. sohu. com/a/166506424_99921598.

[113]清华经管学院案例——清华控股的战略变革与发展[EB /OL].(2018 - 12 - 25)[2020 - 05 - 06]. http://www. igi. tsinghua. edu. cn/web/fruit _ info. php? id =91.

[114]任保平,赵通. 高质量发展的核心要义与政策取向[EB/OL].(2019 - 07 - 14)[2020 - 05 - 06]. http://theory. gmw. cn/2019 - 07/14/content329 96508. htm.

[115]日本的科技创新力来自何方[EB/OL].(2019 - 04 - 17)[2020 - 05 - 06]. https://www. sohu. com/a/309025092_660408.

[116]天津国资加速转向“管资本”[EB/OL].(2019 - 01 - 11)[2020 - 05 - 06]. https://baijiahao. baidu. com/s? id = 1622335735299607762&wfr = spider&for = pc.

[117]天津市建筑材料集团(控股)有限公司[EB/OL].[2020 - 05 - 06]. http://www. ctbmg. com/about. php? cid = 32.

[118]习近平会见出席2019年“创新经济论坛”外方代表[EB/OL].(2020 - 02 - 02)[2020 - 05 - 0http://www. gov. cn/ xinwen/2019 - 11/22/content_5454671. htm.

[119]以色列的创新之剑——YOZMA基金[EB/OL].(2019 - 08 - 10)[2020 - 05 - 06]. https://www. 51jishuzhuanyi. com/2231. html.

[120]以色列科技企业孵化器研究[EB/OL].(2013 - 12 - 17)[2020 - 05 - 06]. http://www. chinatorch. gov. cn/fhq/gjjy/201312/a42541a989bd4fe9a851800587023de9. shtml.

[121]中国联通发布混合所有制改革总体方案[EB/OL].(2017 - 08 - 16)[2020 - 05 - 06]. http://www. sasac. gov. cn/n2588025/n2588164/n4437258/c770 3047/ content. html.

[122]中国联通“混改”方案或将发布“混改”主题有望再站风口[EB/OL].(2017 - 04 - 05)[2020 - 05 - 06]. https://www. sohu. com/a/132165044_352263.

# 后 记

进入新时代，中国确定高质量发展战略，形成以供给侧结构性改革为主线、以协同创新驱动和国民混合共进为重要动力的经济发展新局面。全社会创新资源的高效配置有机协同，不仅是提升创新效率和创新成效的重要途径，也是贯彻“五大发展理念”支撑中国经济高质量发展的重要选择；混合经济融合发展，实现国民共进，不仅是有效激发全社会创新主体协同创新活力的重要途径，也是贯彻新时代基本经济制度理念、调整完善生产关系乃至经济基础的重要举措。伴随经济全球化进程，跨国混合协同创新，既是当今全球科技创新发展的重要趋势和全球经济发展的重要动力，也是提高我国国际合作成效的重要领域。为此，社会产官学各界智库，围绕增强混合经济协同创新驱动力、推进我国经济高质量发展开展了广泛而深入的研究。

国务院国资委研究中心（以下简称“国资委研究中心”）作为国务院国资委直属研究机构和国资国企领域的专业智库，将混合所有制改革和协同创新发展作为重要课题，开展了深入系统的研究。由国资委研究中心党委书记兼主任李明星为牵头人，黄吉海、尚成波、贾尽裴、郭越、王佳佳等为成员组成的课题组，从生产力和生产关系的辩证统一原理出发，即将各类创新资源的有机协同视为有效激发科技生产力、将混合所有制改革视为调整完善相应生产关系，以“促进国有企业和民营企业协同创新、混合发展”为研究主题，在财政部有关部门支持下，申报获得世界银行中国经济改革促进与能力加强项目（以下简称“世界银行项目”）支持。吉林大学中国国有经济研究中心（以下简称“吉大国有中心”）作为于2000年被教育部批准为聚焦“国有经济”的人文社会科学重点研究基地，创办并连续成功举办19届“中国国有经济发展论坛”，出版发行《中国国有经济发展报告》《中央企业自主创新报告》等系列研究成果，2018年先后入选“中国大学智库机构百强排行榜”和“CTTI高校智库百强榜”。为进行优势互补、“混合协同”研究，国资委研究中心和吉大国有中心组成联合课题组，配合上述世界银行项目开展了混合协同创新发展专题研究，并基于相关成果形成《新时代中国企业混合协同创新发展初探》一书。

在编写组正赶时间编著本书的2020年初，全球遭遇了突如其来的“新冠”肺炎疫情冲击。为了缓解经济下行压力甚至经济衰退风险，各国争相采取较为宽松的积极有为宏观经济政策，鼓励扩大投资，刺激发展经济。但在有效需求不足的背景下，加大结构性过剩产能投资，不仅制约了产业结构优化升级，甚至有可能加重部分产能过剩、高杠杆高负债等经济风险；只有借助较为宽松的宏观经济政策环境，消化供给侧结构性改革发展的堵点和瓶颈，协同创新驱动高质量发展，才是可取选择。在这样的特殊背景下，课题组更加注重研究混合经济协同创新的重大意义，围绕书稿的整体思路、框架结构、逻辑贯穿、内容衔接等多次开展广泛深入的讨论研究，扩大共识，有机协同。基于课题组的共识，本书着重探讨如下七个方面议题：一是结合全球科技混合协同创新大趋势和我国发展新时代新挑战，明确中国经济混合协同创新发展的时代必然性；二是归纳世界若干代表性国家混合协同创新实践及其主要经验；三是回顾我国混合协同创新实践及其主要经验；四是聚焦微观主体，解析世界一流企业可持续创新发展能力；五是通过国际比较评估我国尤其是企业科技创新概况；六是分析我国混合协同创新发展面临的机遇和挑战；七是探讨促进我国混合协同创新发展的若干路径与思路。

本书由国资委研究中心党委书记兼主任李明星任主编，吉大国有中心主任李政教授（博导）任学术顾问，国资委研究中心黄吉海和贾尽裴任副主编；另有国资委研究中心尚成波、郭越、黄大千等3位研究人员和吉大国有中心廖红伟教授，张东明、何彬、赵岳阳副教授和王猛博士共同执笔编著完成。李明星负责总体逻辑思路、目录提纲框架、序言后记撰写等工作；李政在两位副主编的配合下负责各个章节内容的统稿协调整合与进程衔接督导工作。各章节的具体执笔人是：第一章，赵岳阳、王猛、贾尽裴；第二章，黄吉海；第三章，张东明、黄吉海；第四章，何彬、尚成波、黄大千；第五章，黄大千；第六章，廖红伟、黄吉海、郭越；第七章，贾尽裴。

在本课题书稿的形成过程中，我们参考借鉴了配合分担上述世界银行项目子课题研究的清华大学创新发展研究院、德勤华永会计师事务所、浙江之江协同创新研究院的阶段性研究成果以及北京知本创业管理咨询有限公司、天津金融资产交易所、上海支点投资管理有限公司、中企联合创新（北京）科技发展有限公司、清华大学技术创新研究中心等机构的相关研究成果，也得到了国务院国资委各厅局、中央企业智库联盟成员等单位领导专家以及国资委研究中心同事们的宝贵建议，在此一并表示衷心的感谢！中国经济出版社承接本书的出版工作以来，毛增余社长和李煜萍、李若雯两位责任编辑给予了大力支持和热情帮助，特此表示诚挚谢意！本书编写组虽然在大家的帮助支持下，尽可能编著对广大读者有所帮助的读物，但尚属阶段性的研究成果，再加上编著者的调研积累和研究水平有限，难免有疏漏、不足甚至是错误之处，诚请广大读者批评指正。

本书编写组<br>2020 年 5 月初